改訂版 はじめての心理統計法

鵜沼秀行 ＋ 長谷川 桐・著
UNUMA Hideyuki　　HASEGAWA Hisa

Statistical Analysis
in Psychology

東京図書

改訂版刊行にあたって

　今回の改訂は、2008年に刊行した『はじめての心理統計法』に大幅な加筆・修正を行って、現在心理学教育の現場で求められる幾つかの要請に応えました。一つは、近年の心理学界における資格の動向を踏まえて、取り上げる内容をその要請に対応させたことです。第二には、授業の中で学生が自ら予習・復習を行うことが以前にも増して求められていることから、より自習に適した形にしました。第三に、旧版を用いた8年間の講義の経験と学生の意見を踏まえて、やや詳しすぎた解説や内容を削除し、代わって最近の分析で求められる内容を追加しました。

　具体的には、今回の改訂版は2008年に刊行した旧版に以下のような変更を加えたものです。

（1）多変量解析を新たに第9章に追加しました。因子分析や偏相関、重回帰分析について、実例を用いて初学者にわかりやすい解説を行いました。これは、最近の心理学関連の資格の動向も考慮した内容です。平成27年9月に国家資格としての公認心理師が誕生することが決まりました。また28年4月からは、認定心理士（日本心理学会）に心理調査士が加わることになりました。これらの資格では、実験・調査・観察などによって収集されたデータを処理するための知識が重視されています。このような要請にも充分に応える内容になっています。

（2）学習者の自習に役立てていただくために、理解のポイントになる箇所にTryとして新たに小テストを追加しました。また、各章の最後には練習問題が加えられました。これらは、臨床心理士をはじめ、これまでの種々の心理学関連資格の試験を踏まえて、特に学生が誤りやすい点を中心に作られたものです。受験の際にも役に立つはずです。

（3） 効果量や多重比較を中心に、近年の学界の動向を踏まえて加筆しました。専門的な研究や、専門職の試験で求められるこれらの最近の分析方法は、入門レベルでは触れられていないことも多いのですが、今回の改訂では「くわしい説明」の項で丁寧に解説しています。

　この改訂版で、読者の皆さんが心理学の方法についてさらに理解を深めていただくことを願っています。最後に、煩雑な改訂作業に取り組んでいただいた東京図書・松永智仁さんにこの場をお借りしてお礼を申し上げます。

平成 28 年 4 月

　　　　　　　　　　　　　　　　　　　　　　　　　　　　著者

はじめに

　本書は、大学の初年次あるいは 2 年次の学生が、はじめて心理学で必要な統計的方法を学ぶときに、教科書あるいは自習用の参考書として利用していただくことを想定して書きました。ただ、10 数年の学部や大学院での統計法の講義経験から、学部高学年や大学院修士課程での基礎的なことがらの復習や自習にも充分活用していただけると思います。

　本書は、以下のような特徴をもっています。

（1）数学が得意ではない読者を想定しています。そのため、中学程度の数学の知識で充分に理解できるように、繰り返し丁寧に解説し、計算過程も省略せずに記載することで、どんな計算がおこなわれているのか、1 つひとつ確認できるようにしました。ですから、自習でも充分に心理統計法の基礎知識を修得できます。

（2）統計法では、ある程度の数学記号を必要とします。本書では、数学記号を使用する場合は、そのつど説明を加え、前ページに戻らなくてもそこで再び理解できるように配慮しました。また、例を使って具体的に数学記号の意味や計算の手順をわかりやすく説明してありますので、記号に慣れていなくても計算ができます。

（3）少しずつ統計的な表現に慣れていくことができるように配慮してあります。本書の最後では、大学の教科書に出てくる統計的な表現を理解できるようになります。そのために、一部では実際の研究で使われる記号も使っています。最後まで「太郎くん」「花子さん」の統計ではありません。

（4）心理学の中でどのように統計が使われているのかを理解できるように、

実際の研究例を Research として紹介しています。心理学でおこなわれる観察、検査、実験、調査などの方法を具体的に知ることで、どのように心理統計法が利用されているのかがわかります。

（5）統計量や測度の計算方法は、皆さんがすぐになじめる例と心理学的な例の両方を取り上げて説明していますので、心理学を知らなくても心理統計法を学ぶことができます。

（6）初学者向けの入門書ですが、大学生の卒業論文や大学院生の修士論文ぐらいまではほぼカバーできるように考えて書いてあります。そのため、実際の研究においてありそうなデータを考慮しました。また、さまざまな統計量や測度が実際に使えるよう、1つひとつについてかなり詳しく踏み込んで解説しています。

（7）レポートや卒業論文を書くときに役立つように工夫されています。統計的結論など、実際にどのような書き方をするのか、読者がしばしば誤りやすい点をわかりやすく指摘しています。

■本書の利用法

以上のような特徴を活かすために、つぎのように本書を利用していただくことをおすすめします。

まず、ゆっくり気軽に読み始めてください。本書は大切なことを繰り返し丁寧に説明しています。これまでの本は、一度だけの説明でそのことが理解されたという前提で書きすすめられているものが多かったと思いますが、本書ではあえて大切なことが繰り返されています。説明がくどくなりすぎる場合には、参照していただく箇所をそのつど示しましたので、利用してください。

各節のおわりには、その節で学ぶポイントが示してあります。これは著者のこれまでの講義の経験から、初学者がしばしば誤りやすい点をあげたものです。その節をひととおり読んだ後や、講義の復習に活用してください。

　一部の章をのぞいて、各章には研究例があげてあります。それにより、心理学を身近に感じていただけると思います。データの収集（測定）がどのように行われ、心理学では何をどのように問題としているのか、を理解していただきたいと思います。2年生や3年生、あるいは卒業論文で実際にデータを収集し分析する際にも参考にしてください。

　実際の統計処理の手順を「まとめ」として最後に書きました。統計処理にどのように取りかかったらよいのかわからないときに利用してください。

　最後に、本書の執筆と刊行にあたって東京図書の須藤静雄さん、岩元恵美さんからさまざまな具体的アイディアとご指摘をいただきました。煩雑な作業を引き受けてくださったお二人の熱意と努力に感謝したいと思います。

　平成20年 春

著者

目次

改訂版刊行にあたって　　　　　　　　　　　　　　　　　　iii
はじめに　　　　　　　　　　　　　　　　　　　　　　　　v
本書で使う主な記号一覧　　　　　　　　　　　　　　　　　xvi

第1章　統計の勉強をはじめる前に　　　　　　　　　1
――― 心理統計はこころを理解するためのものさし

1.1　心理学の方法（1）……なぜデータ処理が必要なのだろうか　　3
1.2　心理学の方法（2）……どのようなデータ処理が必要だろうか　6
1.3　心理データの特性……こころを測る　　　　　　　　　　　　9

第2章　データの性質と度数分布　　　　　　　　　15
――― データの性質と尺度レベル／度数分布

2.1　質的変数・量的変数、スティーブンスの4つの尺度
　　　……データのもつ性質について考える　　　　　　　　　　16
　　2.1.1　質的変数・量的変数　　　　　　　　　　　　　　　　16
　　2.1.2　スティーブンスの4つの尺度　　　　　　　　　　　　17
2.2　質的変数についての度数分布……データの特徴をまとめる　22
　　2.2.1　度数分布表とは　　　　　　　　　　　　　　　　　　22
　　2.2.2　グラフであらわす（視覚的にデータの分布の特徴をとらえる）　24
　　2.2.3　グラフ化の欠点　　　　　　　　　　　　　　　　　　26
　　Research ● 乳児のアタッチメントの国際比較　　　　　　28
2.3　量的変数についての度数分布……データの特徴をまとめる　30
　　2.3.1　量的データ（量的変数）を度数分布表にまとめる　　　30

2.3.2	量的変数についての度数分布表の概要	31
2.3.3	グループ化された度数分布とグループ化されていない度数分布	33
2.3.4	グループ化された度数分布表の作成手順	34
2.3.5	グループ化されていない度数分布表	37
2.3.6	グラフであらわす（視覚的にデータの分布の特徴をとらえる）	39
Research ● 顕在性不安検査 MAS（日本版）		44

第3章　代表値と散布度
―― 分布の特徴をとらえる　47

3.1	代表値……データの特徴を要約する	48
3.1.1	平均値（算術平均）	49
3.1.2	中央値	51
3.1.3	最頻値（モード・並数）	57
3.2	散布度……データの散らばり具合をあらわす	60
3.2.1	標準偏差	61
3.2.2	四分位偏差（四分領域）	69
3.2.3	範囲（レンジ）	73
3.3	データの分布型から代表値や散布度について考える ……データの分布型から考える	75
3.3.1	データの分布型のちがいによる代表値と散布度の算出	75
3.3.2	分布の偏りに対する対応(1)：外れ値の処理	78
3.3.3	分布の偏りに対する対応(2)：変数の変換（調和平均、幾何平均）	81
3.4	分布の中の相対的位置と正規分布……順位と標準得点	83
3.4.1	順位	83
3.4.2	パーセンタイル順位	84
3.4.3	標準得点	85
3.4.4	標準正規分布の性質	88

3.4.5	標準正規分布表を利用する	89
3.4.6	偏差値	90
Research ● 心的回転		92

第4章 相関係数と連関係数 ──2つの変数の間の関係を分析する　95

4.1	直線相関……2変数間の直線的関係の強さを調べる	96
4.1.1	ピアソンの積率相関係数	96
4.1.2	決定係数と非決定係数	108
4.1.3	予測(1)：変数 X から変数 Y を予測する	110
4.1.4	予測(2)：変数 Y から変数 X を予測する	117
4.2	順位相関係数……2つの順位値の間の関係を調べる	121
4.2.1	スピアマンの順位相関係数	121
4.2.2	ケンドールの順位相関係数	128
4.3	連関係数……カテゴリカルな2変数間の関係を検討する	133
4.3.1	クロス集計	133
4.3.2	ϕ 係数（四分点相関係数）	135
4.4	その他の相関係数……カテゴリカルな変数と量的変数の関係	139
4.4.1	点2系列相関係数（点双列相関係数）	139
Research ● 母親変数と子どもの知的発達に関する日米比較		144

第5章 標本と母集団 ──得られたデータとその背景にある「全体」の関係　147

5.1	母集団と標本抽出……限られたデータからはじめよう	148
5.1.1	母集団と標本	148

5.1.2	無作為抽出の他に考えるべきこと	150
5.1.3	母数と統計量	150
5.2	**標本分布と標準誤差**……統計量の散らばりを使う	**152**
5.2.1	統計量は変化する：標本分布	152
5.2.2	統計量の散らばり：標準誤差	154
5.2.3	現実的な問題：標本が1つならば	155
5.3	**正規分布と確率変数**……正規分布を使うために	**157**
5.3.1	確率分布と確率変数	157
5.3.2	標準正規分布	158
5.3.3	標準正規分布を使うために	160
5.3.4	標本分布と正規分布の関係：標本平均の場合	162

第6章 統計的仮説の検定と推定
―― データからどのようにして母集団について結論を出すか　165

6.1	**統計的仮説の検定とは**……仮説の意味と検定の手順	**166**
6.1.1	統計的仮説：帰無仮説とは	166
6.1.2	仮説検定の手順	168
6.1.3	帰無仮説を棄却する基準：有意水準と臨界値	170
6.1.4	仮説の方向性と検定：片側検定と両側検定	171
6.1.5	2つの誤り	173
6.2	**検定の実際**……t分布を使う	**176**
6.2.1	母集団の標準偏差がわからないとき	176
6.2.2	t分布と自由度	177
6.2.3	p値と効果量	179
6.3	**区間推定**……範囲を推定する	**181**
6.4	**相関係数の検定**……変数間の関係を分析する	**183**
6.4.1	ピアソンの積率相関係数の検定	183

6.4.2　相関係数の検定と評価　　　　　　　　　　　　　184
6.5　**度数についての検定**……推測統計の手法　　　　　186
　6.5.1　χ^2（カイ2乗）分布を利用する①：独立性の検定　　186
　6.5.2　χ^2（カイ2乗）分布を利用する②：適合度の検定　　191
　Research ● 地下鉄内での援助行動　　　　　　　　　　194

第7章　t 検定
―― 2つの平均値の間の有意差を検定する　　　197

7.0　t 検定をはじめる前に……2つの平均値の比較について考える　198
　7.0.1　2つの異なる母集団とは？　　　　　　　　　　198
　7.0.2　t 検定の目的　　　　　　　　　　　　　　　199
7.1　**対応のない場合（独立の場合）**……2つの平均値の差を検定する　200
　7.1.1　t 検定の前提条件（t 検定において仮定されること）　200
　7.1.2　統計的仮説と検定の方向　　　　　　　　　　　201
　7.1.3　t 検定の手順と計算　　　　　　　　　　　　202
7.2　**対応のある場合（関連のある場合）**
　　　……2つの平均値の差を検定する　　　　　　　　208
　7.2.1　「対応のある場合」とは　　　　　　　　　　　208
　7.2.2　t 値の計算（対応のある場合）とは　　　　　　210
7.3　**2つの平均値の差の信頼区間**……差の大きさはどのくらいか　216
　7.3.1　"対応のない場合" の2つの平均値の差の信頼区間　216
　7.3.2　"対応のある場合" の2つの平均値の差の信頼区間　219
　Research ● 知覚的防衛　　　　　　　　　　　　　　222

第 8 章　分散分析
―― 複数の平均値をまとめて比較する　　225

8.1　一元配置……多くの平均値を一度に比較する　226
- 8.1.1　なぜ分散分析が必要なのだろうか　226
- 8.1.2　分散分析の考え方　227
- 8.1.3　分散分析の計算　232
- 8.1.4　効果の大きさを評価する：効果量　235
- 8.1.5　個々の平均値をさらに比較したい：多重比較　236

8.2　要因計画……2つ以上の要因を組み合わせる　242
- 8.2.1　複数の要因を組み合わせると　242
- 8.2.2　2要因分散分析（被験者間計画）の考え方　245
- 8.2.3　2要因分散分析（被験者間計画）の計算例　246
- 8.2.4　分散分析の後で　249
- 8.2.5　1人の被験者を繰り返し測定すると：被験者内計画　250
- 8.2.6　1要因被験者内計画の計算例　252

Research ● ミューラー・リヤー錯視　256

第 9 章　多変量解析
―― 3つ以上の変数の間の関係を分析する　　259

9.1　多変量の分析……3つ以上の変数の関係を理解する　260
- 9.1.1　偏相関　260

9.2　重回帰分析……ある変数を複数の変数から予測・説明する　264
- 9.2.1　多変量データと多変量解析　264
- 9.2.2　重回帰分析とは　265
- 9.2.3　重回帰分析の実行　268
- 9.2.4　重回帰分析の結果の検討　270

9.2.5	パス図を描く（図にあらわす）	280
9.2.6	結果のまとめ	282
9.2.7	重回帰分析をおこなうにあたって	286

9.3　因子分析……背後に潜む変数を仮定する　　290
  9.3.1　相関係数と因子分析　　290
  9.3.2　因子分析の考え方　　293
  9.3.3　因子の解釈　　297
  9.3.4　因子のもとめかた　　298

引用・参考文献一覧　　302

付表1　標準正規分布表　　304
付表2　t 分布表（臨界値）　　306
付表3　χ^2 分布表（臨界値）　　306
付表4　マン‑ホイットニーの U 検定のための表（臨界値）　　307
付表5　F 分布表（臨界値）　　308
付表6　テューキー法で用いる q の表（臨界値）　　310

分析のためのフローチャート　　312
Try と練習問題の解答　　314
索引　　318

装丁・レイアウト●山崎幹雄デザイン室

改訂版
はじめての心理統計法

本書で使う主な記号一覧

第2章
総度数　N
総データ数　N

第3章
平均値（算術平均、標本平均）　$\bar{X}, M$
値の総和　Σ（シグマ）
中央値　Me
最頻値　Mo
標準偏差　SD
分散　S^2
四分位偏差　Q
四分位数　Q_1, Q_2, Q_3
範囲　R
調和平均　HM
幾何平均　GM
標準得点　z
偏差値　Z

第4章
ピアソンの積率相関係数（相関係数）　r
決定係数　r^2
非決定係数　$k^2 = 1 - r^2$
回帰係数　b
スピアマンの順位相関係数　r_s
ケンドールの順位相関係数　τ（タウ）
連関係数（ファイ係数）　ϕ（ファイ）
点2系列相関係数（点双列相関係数）　r_{pb}

第5章
総データ数　N
母平均（母集団の平均値）　μ（ミュー）
母集団の標準偏差　σ（シグマ）
母集団の分散　σ^2
理論的な標本分布の平均値　$\mu_{\bar{X}}$
標本の大きさ（データ数）　n
標準誤差　SE
平均値の標準誤差　$\sigma_{\bar{X}}$
平均値の標本分布の分散　$\sigma^2_{\bar{X}}$
不偏分散（不偏推定値）　$\hat{\sigma}^2$
不偏分散からもとめた標準偏差　$\hat{\sigma}$（シグマハット）
正規分布　N（平均μ, 分散σ^2）
標準正規分布　$N(0,1)$
確率　P

第6章
帰無仮説　H_0
対立仮説　H_1
有意水準　α（アルファ）
有意確率（p値）　p
第一種の過誤の確率　α（アルファ）
第二種の過誤の確率　β（ベータ）
ティー分布、ティー検定　t
自由度　df
効果量（平均値の差）　d
母相関係数　ρ（ロー）
カイにじょう分布、カイにじょう検定　χ^2
観測度数　O
期待度数　E

第8章
平方和　SS
平均平方　MS
群内の平均平方　MS_w
誤差の平均平方　MS_e
テューキーのHSD法（多重比較）　HSD
スチューデント化された範囲（多重比較）　q
効果量（分散分析）　η^2（イータにじょう）
エフ分布、エフ検定、分散分析　F

第9章
偏相関　$r_{xy.z}$
相関係数　r_{xy}
分散拡大係数　VIF
重回帰係数　R

CHAPTER 1

統計の勉強を はじめる前に

この章で学ぶこと

心理統計はこころを理解するためのものさし

本章では、はじめて心理学を学ぶ皆さんに、なぜ心理統計法を学ぶ必要があるか、心理統計法のデータにはどのような特徴があり、どのようなデータ処理の方法があるかを解説します。これから心理統計法を学ぶにあたって、今、何を問題としているかを理解していただきたいと思います。統計学では集めたデータが数字であっても、「好き」「きらい」ということばであっても、「変数」とよびます。また「こころ」を測定したデータは、こころを理解するための「ものさし」です。これを「尺度」とよびますが、尺度には4つの種類があります。これらについて1つひとつ説明していきますから、しっかり理解していきましょう。

CHAPTER 1 統計の勉強をはじめる前に

　本書は、はじめて心理学を学ぶ学生の皆さんに、心理学で使われる統計的な方法についての知識をできるだけわかりやすく伝えることを目的としています。そこでまず、なぜ心理学の学習や研究で統計の知識が必要なのかを説明しておきたいと思います。

　皆さんは、統計の学習をどう受けとめているでしょうか。私が耳にした感想にはさまざまなものがあります。「大学には興味のあることを勉強するために入学したのに。私は数学には興味がないから苦痛だ」と嘆くひとや、「心理学の基礎を勉強するには統計の勉強が必要といわれたので」と構えているひとや、単に「必修科目なので履修している」というひともいます。

　どうやら誰もが今も昔もかわらず「なぜ心理学に統計の学習が必要なのか」という素朴な疑問に直面している、あるいは疑問に思わないようにしているようです。その疑問は、具体的な心理学の研究を学ぶうちに、いつのまにか意識されなくなることもありますが、勉強がすすむうちに、あらためて「このような方法で、こころの問題が解決できるのだろうか」という、より深められた問題として意識されることもあります。また、卒業論文などに迫られて、はじめて統計的方法の学習が自分に必要であると感じることも多いようです。いずれにしても、統計的方法については、心理学の学習をすすめていくうちに自然に、それを学ぶことについての考え方が深められ、あるいは変化していくものです。ただ、大学でこれから勉強と研究をはじめる皆さんには、少なくとも今の時点での勉強の意味と意義を自分なりに考えてみることは、これから学習を続けていくうえで大切なことだと思います。

　さて、大学での専門的な勉強では、みずから問題を設定し、その解決方法を探しながら必要な知識や技術を修得し、論理的に考える姿勢や粘り強く問題解決に取り組む態度を養うことがもとめられます。そこで読者の皆さんにも、これから心理学と統計の勉強に取り組む際に、今、何を問題としているのか、そのためにどのようなことを考える必要があるのか、を考えながら、1つずつ具体的に論理を積み重ねていくことを大切にしていただきたいと思います。

1.1 心理学の方法（1）
なぜデータ処理が必要なのだろうか

　心理学は文字どおり「こころ」について学問の立場から考えようとします。そして学問としての心理学は、ひとびとのさまざまな期待にこたえようともしています。たとえば、人間関係で問題をかかえるひとたちの援助をしたいという目的のために心理学を学ぼうとするひともいるでしょう。また、自分の悩みについて答えを見出すことを心理学に期待するひともいるかもしれません。あるいは、そもそも「こころ」とは何だろうか、「こころ」についての学問とはどのようなものだろうか、ということに興味があるというひともいます。

　心理学は実際これまでこのようなさまざまな要求にこたえようとしてきました。その百数十年の歴史の中で、心理学は常に1つのことを大切にしてきました。それは、科学の立場から「こころ」とよばれる問題に取り組もうとすることです。

根拠にもとづいて論理的に考える

　先に述べたように、心理学を学ぶときにどのような目的をもつにしても、それらを可能にするには確かな**根拠**にもとづいた知識が必要です。世間には私たちの「こころ」についてさまざまな意見があふれています。教育や社会問題が論じられる際には、しばしば心理学的問題がそこに指摘されますが、その根拠がどれほど確かなものなのかについては、充分慎重に考える必要があります。「問題について考えるために必要な事実は充分に調べられているでしょうか」「事実と結論の間に論理的な飛躍はないでしょうか」「論理を組み立てるためには何が前提条件になっているでしょうか」。

　こういったことは、どのような問題においても安易にとらえられる恐れが常にあるのですが、特に心理学的な問題の場合にはだれでも自分のこころや

人間の行動について何らかの個人的な経験や意見をもっているために、不充分な根拠や論理的な飛躍によって不適切な結論に陥る可能性があるといえるのです。これに対して、学問、科学としての心理学は、可能な限り確かな事実を根拠として、論理的にこころについての問題に答えを見出そうとしているのです。

一次資料と二次資料

それでは、確かな根拠となるのは、どのようなことであり、また、そのためには何が必要でしょうか。科学的にこころについて考えようとする場合、その根拠となるのは、ほかの科学の場合と同じように、観察された事実です。たとえば、教育の場で子どもの行動について心理学的に研究しようとするひとは、直接子どもの行動を観察し、それを根拠として子どもの行動と心理について考えることになります。この場合、直接観察することによって得られたデータは**一次資料**とよばれ、オリジナルで確かな資料として価値があると評価されるものです。これに対して、ほかの研究者が観察した結果をまとめて論文や本に掲載した資料は**二次資料**とよばれます。科学的にある問題に取り組もうとする場合、まず二次資料にあたって、その問題についてわかっていることを調べます。

科学的研究は、すでにこれまで明らかになった成果をふまえて、まだ明らかになっていないことについて新たな研究をすすめることに大きな役割を担っています。つまり、心理学においてある問題について考えようとする場合にも、二次資料としてのこれまでの研究資料を理解し、さらに自分で直接事実を観察することで一次資料を収集し、これらを根拠としてその問題について科学的に考えを深めていくことが必要です。

科学的根拠

心理学の問題を考えるうえで根拠とする事実は、どのようなものであるべきでしょうか。まず、どのようにしてその事実が得られたのかが明らかでなければなりません。いつ、どこで、だれが、どのようにして集めたデータな

のかがはっきりしないものは、根拠とするわけにはいきません。そのためには、一次資料を収集する際に、場所や日時、手続き、そして結果としてのデータを記録しておく必要があります。これを整理して第三者にもわかるようにレポートや論文にまとめることが必要になるのです。この場合、第三者がその結果をもう一度再現して確認できるように記述しておくことがもとめられます。このような第三者による確認を**追試**とよび、同じ結果が得られればそのデータは**再現性**があるといいます。

　このように根拠となる事実は、正確に第三者にも伝えることができるかたちで記述する必要があります。データについては、そのすべてを公開できるようにしておきますが、レポートや論文ではそれらを整理してわかりやすく伝えることも重要です。ここで、統計的な方法を使ってデータの本質的な特徴を的確に**要約**して記述することが必要になるのです。統計的な知識は一次資料にあたる場合だけではなく、二次資料を理解する場合にも必要になります。これまでの研究が明らかにしてきた具体的な内容は、統計的に整理されたかたちで公開されているものが多いからです。

次のようなデータは一次資料か、それとも二次資料か答えなさい。

① ある子どもが遊んでいる様子をビデオに記録したもの。
② 新聞に掲載された「いじめ」の件数。
③ 40人の生徒に英語の試験を実施し、40人分の点数を記録したもの。
④ センター試験の各科目の平均を10年分掲載した冊子。

> **Point！**
> ・一次資料と二次資料を区別しよう。
> ・一次資料とは、オリジナルのデータです。

CHAPTER 1　統計の勉強をはじめる前に

1.2 心理学の方法（2）
どのようなデータ処理が必要だろうか

　心理学において必要となる具体的なデータ処理をながめてみることにしましょう。これまで述べてきたように、まず、事実を的確に記述してその特徴を正確に表現する必要があります。次に、科学では一般に複数の事実の間の関係を明らかにすることがもとめられます。さらに、それらの事実の間に原因と結果の関係を見出すことができれば、科学としての心理学は社会の要請に対してより大きな役割をはたすことができるでしょう。

事実を的確に記述する

　科学としての心理学は、まず、こころや行動についての事実を正確にとらえようとします。そこでは人間や動物の行動を、自然な状況や、実験的に環境を整えたうえで観察し、データとして記録します。あらかじめ準備した検査や面接、あるいは調査によってデータを収集することもおこなわれます。これらは心理学における科学的測定の方法ですが、何の準備もなくおこなわれるものではないことが重要です。測定がおこなわれる場合には、そこでどのようなことが生じるのかについて**仮説**や**モデル**をたてます。やみくもに観察や実験、検査や調査をおこなうわけにはいきません。どのような行動が想定され、どのような結果が予測されるのかについて、あらかじめ準備し、考えておくことが重要なのです。その準備をもとに、たとえばある行動を観察する場合、その行動が観察されたのか、されなかったのか、をデータとして記録することができるのです。このようにして記録された1つひとつのデータを**ローデータ**（Raw Data）あるいは生（なま）のデータ、素データなどとよびます。

　実験や検査などでは、ローデータとしてしばしば所要時間や得点などの数値が記録されます。これらの数値は多くの実験参加者や検査対象について測

定されることもあります。さて、ローデータは同じようにして収集された過去のデータと比較することが必要になります。その際、ローデータのままでは全体の特性や傾向をつかむことが困難ですし、比較を適切におこなうこともできません。たとえば、何十万人分ものセンター試験のデータを過去のものと比較する際に、ローデータのままでは比較は困難です。そのために、集められたデータを代表する数値を計算します。これを**代表値**とよび、しばしば平均値が計算されます。データの様子によっては、平均値以外の代表値を計算することもあります。

　また、検査得点のようなデータは、多くのひとびとについて測定された場合にはさまざまな値をとることが普通です。つまり、データの値が散らばっているのです。データがどの程度散らばっているのか、をあらわすために統計的にもとめる数値が**散布度**で、基礎的な統計処理の1つとして重要なものです。多人数のデータ全体の散布度をもとめることによって、ある個人の得点がその中で相対的にどのように位置づけられるのか、も明らかにすることができます。代表値や散布度は、全体のデータをわかりやすく記述するための方法です。このような手法は**記述統計**とよばれます。データ全体の様子をとらえるために、たとえば何点から何点にどのくらいの人がふくまれるか、というようにデータの分布を記述することはデータ処理の基礎となります。

関係をとらえる

　心理学では、しばしばさまざまな行動や性格などの心理特性間の関連が問題となります。たとえば、親の心理特性と子どもの心理特性は関連があるのでしょうか。この場合、それぞれを測定した複数のデータ間の**関連**が統計的に分析されます。2つのデータ間の関連をあらわす統計的な数値として**相関係数**がしばしば用いられ、特に心理学の研究で重要な役割をはたしてきました。

原因は何か：因果関係

　科学としての心理学は、ある行動や心理的な問題の原因は何か、を明らかにしたいと考えていますし、社会からもそのような説明をもとめられているといえるでしょう。それでは、どのようにすれば原因を特定できるでしょうか。たとえば、ある治療法の効果を検証しようとする場合を考えてみましょう。つまり、ある治療を実施することと、ある症状が改善することとの間の因果関係を明らかにしようとするわけです。

　この場合、その治療を実施する条件（実験群）と実施しない条件（統制群）の2つを設定して、その結果、2つの条件で症状の改善に差が認められたかどうか、を比較する方法が代表的です。実験群の症状の改善の程度が、統制群よりも大きければ、治療法の効果があったと結論できるわけです。このようにデータを複数の条件で比較することが科学ではしばしば必要になります。

Point !
1. 処理されていないデータはローデータとよばれます。
2. データ処理の目的は、事実を記述し、原因を探ることです。

1.3 心理データの特性

こころを測る

　こころを測る場合、測定されるデータにはどのようなものがあるでしょうか。さらに具体的に見ていきましょう。実際の研究では、先に述べたように、測定する対象や状況に応じて観察や実験、調査、検査、面接などさまざまな方法で測定がおこなわれます。それぞれの方法は、測定の対象となる心理学的な問題、たとえば愛着の程度、ことばの理解、親子関係についての意識、不安の強さ、というような問題の性質に応じて選択されます。測定の対象者は1人の場合もあれば、多人数のこともあります。また、対象が人間以外の動物であることもあります。このような場合に、対象について具体的にどのようなデータが記録され、分析されるかを見ていくことにしましょう。

数を数える

　どのような方法においても、一般に基礎的なデータとして観察や調査の対象者、実験参加者について、1人ひとりの年齢や性別、所属（学生ならば大学や学部など）を記録します。そのうえで、たとえば、「……という経験はありますか」という質問を用意し、これに対する回答を「はい」または「いいえ」で調べる場合ならば、集計されるデータでは「はい」という回答が何人で、「いいえ」という回答が何人いたのかが分析の対象となります。実験や観察でも、たとえば心理学的に重要な特定の行動が何回観察されたのかを集計します。このような測定と分析は、数を数えること（**計数**）を基本としていて、このような数を**度数**とよびます。

　性別や所属学部についてデータを集計する場合、そのデータは男性か女性のいずれか、所属学部は特定の学部です。また、質問項目に対する回答は、上の例では「はい」か「いいえ」のいずれかです。つまりこの場合、ある項目に記録されるデータは、一般にいくつかの選択肢の中の1つで、その選択

肢ごとに度数が集計されるのです。「文学部」の人が50名で、「はい」と答えた人が40名というぐあいです。

Try 2 計数とは、どのようなデータ処理ですか。適切な例を選びなさい（1つとはかぎらない）。

①体重を計る　②身長を測る　③知能を測る　④人数を数える
⑤試験の点数をつける　　⑥女の人数を数える
⑦問題の正答数を数える

量的なデータ、変数

　度数のように、ある項目で特定の選択肢が選ばれた数を数える場合とはちがって、ある項目のデータが連続する数量であることがあります。たとえば、ある個人の検査やテストの得点が記録される場合です。観察や実験でも、作業を達成するまでの所要時間などは数量的なデータの代表的なものです。このようなデータは量的なものですから、それらを集計するために多人数の平均値をもとめることになります。検査得点の全体のような数量的なデータの項目のことを、しばしば**量的な変数（変量）**とよび、これに対して「はい」「いいえ」のように項目の選択肢ごとの回答が記録されたデータの項目を**質的な変数（変量）**とよんで区別します。質的な項目を変数（変量）とよぶことには抵抗があるかもしれませんが、項目を変数、項目の選択肢を値の一種と考えることで、量的な変数と共通のことばで考えていこうというわけです。

　量的な変数（変量）には、その変数が連続的な値をとる場合と、とびとびの不連続な値をとる場合が区別できます。前者を連続量、後者を離散量とよびます。この区別は、第2章以降でデータ処理をする際に必要になります。

1.3 心理データの特性

次の変数のデータは、量的なデータか、それとも質的なデータか答えなさい。

① 大学までの通学時間
② A・B・Cの順で評価した面接試験の結果

尺度とは

　検査得点のような測定データは、身長を測るときの「ものさし」の数値のようなものだと考えることができます。そのため、測定データは心理特性を測る「ものさし」、心理的尺度であるともいわれます。心理学の場合、このものさしとしての尺度が、測定したい心理特性とどのような関係にあるのか、を慎重に考えなければならないことがしばしばおこります。

表面尺度と元型尺度

　これは、手元にある数値がそのまま心理的な特性を単純に反映しているとはいえないことがあるからです。つまり、測定値としてのデータと、もとの心理的な特性の間の関係が学問としてはきわめて重要なのです。

　そのため心理学における測定では、測定の対象となる心理的特性と、その特性を測定した結果である測定値をまず区別する必要があります。ある心理的な特性、たとえばあることがらをどれだけ理解しているかという程度と、それを測定した測定値、たとえばその検査得点を例に考えてみましょう。このとき、測定された検査得点を**表面尺度**とよびます。一方、検査得点の背景にある理解の程度を**元型尺度**とよびます。この2つを区別する理由は、元型尺度としての理解の程度に対して、表面尺度として測定されるデータにはさまざまな種類がありうるからです。たとえば、検査結果が連続的な得点としてあらわされることもあれば、「合格」と「不合格」しか記録されない場合もあるでしょう。

4つの尺度水準

スティーブンス（S.S.Stevens）は、尺度のもつ性質から尺度を次の4つに区別しました。名義尺度、順序尺度、間隔尺度、比率尺度の4つで、この順序でより高度な数学的処理が可能になる特性をもっています。つまり、尺度としての水準が上がる、と考えることができるのです。

① **名義尺度**：測定されたデータが、「はい」「いいえ」のようなカテゴリーに分かれている質的なデータの場合で、それぞれの数を数えて度数をもとめる計数という統計処理が基本となります。

② **順序尺度**：順位についての値がデータとなる場合です。たとえば、子どもが描いた絵を教師が評価するときに、それらの絵に順位をつけてA・B・Cのような評価をする場合や、ある作業を達成した被検査者の順位をデータとする場合などです。注意することは、A・B・Cのような評価はもちろんですが、1位、2位などの数値を集計する際でも、平均値などを計算することはできない、ということです。理由は、1位、2位といった順位値を足したり引いたりすることに意味がないことと、1位と2位の差、2位と3位の差を比べても、その順位値の間の差（間隔）が等しいといえないことにあります。

③ **間隔尺度**：測定された数値が等間隔であることを認めることができる場合です。50点、60点、70点というテスト得点を考えてみましょう。それぞれの得点は表面尺度ですから、これらに対応する元型尺度としての学力を考えることができます。このとき、50点と60点に対応する学力の差と、60点と70点に対応する学力の差は等しいといえるでしょうか。テストが心理学的に充分に検討されたものであるならば、このような等間隔を仮定してもよいことになります。間隔尺度上のデータについては、平均値をもとめるような数学的処理をおこなうことができます。

④ **比率尺度**：間隔尺度の特性に加えて、原点の意味がはっきりしている場合です。たとえば体重を考えてみましょう。表面尺度としての体重計の数値は、元型尺度としての体重にどのように対応するでしょうか。間隔尺度としての特性はもちろんみたされています。測定値0が対応する体重0

のもつ意味もはっきりしているといってよいでしょう。したがって、100 kg の体重は 50 kg の 2 倍であるといえるのです。

以上のような尺度の区別は、そのデータについてどのような統計的な処理が可能か、ということを考える際に重要です。第 2 章では、さらにくわしくこれらの区別について学びます。

Point!
1. データを「変数」としてとらえましょう。
2. 「尺度」とは測定のための「ものさし」です。

第 1 章の練習問題

以下のデータは、名義、順序、間隔、比率のうち、どの尺度であると言えるか答えなさい。

①身長　②性別　③氏名　④所属学部　⑤100 点満点の試験の得点（学力）　⑥A・B・C・Dで評価した大学の成績

CHAPTER 2

データの性質と度数分布

この章で学ぶこと

データの性質と尺度レベル／度数分布

本章では、はじめに、心理学的データの分析において基本となる変数の性質（質的変数、量的変数）とスティーブンスの4つの尺度（名義尺度、順序尺度、間隔尺度、比率尺度）について学びます（2.1節）。心理学では、収集したデータ（測定値）がどんな尺度レベルをみたしているかによって、適用できる統計分析も異なりますので、4つの尺度の性質をしっかり理解することは、心理学的データの分析における基礎といえます。次の2.2節、2.3節では、実験や調査、検査などで収集した膨大なデータ（ローデータ）を要約する方法の1つとして、データ（測定値）をカテゴリーや値、値の範囲といった基準で整理し、データの分布の特徴をとらえる、すなわち「度数分布表にまとめる」、という方法を学びます。さらに、作成された度数分布表にもとづいて、グラフを描き、視覚的にデータの分布の特徴をとらえる、ということも考えます。度数分布表にまとめる方法は、収集したデータ（測定値）が質的変数の場合と量的変数の場合で異なります。2.2節では質的変数に関する度数分布について、2.3節では量的変数に関する度数分布について解説します。

CHAPTER 2 データの性質と度数分布

2.1 データのもつ性質について考える
質的変数・量的変数、スティーブンスの4つの尺度

　2.1節では、第1章でふれた質的変数・量的変数（連続量、離散量）およびスティーブンスの4つの尺度（名義尺度、順序尺度、間隔尺度、比率尺度）について、あらためてくわしく説明します。実験や調査、検査によって得られたデータが、質的変数／質的データか、量的変数／量的データ（連続量、離散量）かによって、度数分布表のまとめ方や作成するグラフは異なります。また、次章以降でくわしく説明しますが、測定された値が4つの尺度のうちどの尺度レベルをみたしているかによって、算出できる平均値などの代表値（⇨第3章）も異なりますし、適用できる統計分析も変わってきます。したがって、質的変数・量的変数（連続量、離散量）という考え方およびスティーブンスの4つの尺度は、心理統計法における基本であり、本章から後の章にわたりおおいに関係してきますので、最初にしっかりと頭に入れておいてください。

2.1.1　　　　　　　　　　　　　　　　　　　質的変数・量的変数

　測定されたデータは、第1章で述べたように、質的変数と量的変数に区別することができます（⇨ p.10）。このことを、さらにくわしく見てみましょう。
　質的変数（質的データ） は、国名、性別（男・女）、氏名、職業、質問に対する「はい」「いいえ」の回答などのような名前やカテゴリーに分かれているもの、および順位などをふくみます。次項で説明する4つの尺度のうち、名義尺度と順序尺度のデータは、質的変数（質的データ）に分類されます。
　量的変数（量的データ） は、検査やテストの得点、作業を達成するまでの所要時間などのような、数量的特色をもっています。量的変数は、さらに、

離散量と連続量に分けられます。

離散量は、人数や回数、枚数、冊数、個数のような、とびとびの値をとるものです。もう少しわかりやすくいえば、1、2、3、…というように数えることができる量です。たとえば、人数は1人、2人と数え、1.5人、2.7人と数えることはできません。また、回数についても、「この実験を3回おこなってください」ということはあっても、「3.7回おこなってください」とはいいませんし、実際に3.7回おこなうこともできません。単位も、○人、□回以外にはありません。

それに対し**連続量**は、長さや時間、温度、面積のような、連続的な値をとりうるものです。たとえば、長さは4.5cm、4.553cmというように、連続的にあらゆる値をとることができます。また単位も、m、cm、mmのように、複数存在します。4つの尺度のうち、間隔尺度と比率尺度のデータは、量的変数（量的データ）に分類されます。

2.1.2　スティーブンスの4つの尺度

実験や調査、検査などによって測定されたデータは、第1章で述べたように、心理特性を測る「ものさし」としての役割をもつことから、心理的尺度であるともよばれます。この「尺度」にあたるものは、測定したい対象によってさまざまに存在します。**スティーブンス**は、尺度のもつ性質から、尺度を次の4つに区別しています（⇨ p.12）。**名義尺度、順序尺度、間隔尺度、比率尺度**です。これらの尺度は、この順序で、より高度な数学的処理が可能になるという特性をもっています。つまり、尺度としてのレベルが上がる、ということです。**順序尺度**は名義尺度の特性をもみたし、なおかつ順序尺度としての特性を有しています。**間隔尺度**は名義尺度、順序尺度の特性と間隔尺度独自の特性を有しています。**比率尺度**は名義尺度、順序尺度、間隔尺度の特性と比率尺度独自の特性を有している最もレベルの高い尺度になります。したがって、より高いレベルのデータをそれより低いレベルに落として扱うこともできます。たとえば、間隔尺度のデータを順序尺度のレベルに落とし

て扱うこともできるわけです。

　ここでは、4つの尺度がそれぞれどのような性質をもつかを理解することと、自分が収集したデータの特徴を考慮し、適切な尺度レベルを選択し、それにあった統計分析をおこなうことができるようにすることをめざします。各尺度については第1章でも簡単に概観しましたが、ここでは、具体例をあげながらより詳細に説明していきます。

◎質的変数（名義尺度、順序尺度）

名義尺度：分類されたいくつかのカテゴリーの間に、何らかの順序づけ（大小関係等）や数量的な間隔の等しさなどは仮定されておらず、カテゴリーに付与された数字や記号、文字は、単にカテゴリーをあらわす名前でしかない、というものです。たとえば、心理学科のクラスをA、B、Cという3つのクラスに分けた場合、このA、B、Cというのは単にクラスをあらわす名前でしかなく、AはBより優れているとか、BはCより大きいといった大小・優劣関係は存在しません。したがって、このA、B、Cというのは、「1、2、3」でも、「あ、い、う」でも、3つのクラスを区別できるラベル（文字、記号、名前、数字）であれば、何でもいいわけです。幼稚園でクラスを「すみれ組」「ききょう組」「ばら組」と名前をつけて区別したり、電車のホームを1番線、2番線、3番線と番号をふって区別するのは、名義尺度のわかりやすい例です。

　名義尺度では、カテゴリーが、1、2、3やA、B、Cのように数字やアルファベットであらわされる場合もあれば、「すみれ組」「ききょう組」「ばら組」のようにカテゴリー名がそのまま使われる場合もあります。どちらでもけっこうですが、わかりやすいものがよいでしょう。

　ただし、カテゴリーをあらわすために数字が使われようが、アルファベットが使われようが、それはあくまでもそのカテゴリーをあらわすラベル・名前としての役割・意味合いしかもっていないということを、しっかり覚えておいてください。したがって、カテゴリーの並び順は、どんな順番でもかまいません。「すみれ組」「ききょう組」「ばら組」の順番であろうが、「ばら組」「すみれ組」「ききょう組」の順番で並べても、かまいません。

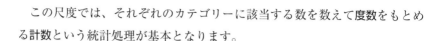

この尺度では、それぞれのカテゴリーに該当する数を数えて**度数**をもとめる**計数**という統計処理が基本となります。

順序尺度：測定値間およびカテゴリー間の順序関係を問題とします。簡単にいえば、順序尺度のデータでは、測定値間およびカテゴリー間の大小関係のみが保証されています。たとえば、10人の子どもが描いた絵を独創性という観点で評価し、独創性の高い順に1位から10位まで並べたとします。このとき、1位は2位より独創性が高く、2位は3位より独創性が高いというふうに、対象間の大小関係は保証されています。しかし、順序尺度においては、対象間の数量的な差の等しさは保証されていません。具体的にいうと、1位と2位の差と、3位と4位の差は、順位としての差は1です。しかし、それらの間の数量的な意味における差は、仮に1位と2位の間の得点の差が5点、3位と4位の間の得点の差が10点でもよいわけです。

もう1つ例をあげます。大学の入学試験で、英語の成績が上位5名の者を合格にするとします。合格者5名の英語の成績は、{1位：椿さん（97点）、2位：楓さん（91点）、3位：桜さん（89点）、4位：桃さん（87点）、5位：梅さん（82点）}でした。このデータでは、英語の成績の大小関係については、{1位：椿さん＞2位：楓さん＞3位：桜さん＞4位：桃さん＞5位：梅さん}という関係が成り立ちます。しかし、テストの点数に注目すると、たとえば1位（椿さん）と2位（楓さん）の点数の差6点と、3位（桜さん）と4位（桃さん）の点数の差2点は等しくありません。このように、順序尺度では、対象間の大小関係は保証されていますが、対象間の数量的な意味での差の等しさは保証されていないわけです。したがって、1位、2位といった順位値を足したり引いたりすることには意味がありません。

なお、ここでは順位値の例をあげましたが、カテゴリカルな順序尺度の例として、大・中・小（大＞中＞小）や優・良・可・不可（優＞良＞可＞不可）の成績などがあります。このように、カテゴリーに分かれているものを、**カテゴリカルなデータ**（質的変数のうち名義尺度、順序尺度のカテゴリカルなデータ）といいます。

CHAPTER 2 データの性質と度数分布

◎量的変数（間隔尺度、比率尺度）

間隔尺度：数値間の差（間隔）の等しさは保証されていますが、原点は任意で、絶対0点をもっていません。この絶対0点とは、0という値がはっきりと定義されるものです。間隔尺度における数値間の差（間隔）の等しさというのは、たとえば、英語のテストの得点20点と25点の差5点と、85点と90点の差5点は等しい、不安検査の得点10点と30点の差と、25点と45点の差は等しい、IQ（知能指数）80と100の間の差と、140と160の間の差は等しいとみなせるということです（この点が、順序尺度と異なります）。

また、間隔尺度では、原点が任意であり、0という値は絶対0点を意味するものではありません。たとえば、英語のテストの得点0点が、そのひとに英語の学力がないことを意味しない、ということです。なぜなら、英語のテストで測定したものはある種の英語の能力であって、そのテストでそのひとの英語力のすべてを測定できるわけではないからです。したがって、たまたまその英語のテストの得点が0点だったとしても、そのひとに英語の学力がない、ということはいえないのです。さらに、原点が任意であるため、数値間の比を問題にすることもできません。間隔尺度の例として、IQ（知能指数）や温度（摂氏、華氏）などは非常によくあげられるものです。

心理学で扱う概念においては、絶対0点が定義されていないものや、そもそも絶対0点を定義することが困難である場合も多いと思われます。たとえば、「不安が皆無（ゼロ）の状態」や「知能のまったくない（存在しない）状態」というものを明確に定義することは、おそらく困難でしょう。心理学では、尺度のレベルによって適用できる統計分析が異なりますので、絶対0点が不確実な場合には、間隔尺度としてデータを扱うほうが安全といえます。

また、心理学の研究では、間隔尺度のレベルをみたしているか確かではなくても、実際上、データが間隔尺度のレベルをもっている**とみなして**、間隔尺度に適用される統計処理（分散分析、平均値の算出など）をおこなっている場合が多々あります。たとえば、幸福な感情をあらわす顔写真に対して、その幸福感情の強さを5段階の等間隔の目盛（評定尺度）で評定するという実験があります。この場合、5段階の目盛というのは、そのひとのこころの

中にある目盛、すなわち心理的な目盛であるわけです。そして、1、2、3、4、5の5段階の各目盛の間は等間隔であると仮定して、被験者に5段階の等間隔の目盛を使って評定することをもとめ、評定結果を5段階の等間隔の目盛で評定されたものとみなして、間隔尺度に適用できる統計分析をおこなっているわけです。ただし、場合によっては、より厳密に考えて、順序尺度として扱うことも必要です。

比率尺度（比例尺度）：間隔尺度の特性をみたし、かつ、絶対0点（原点0）の特性をもっています。この絶対0点とは、0が明確に定義される、ということです。たとえば、0cm（センチ）や0g（グラム）は、確かに対象が存在しないことを意味しています。比率尺度では、絶対0点（原点0）が定められているため、4cmは2cmの2倍であるというふうに数値間の比を問題にすることができます。

心理学における比率尺度の例として、反応時間（reaction time）があります。反応時間は、知覚や認知の研究においてよく使われる指標で、たとえばシェパード＆メッツェラーに代表されるイメージを回転させる「心的回転」（⇨第3章 Research）の実験や、トレースマンに代表される視覚的目標を探す「視覚探索」などの実験においても、ある課題を遂行するまでの被験者の反応時間が分析されています。

比率尺度のデータには、最も高度な統計分析を適用できます。

> **Point!**
> 1. 質的変数と量的変数を区別しましょう。
> 2. 名義尺度と順序尺度は質的変数、間隔尺度と比率尺度は量的変数に分類されます。
> 3. 名義尺度は度数の集計（計数）が基本です。
> 4. 順序尺度と間隔尺度のちがいは、数量的な差（間隔）が等しいかどうかです。
> 5. 間隔尺度と比率尺度のちがいは、絶対0点が定義できるかどうかです。

2.2 データの特徴をまとめる
質的変数についての度数分布

実験や調査などで収集した膨大なデータ（ローデータ）は、そのままでは何らの有益な情報も与えてくれません。ローデータをカテゴリーなどの基準で整理し、まとめることで、データのもつ特徴を浮き彫りにすることができます。すなわち、度数分布表にまとめる、ということです。ここでは、**質的変数**に関する度数の集計（度数分布）について解説します。

2.2.1 度数分布表とは

質的変数についての度数の集計は、度数の分布を表にまとめることからはじめます。質的変数についての**度数分布表**は、収集したデータ（ローデータ）について、あるカテゴリーに属するデータがいくつあるかを数え（これを、**度数を数える**といいます）、さらにそれらは全データのうちどのくらいの割合（％）を占めるのか（**相対度数**）、といったデータの分布のようすをまとめたものです。

表 2.2.1a は、K 女子大学心理学科 1 年生 90 名の血液型について調べた仮想データです。このデータをながめてみても、データがどのような特徴をもっているのかはわかりません。したがって、このデータを度数分布表に整理してみましょう。

表 2.2.1a　K 女子大学心理学科 1 年生（90 名）の血液型　（仮想データ）

A	AB	O	B	AB	AB	O	A	A	O	A	AB	A	B	O
B	O	A	AB	AB	A	A	O	A	O	A	A	O	A	O
O	O	AB	A	O	A	O	O	A	O	A	A	B	AB	O
A	AB	A	B	O	A	AB	A	A	B	O	O	A	B	
A	O	A	O	A	O	A	A	A	A	O	A	O	O	A
A	B	O	A	B	O	B	AB	O	A	AB	A	B	O	AB

22

2.2 質的変数についての度数分布

基本的な確認　血液型（A、B、O、AB）はどんな尺度か？

前節で学習したことの復習です。「血液型（A、B、O、AB）」は、質的変数のうちどちらの尺度（名義尺度、順序尺度）であるかを考えてみましょう。

「血液型（A、B、O、AB）」は、単にカテゴリーをあらわす名前でしかなく、各カテゴリーの間に何らかの順序づけ（大小関係や優劣関係）は存在しません。たとえば、A 型は B 型より優れているとか、O 型は AB 型より小さいといった何らかの順序づけが、各血液型（A、B、O、AB）の間にあるわけではありません。つまり、血液型（A、B、O、AB）は、単にカテゴリーのタイプをあらわす名前でしかないため、**名義尺度**です。

度数分布表の作成手順

表 2.2.1a を使って、質的変数についての度数分布表の具体的な作成手順を解説します。

1. 収集したデータ（ローデータ）について、そのカテゴリーに該当するものがいくつあるかを数え、その数（度数）を度数分布表に書き込む。各カテゴリーの度数を集計する際は、"正の字"を使うとまちがえずにおこなえる。また、度数分布表のカテゴリーの並び順は、度数の多いものから順番に並べていくと、データのもつ特徴（傾向）を理解しやすくなる。
2. 次に、全データのうち各血液型（A、B、O、AB）の占める割合、すなわち**相対度数**をそれぞれ算出する。相対度数は、

$$\frac{各血液型の度数}{総データ数}$$

によって算出できる。たとえば A 型についての相対度数を算出するならば、次のようになる。

$$式：\frac{A 型の度数}{総データ数} = \frac{35}{90} = 0.3888 \quad (38.9\%)$$

これを百分率（パーセントであらわした割合）であらわすと、38.9%（0.389 × 100 = 38.9）となる。

以下、B 型、O 型、AB 型についても同様の方法で相対度数を算出し、その値を度数分布表に書き込む。

3. 最後に、度数と相対度数の合計をそれぞれ算出し、度数分布表に書き込む。

以上のような手順にしたがって、**度数分布表**が完成しました（表 2.2.1b）。

表 2.2.1b　表 2.2.1a の女子大学生 90 名の血液型についての度数分布表

血液型	度数	相対度数（%）
A	35	38.9
O	31	34.4
AB	13	14.4
B	11	12.2
合計	$N = 90$	99.9%

※四捨五入により、相対度数の合計が 100％とならない。

2.2.2 グラフであらわす（視覚的にデータの分布の特徴をとらえる）

度数分布表を作成したことで、各血液型（A、B、O、AB）の度数や相対度数が、見やすい表にまとまりました。今度は、この度数分布表（表 2.2.1b）をもとにして、グラフを描いてみましょう（図 2.2.2a、図 2.2.2b）。グラフで表現することの利点は、一見してデータの分布の特徴をつかみやすいということです。

質的変数についての度数分布をグラフであらわす場合には、**棒グラフ**を使います。棒グラフは、カテゴリーとカテゴリーの間（ここでは、血液型 A、O、AB、B がカテゴリーになります）に、一定の間隔をあけます。これは各カテゴリーの間に**連続性**がないためです。また、名義尺度では、折れ線グラフを使ってはいけません。折れ線グラフはその形状に意味がある場合に使うものであり、名義尺度のようにカテゴリーの並び順を変えてもよい場合には、適さないからです。

グラフの縦軸は**度数**または**相対度数**、横軸は**カテゴリー**（ここでは、血液型 A、O、AB、B）とします。この際、縦軸の意味を明示するようにしましょう。たとえば、縦軸が度数なのか、相対度数なのか、もし相対度数ならば、％をつけるのも忘れないようにしましょう。グラフの縦軸を度数にするか、相対度数にするかは、特に決まっていません。ただし、総データ数の異なる

2.2 質的変数についての度数分布

複数のデータを比較する場合（たとえば、28ページの表 2R.1 のようなデータ。備考を見ると、N（総データ数）が国によって異なっている）は、相対度数（％）でグラフを描きましょう。横軸には、カテゴリー名を記入します。さらに、グラフにはタイトルをつけ、何をあらわすグラフであるのかをきちんと他のひとにもわかるようにします。必要ならば、グラフの説明も付加します。つまり、グラフは、それだけで見るひとに内容が理解できるようにしないといけません。

図 2.2.2a では、度数でグラフを描きました。グラフ化したことにより、視覚的に明らかなかたちで一見してデータの特徴をつかめるようになりました。図 2.2.2b では、相対度数（％）でグラフを描きました。

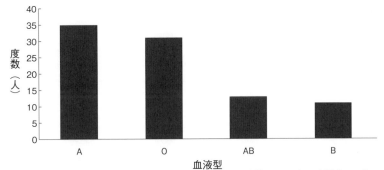

図 2.2.2a　表 2.2.1b の度数分布表の度数をもとにして描いた、女子大学生 90 名の血液型の分布

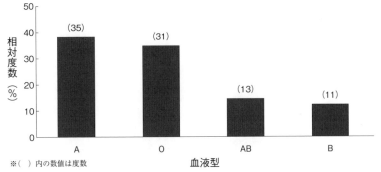

※（　）内の数値は度数

図 2.2.2b　表 2.2.1b の度数分布表の相対度数をもとにして描いた、女子大学生 90 名の血液型の分布

グラフには、棒グラフ以外にもさまざまな種類があります。また、棒グラフの中にも、バリエーションがあります。たとえば 28 ページの表 2R.1 のような多くの内容を 1 つのグラフに表現したいという場合には、棒グラフの中でももっと多くの情報をあらわすことができる図 2.2.2c のような棒グラフを選択します。

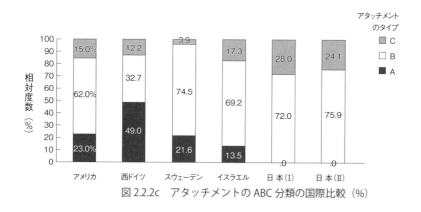

図 2.2.2c　アタッチメントの ABC 分類の国際比較（%）

2.2.3　グラフ化の欠点

グラフは確かに分布の特徴を視覚的にとらえることができる、という利点があります。しかし一方で、グラフは、その**描き方**によって見た目からうける印象が大きく変わるという欠点があります。

たとえば、以下の 2 つのグラフ（図 2.2.3a 、図 2.2.3b）を見てください。

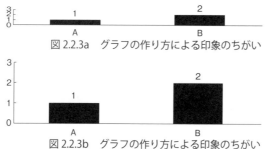

図 2.2.3a　グラフの作り方による印象のちがい

図 2.2.3b　グラフの作り方による印象のちがい

※このグラフは、描き方によってグラフからうける印象が大きく異なるということを理解していただくために筆者が作成したもので、何ら実際のデータをもとにしたものではありません。

2.2 質的変数についての度数分布

　これはあくまでも例なのでかなり誇張して描きましたが、これらのグラフはいずれも横軸のAは1を、Bは2をあらわしています。しかし見た目の印象では、図2.2.3aはAとBにあまり差がないように見えます。一方、図2.2.3bでは、AとBはかなり差があるように見えます。一見しただけでは、図2.2.3aと図2.2.3bが同じ数値をあらわしているとも、AとBの差が同じ1であるとも思えないでしょう。

　このように、グラフには、描き方によって見た目の印象が大きく変わるという欠点があるのです。それを軽減するために、グラフにはなるべく実際の数値（度数、相対度数）を書き込むようにしましょう。図2.2.2bおよび図2.2.2cでは、実際の数値（度数、相対度数）を書き込みました。確かにこうすると、一見して視覚的にデータの特徴をつかみやすいという図の利点を保持したまま、より正確にデータの特性を理解することができます。

Try 1　表2.2.1bにおいて、A型の相対度数をもとめる計算式を書きなさい。

> **Point!**
> 1. 質的変数の棒グラフでは、カテゴリー間に連続性がないため、一定の間隔をあけましょう。
> 2. 図には、正確さを維持するため、実際の数値（度数、相対度数）を書き込むようにしましょう。
> 3. 縦軸には、単位や目盛をつけるのを忘れないようにしましょう。
> 4. 図には、必ずタイトルをつけましょう。
> 5. 図には、必要と思われる場合には、図の説明をつけましょう。
> 6. 総データ数Nが異なる複数のカテゴリーの分布をグラフであらわすときは、度数ではなく、相対度数（％）でグラフを描きましょう。

CHAPTER 2 データの性質と度数分布

度数の集計は、非常に基本的な統計手法ですが、心理学の研究においてはさまざまな場面で使われています。ここでは、発達心理学の研究例を題材として、度数の集計がどんなところで使われているかを紹介します。

Research　　　　乳児のアタッチメントの国際比較

表 2R.1　アタッチメントの ABC 分類の国際比較　（%）

	A	B	C	備考
アメリカ	23.0%	62.0%	15.0%	いくつかの研究をまとめたもの Campos ら（1983）による
西ドイツ [a]	49.0	32.7	12.2	$N = 49$、Grossmann ら(1981)による
スウェーデン	21.6	74.5	3.9	$N = 51$、Lamb ら（1982）による
イスラエル [b]	13.5	69.2	17.3	$N = 52$、Sagi ら（1985）による
日本（Ⅰ）[c]	0.0	72.0	28.0	$N = 25$、Miyake ら(1985)による
日本（Ⅱ）[d]	0.0	75.9	24.1	$N = 29$、Miyake（1986）による

a) 分類不能が 6.1% あった。
b) キブツの乳児が対象となっている。
c) 分類不能 4 名を除いた 25 名の比率を示した。
d) 分類不能 1 名を除いた 29 名の比率を示した。

（三宅（1990）より転載）

　表 2R.1 は、乳児の愛着行動（アタッチメント）についての研究例（三宅、1990）で、いくつかの国における子どものアタッチメントのタイプ A、B、C の割合を示したものです。アメリカを除いて、備考に N = ○と書かれています。これは総データ数を示しています。

　アタッチメントのタイプ A、B、C の割合の算出手順は、たとえば西ドイツでいえば、合計 49 個のデータについて、まず、アタッチメントのタイプ A、B、C それぞれに該当するデータがいくつあるか（度数）を数え、その度数にもとづいて各アタッチメントのタイプの割合（相対度数）を算出する、という過程にもとづきます。この章の 2.2 節では、質的変数に関するこのような度数の集計や、それにもとづいた相対度数の算出について学びました。

アタッチメントとは？

　三宅（1990）によれば、アタッチメントとは、一般におよそ生後1年ごろに子どもが母親に対して示す、強いはっきりとした情愛的な結びつきを指します。たとえば、乳児が母親から離されるとはげしく泣いて後を追うといった反応を示すことがあります。これは母親に対するアタッチメントが成立したことを示すものと考えられています。

アタッチメントのタイプA、B、Cとは？

　三宅（1990）によれば、アタッチメントのタイプは以下の3つに分けられます。

B型：安定したアタッチメントの型

　母親が部屋から出ていくと泣いたり、ぐずったり、ドアのところへ近づいて母親を追いもとめたりするが、母親が戻ってくるとすぐ接近・接触をもとめ、泣きやんで機嫌がなおり、床に下ろされると前のようによく遊ぶといった反応を示す子どものタイプ。

A型：回避的な行動を示すタイプ—不安定なアタッチメントの型

　母親が部屋から出て行ってもほとんど行動に変化がなく遊びを続け、戻ってきても特に母親をもとめようとせず、見知らぬ女性が入ってきたときの反応と母親への反応にあまり差がみられないといった子どものタイプ。

C型：抵抗的な行動を示すタイプ—不安定なアタッチメントの型

　母親との分離の際にはげしく泣いたり、後を追ったりし、再会の場面で母親がいっしょうけんめいになだめても泣きやまず、抱かれながら母親の体を押したり、床に下ろされるのをいやがって抵抗したりし、長い間機嫌がなおらず遊ぼうとしないといった子どものタイプ。

引用文献
三宅和夫（1990）．シリーズ人間の発達5　子どもの個性　生後2年間を中心に　東京大学出版会

2.3 データの特徴をまとめる
量的変数についての度数分布

2.2 節では、質的変数についての度数分布を学びました。2.3 節では、心理検査の得点の仮想データ（MAS の不安得点）を例として、**量的変数**に関する度数分布について解説します。

2.3.1 量的データ（量的変数）を度数分布表にまとめる

表 2.3.1 成人女子 80 名の顕在性不安検査 MAS の不安得点（仮想データ）

9	33	14	11	12	20	15	12	10	28	19	34	18	21	15	26
17	11	7	21	36	19	14	20	31	14	27	15	24	12	20	11
18	27	22	13	9	30	10	14	17	23	24	12	15	22	23	37
16	24	13	10	21	18	19	18	22	18	16	20	19	17	20	15
20	30	12	39	16	23	13	21	19	16	25	26	17	19	13	21

　表 2.3.1 には、成人女子 80 名の不安検査 MAS（⇨本章 Research、p.44）の不安得点（仮想データ）が示されています。ここでは、この不安得点の仮想データを使って、量的変数（量的データ）についての度数分布表の作成について解説します。表 2.3.1 は膨大な数字の羅列ですから、度数分布表にまとめることが、データの特徴をとらえるうえで有効です。量的変数についての度数分布表の作成は、前節で解説した質的変数の場合よりもやや複雑で作業も増えますが、その 1 つひとつは単純作業なので、順番にやっていきましょう。

基本的な確認　不安得点は間隔尺度か？　比率尺度か？

2.1節で学習したことの復習です。表2.3.1の不安検査MASの不安得点が、量的変数のうち間隔尺度か、それとも比率尺度であるかを確認しておきましょう。

⬇

それは、この不安検査MASで測定されるものを考えてみるとわかります。MASで測定されるものは、"慢性不安の程度"です。いいかえれば、慢性不安の程度が、不安得点というかたちで数値化されてあらわれてくるわけです。では不安得点0点は、そのひとにまったく慢性不安のないことを意味するといえるでしょうか？　答えはノーです。なぜなら、不安得点0点とは、あくまでも、その検査に反映されうる限りの慢性不安の程度において、あるいはその検査で測定されうる限りの慢性不安の程度において、不安得点が0点だったということに過ぎず、その検査に慢性不安の程度を100%反映できているという保証はありません。したがって、不安得点0点が、そのひとにまったく慢性不安のないことを意味するとはいえないのです。また、そもそも、比率尺度の必須条件である絶対0点、すなわち慢性不安0という状態が定義されていません。おそらく、定義することも困難でしょう。したがって、**間隔尺度**といえます。

2.3.2　量的変数についての度数分布表の概要

さて、2.2節では、質的変数の度数分布について、収集したデータ（ローデータ）をあるカテゴリーの基準で整理し、**度数**や**相対度数**を集計する、という話をしました。それに対し、量的変数の度数分布では、収集したデータ（ローデータ）をある値やある値の範囲の基準で整理し、**度数**や**相対度数**に加え、**累積度数**、**累積相対度数**、さらに**階級**（級間という場合もある）、**階級値**（中心点という場合もある）、**下限・上限**といった項目もあわせて度数分布表にまとめます。

最初に、量的変数についての度数分布で新たに出てくる概念（階級、階級値、上限・下限、階級の幅など）について簡潔に説明しておきます。たとえばデータの分布範囲が広い場合に、データを36ページ表2.3.4の階級のように、一

定の値の範囲ごとに分けて集計するという方法がとられます。表2.3.4では、11行に分けられた不安得点の範囲が、階級になります。

次に、階級の下限・上限について説明します。下限・上限には、名目上の下限・上限と、真の下限・上限があります。**名目上の下限・上限**とは、階級の両端の値のことで、小さいほうの値を下限、大きいほうの値を上限といいます。たとえば、表2.3.4の階級7〜9ならば、名目上の下限は7、名目上の上限は9になります。

それに対し、**真の下限・上限（真の限界）**とは、その階級に実際にふくまれる値の範囲の下限・上限のことで、表2.3.4の階級7〜9ならば、真の下限は6.5、真の上限は9.5になります。すなわち、階級の名目上の下限から0.5を引いた値6.5が真の下限に、名目上の上限に0.5を足した値9.5が真の上限になります。つまり、階級7〜9には、実際には、6.5以上〜9.5未満の値が含まれる、ということです。表2.3.4の真の下限・上限を見ると、真の上限は、次の階級の真の下限になっている、ということがわかります。そのため、値の範囲が以上であるか未満であるかは非常に重要なので、まちがえないようにしましょう。

ところで、先に真の下限・上限は、階級の名目上の下限から0.5を引いた値（真の下限）と、名目上の上限に0.5を足した値（真の上限）であると説明しました。しかしそれはあくまで得点が1点間隔（すなわち、小数点以下の値をとらない）で測定された場合であり、その場合には1の半分の値0.5が階級の両端の値に加算あるいは減算される、ということです。たとえば、階級が7.5〜9.5という小数第1位の値をとるならば（得点が7.7点、7.8点、7.9点のように0.1点間隔の値で示されるならば）、真の下限は、名目上の下限7.5から0.1の半分の値すなわち0.05を引いた値7.45になります。一方、真の上限は、名目上の上限9.5に0.05を加算した値9.55になります。

階級値とは、各階級の中心の値のことです。たとえば、表2.3.4の階級7〜9の階級値は、7、8、9の間の中心の値、すなわち8になります。ちなみに、階級値は、$\dfrac{(真の下限+真の上限)}{2}$ という式でも算出することができます。

階級の幅が広い場合には、すべての数値を並べて中心の値をとるのは大変なので、この式を利用するほうが賢明です。

　ここで、階級の幅ということばが出てきました。**階級の幅**とは、一言でいえば、その階級の広さのようなものです。たとえば、階級 7 〜 9 ならば、階級の幅は 3 になりますし、階級 21 〜 40 ならば、階級の幅は 20 になります。**階級の幅は、原則として、すべての階級で同じ幅にします**。ただし、データの分布が著しく一方に偏っている場合には、階級によって階級の幅を変えることもあります。本書は入門レベルなので、その具体的な例は扱いませんが、場合によっては階級の幅を変えることもある、ということだけ頭の片隅に入れておいてください。

　次に累積度数について説明します。**累積度数**とは、その階級までの度数を足したものです。たとえば、36 ページ表 2.3.4 では、階級 13 〜 15 の累積度数は、階級 7 〜 9 の度数 3 と階級 10 〜 12 の度数 11 と階級 13 〜 15 の度数 13 を足した値（3 + 11 + 13）、すなわち 27 になります。累積度数は、一番最後の階級（表 2.3.4 では 37 〜 39）において、すべての階級の度数が加算されたかたちになるので、総データ数 N（表 2.3.4 では 80）と一致します。**累積相対度数**（%）は、その階級までの相対度数（%）を足したものです。加算の仕方は累積度数の場合と同じなので、表 2.3.4 で確認してください。累積相対度数は、一番最後の階級（表 2.3.4 では 37 〜 39）で、すべての階級の相対度数が加算されたかたちになるので、100% になります。

2.3.3　グループ化された度数分布とグループ化されていない度数分布

　量的変数についての度数分布には、グループ化された度数分布とグループ化されていない度数分布があります。**グループ化されていない度数分布**とは、ある単独の値について度数が集計されたもので、一言でいえば、階級の幅が 1 のものです（⇨表 2.3.5b）。一方、**グループ化された度数分布**とは、たとえば表 2.3.4 のように、ある一定の値の範囲について度数が集計されたもので、階級の幅が 2 以上の場合です。グループ化された度数分布は、データの分布範

| CHAPTER 2　データの性質と度数分布

囲が広い場合におこないます。たとえば、表 2.3.4 では、最低点が 7 点、最高点が 39 点です。これを 7 点から 39 点まで 1 つずつ並べたら（すなわち階級の幅を 1 として並べたら）、合計 33 個の階級数が必要になり、これは階級数としては多すぎて見にくく（**適切な階級数は 10 から 20**）、逆にデータの様相がつかみにくくなります。このように、グループ化するかしないかは、データの分布範囲の広さで判断します。

2.3.4　グループ化された度数分布表の作成手順

ここでは、80 名の成人女子の MAS の不安得点（⇨表 2.3.1）の仮想データを使って、量的変数についてのグループ化された度数分布表の作成手順を解説します。

グループ化された度数分布表の作成手順

1. まず表 2.3.1 から、最大値と最小値を探す。
   最大値は 39、最小値は 7。
2. 階級数と階級の幅を決定する。
   階級数は、一般に、**10 から 20** くらいが適当であるといわれている。岩原（1965）は、そのなかでどのくらいがよいかは総度数 N によって決まるといい、N が小さい（50〜100）ときは階級（級間）の数を小さく、すなわち 10 に近く、N が大きい（100 以上）ときは階級（級間）の数を大きく、すなわち 20 に近くするのがよい、と述べている。
   階級数は、階級の幅も考慮しないと決められない。**望ましい階級（級間）の幅**は、**1、2、3、5、10、15、20** である、という主張もある（山内、1998）。
   表 2.3.1 では、総データ数 N が 80 なので、10 に近い階級数となるようにしよう。階級数は、次の式（山内、1998）で算出する。

   $$\frac{最大値 - 最小値}{適切な階級の幅} = 階級数$$

   表 2.3.1 の最大値 39 と最小値 7 の差が 32 なので、仮に階級の幅を 3 にすると、$\dfrac{39 - 7}{階級の幅 3}$ より階級数は 11 となり、適切な階級数といっ

てよいだろう。仮に階級の幅を5とすると、階級数は7となり、少なすぎる。この作業は、自分で適当な階級の幅を入れて、調整しよう。

さてここで、階級数と階級の幅が決まった。それでは階級の幅にしたがって、各階級を度数分布表に書き込んでいこう。

3. 真の下限・真の上限を書き込む。

   真の下限・上限は、たとえば階級37～39ならば、真の下限は36.5、真の上限は39.5になる。

   同様に度数分布表の各階級を見ながら、真の下限と真の上限をすべての階級について書き込む。

4. 階級値を算出する。

   階級値は、各階級の中心の値である。たとえば、表2.3.4の階級34～36ならば、35がこの階級の階級値になる。また、階級値は、先に書き込んだ真の下限と真の上限を使って、$\frac{(真の下限+真の上限)}{2}$という式で算出してもかまわない。

   すべての階級について、上記のいずれかの方法で階級値を算出して、度数分布表に記入する。

5. 各階級の度数を数える。

   この作業は、表2.3.1を見ながら、順に該当する階級のところに正の字を書いていくとわかりやすい。表2.3.4の度数分布表には、正の字を書き込むスペースが作られているので、利用してみよう。

6. 相対度数（％）を算出する。

   全データ数のうち各階級の度数の占める割合 $\left(\frac{各階級の度数}{全データ数}\right)$ を算出する。たとえば、表2.3.4の階級7～9ならば、

   式：$\frac{階級7～9の度数}{全データ数} = \frac{3}{80} = 0.0375$ （3.75％）

   これを百分率であらわすと、階級7～9の相対度数は、3.75％となる。

7. 累積度数を記入する。

   累積度数は、その階級までの度数を足したものである。たとえば、表2.3.4の階級10～12の累積度数は、階級7～9の度数3と階級10～12の度数11を足した値、すなわち14となる。

   以下同様の方法で、すべての階級について、累積度数を記入する。そして最後に、一番最後の階級（表2.3.4では37～39）で、累積度数が

CHAPTER 2 データの性質と度数分布

　　　総データ数 $N = 80$ と一致していることを確認する。
8. 累積相対度数（％）を記入する。
　　　累積相対度数（％）は、その階級までの相対度数（％）を足したものである。累積度数の場合と同様の方法で、各階級の累積相対度数を算出し、一番最後の階級（表 2.3.4 では 37 〜 39）で、累積相対度数が 100％になることを確認すること。
9. 度数と相対度数（％）の合計を度数分布表の一番下に記入する。
　　　度数は総データ数 N に、相対度数は 100％に一致するはずである。

　以上の手順によって、度数分布表が完成しました（表 2.3.4）。表 2.3.1 の膨大な数字の羅列から考えると、だいぶデータが整理されて、分布のようすがわかりやすくなりました。しかし、今回のように、グループ化して度数分布表にまとめるということは、ローデータ（表 2.3.1）をそのまま反映しているとはいえない、ということも覚えておいてください（⇨ くわしい説明）。

表 2.3.4　表 2.3.1 の不安得点についての度数分布表

不安得点の範囲（階級）	真の下限	真の上限	階級値	度数（人）	相対度数（％）	累積度数（人）	累積相対度数（％）	正の字
7 〜 9	6.5	9.5	8	3	3.75	3	3.75	
10 〜 12	9.5	12.5	11	11	13.75	14	17.50	
13 〜 15	12.5	15.5	14	13	16.25	27	33.75	
16 〜 18	15.5	18.5	17	13	16.25	40	50.00	
19 〜 21	18.5	21.5	20	17	21.25	57	71.25	
22 〜 24	21.5	24.5	23	9	11.25	66	82.50	
25 〜 27	24.5	27.5	26	5	6.25	71	88.75	
28 〜 30	27.5	30.5	29	3	3.75	74	92.50	
31 〜 33	30.5	33.5	32	2	2.50	76	95.00	
34 〜 36	33.5	36.5	35	2	2.50	78	97.50	
37 〜 39	36.5	39.5	38	2	2.50	80	100.00	
合　計				$N = 80$	100.00			

　表 2.3.4 の度数分布表は、表の上から下に向かって不安得点の低い階級から次第に不安得点の高い階級となるように書いてあります。これは、このほうが見やすいと思われるからです。しかし、場合によっては、逆に表の下か

ら上に向かって次第に階級の値が大きくなるように度数分布表を作る場合もあります。

（　く・わ・し・い・説・明　）

〈度数分布表にまとめる〉
　データをグループ化して度数分布表に整理するということは、たとえば階級 7〜9 でいえば、「階級 7〜9 には、階級値である 8 点のひとが 3 人いる」というふうにみなす、ということです。しかし実際には、階級 7〜9 には、7 点のひとが 1 人、9 点のひとが 2 人いるわけです。このように、データをグループ化して度数分布表にまとめることで、多少なりとも正確さは失われる、ということも覚えておきましょう。

2.3.5　グループ化されていない度数分布表

　グループ化されていない度数分布は、グループ化された度数分布よりも単純で作業も少ないので、例と簡単な説明にとどめます。グループ化されていない度数分布は、表 2.3.5b のように**単独の値について度数が集計されたもの**で、**階級の幅は 1** になります。当たり前のことですが、階級の幅が 1 の場合には、階級値はありません。階級値というのは、あくまでも各階級を代表する値なので、階級が単独の値の場合には、階級値はありません。また階級の幅も 1 と決まっていますから、階級数もおのずと決まります。

　そもそも、表 2.3.5a のローデータから最初にやるべきことは、グループ化するかしないかを決定することです。それは表 2.3.5a から、データの分布の広さを把握すれば、決めることができます。

表 2.3.5a　女子大学生 15 名の MAS の不安得点（仮想データ）

10	12	13	15	13
13	14	13	13	12
12	13	10	12	13

　表 2.3.5a では、最大値が 15 点、最小値が 10 点とデータの分布範囲が非常

に狭いため、階級の幅を 1 として並べても、合計 6 個の階級数ですみます。したがって、グループ化する必要はありません。ちなみに、グループ化された度数分布のところで、適切な階級数は 10 から 20 である、という話をしました。表 2.3.5b のように、そもそもデータの分布範囲が狭く、結果として階級数が少なくなる場合もありますが、それは別にかまいません。度数分布表にまとめる目的は、あくまでも、データを整理し、データの特徴や傾向をつかみやすくすることです。

表 2.3.5a のローデータにもとづいて、グループ化されていない度数分布表にまとめたものが、表 2.3.5b です。集計の仕方は基本的にグループ化された度数分布の場合と同様ですが、**真の下限・上限**についてのみ、補足をしておきます。階級が表 2.3.5b のような単独の値(階級の幅が 1)の場合でも、真の下限・真の上限はあります。表 2.3.5b の不安得点 10 点という階級ならば、真の下限は 9.5、真の上限は 10.5 で、この階級には 9.5 以上 10.5 未満の値をふくむ、ということになります。

表 2.3.5b 表 2.3.5a の不安得点についての度数分布表(グループ化されていない度数分布)

不安得点(階級)	真の下限	真の上限	度数(人)	相対度数(%)	累積度数(人)	累積相対度数(%)	正の字
10	9.5	10.5	2	13.3	2	13.3	
11	10.5	11.5	0	0.0	2	13.3	
12	11.5	12.5	4	26.7	6	40.0	
13	12.5	13.5	7	46.7	13	86.7	
14	13.5	14.5	1	6.7	14	93.3	
15	14.5	15.5	1	6.7	15	100.0	
合計			N = 15	100.0			

Try 2

表 2.3.4 において、得点 13 ～ 15 の階級の次の値をもとめる計算式を書きなさい。

①真の下限　②累積度数　③累積相対度数

2.3.6 グラフであらわす（視覚的にデータの分布の特徴をとらえる）

　質的変数の場合と同様に、度数分布表に整理した内容をグラフであらわし、視覚的にデータの特徴をつかみやすくしましょう。量的変数についての度数分布をグラフであらわす方法は、いくつかあります。そのうち、代表的なヒストグラム、度数多角形、累積度数多角形、累積百分率多角形について解説します。

1　ヒストグラム（図 2.3.6a、図 2.3.6b）

　ヒストグラムは、量的変数（連続量）についての度数分布をグラフ化する場合に使われます。これは、一見すると、質的変数についてのグラフ化で説明した「棒グラフ」と似ていますが、いくつか異なる点もあるので説明します。

(1) ヒストグラムでは、横軸は、各階級の真の限界を用います（⇨図 2.3.6a）。
(2) グラフには、両端の階級にもう1つ階級を幅としてとり、その度数は0とします。図 2.3.6a では、一番下の階級の1つ下の階級 4 〜 6 の真の限界 3.5 〜 6.5 と、一番上の階級の1つ上の階級 40 〜 42 の真の限界 39.5 〜 42.5 を幅としてとり、その度数は0とします。
(3) 2.2 節で、質的変数についての度数分布をあらわす棒グラフは、カテゴリーとカテゴリーの間に連続性がないため棒と棒の間に一定の間隔をあける、という話をしました。それに対し、**ヒストグラムは連続性を示すため、階級と階級の間に間隔をあけません**。図 2.3.6a からもわかるように、各階級の棒と棒がぴったりとくっついています。これは、不安得点が心理学的に**連続量**と考えられるためです。もう少しくわしくいうと、不安得点が表面的には離散量に見えても、元型尺度では連続量と考えられるからです。

　縦軸は、度数でも相対度数（％）でもかまいません。ここでは、両方描いてみます。

縦軸に度数をとった場合のヒストグラム

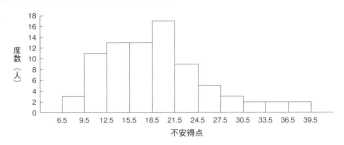

図 2.3.6a　表 2.3.4 の度数分布表にもとづくヒストグラム

縦軸に相対度数（%）をとった場合のヒストグラム

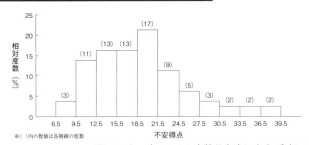

※（　）内の数値は各階級の度数

図 2.3.6b　表 2.3.4 の度数分布表にもとづくヒストグラム

　最後に、あらためて強調したいのが、**ヒストグラム**を用いるのは、データが量的変数の連続量の場合だけである、ということです。データが離散量の場合には、質的変数の場合と同じ**棒グラフ**を用います（⇨離散量と連続量の区別については、本章の 2.1.1 項）。

2　度数多角形（図 2.3.6c）

　度数多角形は、横軸に階級値をとったものです。ヒストグラムと同様に、両端の階級（一番上と一番下の階級）にもう 1 つ階級をとり、その階級の階級値を度数 0 としてプロット（点を打つこと）します。表 2.3.4 では、一番下の階級の 1 つ下の階級 4〜6 の階級値 5 と、一番上の階級の 1 つ上の階級 40〜42 の階級値 41 の度数を 0 としてプロットします（⇨図 2.3.6c）。

　度数多角形は、ヒストグラムと比べると、各階級の階級値に何名ぐらいのひとがいるか（度数）がダイレクトにわかります。

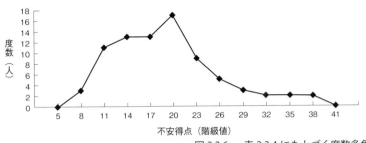

図 2.3.6c　表 2.3.4 にもとづく度数多角形

3　累積度数多角形（図 2.3.6d）、累積百分率多角形（図 2.3.6e）

　累積度数多角形、累積百分率多角形とは、累積度数や累積相対度数にもとづいてグラフを描いたものです。累積度数多角形は縦軸に累積度数をとったもので、累積百分率多角形は縦軸に累積相対度数をとったものです。累積百分率は、累積相対度数と同じ意味です。横軸には、各階級の真の限界（真の上限）を用います。

　ここで注意したいのが、点の打ち方です。表 2.3.4 を見てください。横軸には、各階級の真の限界（真の上限）を記入します。この際、**度数分布表の一番小さな値の範囲をとる階級より 1 つ前の階級 4 ～ 6 の真の上限（表 2.3.4 ならば 6.5）から記入することに注意してください**。そして、この 1 つ前の階級の真の上限である 6.5 より下の不安得点はないので、6.5 のところに 0 をプロットします。次の階級では、真の上限である 9.5 より下には、累積で度数が 3（累積百分率多角形なら、3.75％）あるので、9.5 のメモリの上に 3（または累積相対度数 3.75％）をプロットします。このように、その階級の真の上限より下に度数または相対度数が累積でどの程度かを見て、グラフの横軸のその真の上限のところに点を打っていく、という作業になります。そして最終的に、一番最後の階級の真の上限（表 2.3.4 では 39.5）に達した時点で、累積であるため累積度数 80（あるいは累積相対度数 100％）になります。

　縦軸に累積をとることで、たとえば、得点○点までの範囲に、全体の□％が入っている、ということが一目でわかります。それでは、表 2.3.4 の度数分布表の累積度数と累積相対度数をもとにして、累積度数多角形と累積百分

率多角形を描いてみましょう。

累積度数多角形

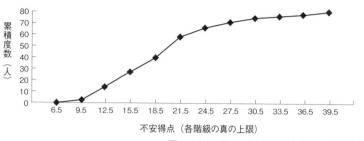

図 2.3.6d　表 2.3.4 にもとづく累積度数多角形

累積百分率多角形

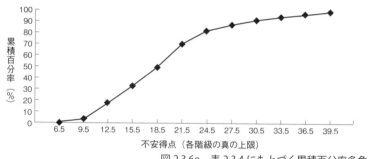

図 2.3.6e　表 2.3.4 にもとづく累積百分率多角形

Try 3

図 2.3.6a 〜 e について、以下の文章がそれぞれ適切かどうか、○か×で答えなさい。

①ヒストグラムでは横軸に階級の下限と上限をとる。
②ヒストグラムで、縦軸に度数をとる場合と相対度数をとる場合で、分布の形は変わらない。
③累積度数多角形では、縦軸に各階級の度数をとる。

> **Point!**
> 1. 量的変数の度数分布表では、階級に真の下限・真の上限があることを意識しましょう。
> 2. ヒストグラムを作成する場合、横軸は連続量をあらわすため、階級と階級の間に間隔をあけないように気をつけましょう（その点が、質的変数および量的変数の離散量をあらわす棒グラフと異なります）。
> 3. 棒グラフ ── { 質的変数
>   量的変数の離散量
>   ヒストグラム── 量的変数の連続量
> 4. グラフの種類によって、横軸にとるものが異なるので注意しましょう。
>   ヒストグラム　　　→　各階級の真の限界
>   度数多角形　　　　→　各階級の階級値
>   累積度数多角形、累積百分率多角形　→　各階級の真の限界（真の上限）

第2章の練習問題

以下の文章がそれぞれ適切かどうか、○か×で答えなさい。

①質的変数の度数分布表では、変数のカテゴリーごとに度数を集計する。

②質的変数の度数分布を図示する際には、横軸に度数、縦軸にカテゴリーをとることが一般的である。

③量的変数の度数分布表では、変数の値をグループ化して階級に分けなければならない。

④量的変数（連続量）の度数分布を図示する場合、ヒストグラムでは横軸の階級の間を離してはならない。

2.3節では、心理学において頻繁に使われる心理検査の得点の仮想データを用いて、量的変数についての度数の集計を学びました。ここでは、度数分布に関する統計処理の実際的な活用例として、顕在性不安検査 MAS（日本版）の研究例を紹介します。

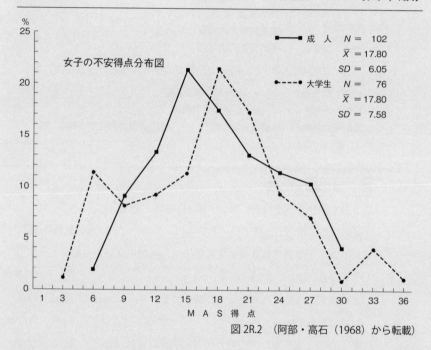

図 2R.2　（阿部・高石（1968）から転載）

図 2R.2 は、女子大学生 76 名と成人女子 102 名の MAS の不安得点の分布を示しています。この図は、複数の調査対象が比較できるように、相対度数（％）で示されています。このように、不安得点の分布を明らかにすることによって、全体の特徴を把握することができます。

不安得点の判定は、以下の得点段階規準によっておこないます。女子大学生の規準と一般女子（21～35 歳）の規準は若干異なっていますが、阿部・

高石（1968）によれば、Ⅴ→Ⅲ段階まではおおむね正常域で、Ⅱ段階はかなり不安度が高く、Ⅰ段階は高度の不安を示すもの、と解釈します。

表 2R.2　得点段階基準

女子大学生		一般女子（21〜35歳）	
段階	点数範囲	段階	点数範囲
Ⅰ	27 以上	Ⅰ	26 以上
Ⅱ	23 − 26	Ⅱ	22 − 25
Ⅲ	14 − 22	Ⅲ	13 − 21
Ⅳ	10 − 13	Ⅳ	9 − 12
Ⅴ	9 以下	Ⅴ	8 以下

（阿部・高石（1968）から転載）

顕在性不安検査 MAS（日本版）とは？

　MAS は、1953 年にテーラーによって**慢性不安の程度**を測定する目的で開発された心理検査です。日本版は、1968 年に阿部満州らによって作成され、回答の妥当性を検討するための項目（L 尺度）も加えられており、それらは最終的に嘘構点（Lie score）として不安得点とともに算出されます。不安得点の最大値は 50 点です。

　MAS の質問項目は、550 項目からなるミネソタ多面的人格目録（MMPI）とよばれる心理検査から選択された 50 項目です。これに L 尺度 15 項目を加えたものが MAS 日本版として使用されています。

　心理療法の効果などを測定する際にもしばしば使用されており、信頼性の高いテストと考えられています。児童版の MAS（CMAS）も作られており、教育現場で利用されています。

引用文献
　阿部満州・高石昇（1968）．日本版 MMPI 顕在性不安検査（MAS）使用手引　三京房

CHAPTER 3
代表値と散布度

この章で学ぶこと
分布の特徴をとらえる

本章では、収集したデータを要約するもう1つの方法として、日常的によく耳にする平均値などの代表値（平均値、中央値、最頻値）について学びます（3.1節）。3.2節では、収集したデータが、どの程度散らばっているかという"データの散らばり具合"をあらわす散布度（標準偏差、四分位偏差、範囲）について学習します。3.3節では、"収集したデータの分布型"という観点から、代表値と散布度について考えます。特に、データの分布が偏っている場合については、分布の偏りの原因や分布の偏りに対する対処方法についても解説します。3.4節では、正規分布という分布の特徴をいかして、個々の得点の相対的位置を標準得点によってもとめます。代表値と散布度は、データ処理の第一歩となる、とても重要な測度です。

CHAPTER 3 代表値と散布度

3.1 代表値
データの特徴を要約する

　第2章では、質的変数と量的変数という区別と、スティーブンスの4つの尺度(名義尺度、順序尺度、間隔尺度、比率尺度)について学びました(⇨p.17)。さらに、収集したデータをまとめる方法の1つとして、度数分布表の作成について学習しました。

　ここでは、収集したデータをまとめる(要約する)もう1つの方法として、平均値などの代表値について学びます。最初に、代表値の定義を明確にしておきます。代表値とは、分布を1つの値で要約する統計的な数値(測度)です。

　代表値の中でも"平均(値)"ということばは、日常的にもよく耳にすることばです。たとえば、「東京の8月の平均気温は？」とか、「心理統計法の前期試験の平均点は？」などというふうに、私たちは日常生活でも意識しなくともこの「平均」ということばを使っています。そして、先生から「心理統計法の前期試験の平均点は◯点でした」と発表があると、自分の点数と比較して、真っ青になったり、ホッとしたり、にんまりとしたりするわけです。これらは、代表値の中でも皆さんに最もなじみのある平均値、正確にいえば算術平均の例です。

　代表値には、平均値(算術平均)の他に、中央値と最頻値があります。収集したデータについて、どの代表値を算出することが可能であるかは、測定値のもつ尺度レベル(名義尺度、順序尺度、間隔尺度、比率尺度)や収集したデータの分布型によって異なります。測定値のもつ尺度レベルについては、第2章で学習したスティーブンスの4つの尺度の知識を活用します(⇨p.17)。収集したデータの分布型については、本章の3.3節で解説します。

　代表値や3.2節で学習する散布度の算出は、実験や調査等におけるデータ処理の基本となりますので、しっかり覚えてください。それでは、以下、各代表値についてくわしく解説していきます。

3.1.1 平均値（算術平均）

　一般に、"平均値"とか"平均"という場合には、算術平均のことを指します。本書でも、単に平均値と書く場合には、算術平均のことを指していると思ってください。後の節で、幾何平均と調和平均という平均値が出てくるので、それらと混同しないために、ここでは区別を明確にしておきます。

　平均値は、英語で単に平均値という場合には mean と書き、算術平均という場合には arithmetic mean と書きます。記号であらわす場合には、M や $\bar{X}$ を使います。論文や統計の本などでは記号であらわされることも多いので、覚えておいてください。本書では $\bar{X}$ を使います。

　平均値とは、簡潔にいえば、収集した（得られた）すべての測定値を足して、総データ数 N で割り、平らにならした値、といえます。平均値は、間隔尺度以上のデータ、すなわち間隔尺度と比率尺度のデータに対して算出できる代表値です。

　たとえば、5名の学生の心理統計法の前期試験の点数 {65、72、87、96、100} の平均値は、$\dfrac{65+72+87+96+100}{5} = 84$ となり、平均点は84点になります。

　このような平均値の計算を数式であらわすと、以下のようになります。

$$\bar{X} = \frac{\sum_{i=1}^{N} X_i}{N} \tag{3.1.1a}$$

　この数式を理解するためには、まず、数式に書かれている記号が何をあらわすのかを知る必要があります。数学の苦手な方は、この数式や記号を見ただけでいやになってしまうそうですが、記号のあらわすことは非常にシンプルなことなので、落ち着いて整理してみましょう。

　数式 3.1.1a の分子に、X_i という記号があります。これはいわゆる測定値（データ）のことで、各測定値は一般に X_1、X_2、…という記号であらわします。もし測定値が5個あれば、各測定値は X_1、X_2、X_3、X_4、X_5 とあらわします。そして、5個の測定値が {30、45、60、66、100} であれば、$X_1 = 30$、X_2

$=45$、$X_3=60$、$X_4=66$、$X_5=100$ となるわけです。また、総データ数 N が 162 ならば、測定値は X_1、…、X_{162} とあらわされ、X_{162} は 162 番目の測定値を指しているわけです。

次に、Σ（シグマ）という記号があります。これは、**値の総和**をあらわします。たとえば、値が 4 と 6 ならば、値の総和（すなわち Σ）は、4 と 6 の 2 つの値を足したもので、$\Sigma = 10$ となります。また、$\{30、45、60、66、100\}$ というデータの Σ（総和）は、$30+45+60+66+100 = 301$、$\Sigma = 301$ となります。

分母には、N という記号があります。N は、以前にも説明したように、**総データ数**をあらわします。もし 7 個のデータ（測定値）があるならば、$N = 7$ となります。

では、再び数式 3.1.1a に戻ります。数式 3.1.1a の分子は、以下の数式 3.1.1b となっています。

$$\sum_{i=1}^{N} X_i \tag{3.1.1b}$$

これは、「i が 1 から N までの測定値 X_i の総和」を意味します。したがって、もし $N = 5$ で、以下のような数式 3.1.1c が示されるならば、「i が 1 から 5 までの測定値 X_i の総和」、すなわち、$X_1+X_2+X_3+X_4+X_5$ となるわけです。

$$\sum_{i=1}^{5} X_i = X_1+X_2+X_3+X_4+X_5 \tag{3.1.1c}$$

念のため確認ですが、X_i の i という記号は、もちろん先に述べた「i が 1 から 5 まで……」に対応しています。すなわち、「i が 1 から 122 までの X_i（測定値）の総和」ならば、$\sum_{i=1}^{122} X_1+X_2+X_3+\cdots+X_{122}$ となります。

ここで、数式 3.1.1a をもう少しわかりやすく書くと、以下の数式 3.1.1d になります。

$$\bar{X} = \frac{\sum_{i=1}^{N} X_i}{N} = \frac{X_1+X_2+\cdots+X_N}{N} \tag{3.1.1d}$$

数式 3.1.1d を使って、データ（測定値）{20、60、66、67、70、77} の平均値を算出すると、次のようになります。測定値が 6 つあるので、総データ数 $N = 6$ です。

$$\bar{X} = \frac{\sum_{i=1}^{6} X_i}{6} = \frac{20+60+66+67+70+77}{6} = \frac{360}{6} = 60$$

以上、平均値の計算過程を通して、平均値はそれを算出するにあたりすべてのデータ（測定値）を使う、ということがわかりました。先の統計法の試験の点数の例でいえば、5 名の学生の平均点を算出するのに、5 名の学生すべての点数のデータを計算に使いました。これは、いいかえれば、個々のデータ（測定値）は、平均値に影響を与えるということです。したがって、1 人だけ極端に高い点数のひとがいれば、そのひとの点数は平均値に影響を与え、平均値を上げる役割をします。

たとえば、5 名の試験の点数が {32、33、34、34、98} であった場合、平均点は 46.2 点となり、98 点という高得点の 1 名が、全体の平均点を上げていることがわかります。そして、この平均点は、あまり分布の状況を正確に伝える値とはなっていないこともまた懸念されます。

このような場合には、無理に平均値を出さず、他の代表値の算出を考えます。そのためには、他の代表値についての知識を必要としますので、ここではひとまず話を先にすすめることとします。

3.1.2　中央値

中央値は、英語で median（メディアン）といい、記号であらわす場合には、Me や Md、Mdn を用います。本書では Me を使います。中央値とは、収集したデータ（測定値）を大きさの順に並べたとき、中央（真ん中）に位置する値のことで、収集したデータをちょうど度数の等しい上下 2 つの分布に分ける値です。

たとえば、5 名の試験の点数 {87、88、45、100、67} を、大きさの順に

CHAPTER 3　代表値と散布度

並べると {45、67、87、88、100} となり、中央に位置する値は3番目の87です。したがって、中央値は87になります。

中央値は、順序尺度以上のデータ、すなわち、順序尺度、間隔尺度、比率尺度のデータに対して用いることができます。

中央値の出し方は、総データ数 N が奇数の場合と偶数の場合で異なります。

中央値の出し方

❶ 総データ数が奇数の場合

総データ数 N が奇数の場合には、先の例で述べたように、データ（測定値）を大きさの順に並べて、ちょうど中央に位置する値を中央値とします。

総データ数が少ないときは、データを大きさの順に並べただけで中央にあたる位置がわかりますが、データ数が多くなるとそうもいきません。その場合には、次の式を使います。これはあくまでも総データ数 N が**奇数**の場合ですが、中央値は $\frac{N+1}{2}$ **番目の値**になります。

たとえば、総データ数 N が5個 {20、25、38、41、44} の場合の中央値は、$\frac{5+1}{2}=3$ 番目の値、すなわち38になります。

❷ 総データ数が偶数の場合

総データ数 N が奇数の場合は、データを大きさの順に並べて、ちょうど中央に位置する値を中央値としました。しかし、総データ数 N が次のような偶数の場合 {20、25、38、41、44、46} はどうでしょうか。この場合、ちょうど中央に位置する値がありません。強いていえば、中央は、3番目の38と4番目の41の間です。このような場合は、便宜的な方法として、38と41の平均 $\left(\frac{38+41}{2}=39.5\right)$ を算出し、それを中央値とします。したがって、この例では、中央値は39.5となります。

総データ数 N が偶数の場合の中央の位置は、$\frac{N}{2}$ 番目と $\frac{N}{2}+1$ 番目の間になります。したがって、総データ数 N が**偶数**の場合の中央値は、$\frac{N}{2}$ **番目の**

値と $\frac{N}{2}+1$ 番目の値の平均値になります。

たとえば、10人の不安得点のデータ {43、20、30、32、38、22、24、25、40、44} から、中央値を算出する場合を考えてみましょう。最初に、不安得点のデータを大きさの順に並べます。すなわち、{20、22、24、25、30、32、38、40、43、44}。総データ数 $N = 10$ なので、中央値は、$\frac{10}{2}$ 番目、すなわち5番目の値30と、$\frac{10}{2}$ +1 番目すなわち6番目の値32の平均値になります。すなわち、$\frac{30+32}{2} = 31$、中央値は31となります。

❸ 同順位がある場合
（a）総データ数が奇数の場合
データを大きさの順に並べたとき、{2、5、5、5、7} のように、中央に位置する値と同じ値（これを**同順位**といいます）が複数ある場合の中央値は、以下の数式によって算出します。

$$Me = (M-0.5) + \frac{\frac{N}{2} - N_{(X<M)}}{N_{(M)}} \tag{3.1.2}$$

数式3.1.2の M は、データを大きさの順に並べたときちょうど中央に位置する値です。N は総データ数（測定値の数）です。$N_{(X<M)}$ は、M よりも値が小さいデータ（測定値）の数をあらわします。$N_{(M)}$ は、M と等しい値、すなわち M =測定値となるデータ（測定値）の数です。

たとえば、データ {2、5、5、5、7} では、$M = 5$、$N = 5$、$N_{(X<M)} = 1$（$M = 5$ よりも値が小さいデータの数は1つです）、$N_{(M)} = 3$（$M = 5$ と等しい値は、データの中に3つあります）なので、以下のようになります。

$$Me = (M-0.5) + \frac{\frac{N}{2} - N_{(X<M)}}{N_{(M)}} = (5-0.5) + \frac{\frac{5}{2}-1}{3} = 4.5 + \frac{\frac{3}{2}}{3} = 4.5 + 0.5 = 5$$

（b）総データ数が偶数の場合
データ {2、3、4、4、4、6} では、$M = 4$ $\left(\frac{4+4}{2}=4 より\right)$、$N = 6$、$N_{(X<M)} = 2$、$N_{(M)} = 3$ なので、

$$Me = (M-0.5) + \frac{\frac{N}{2} - N_{(X<M)}}{N_{(M)}} = (4-0.5) + \frac{\frac{6}{2}-2}{3} = 3.5 + \frac{1}{3} = 3.83$$

　本書では、収集したデータを大きさの順に並べるとき、常に小さい順に並べて話をしてきました。これは単純に見やすいからです。実際には、データを小さい順に並べる場合もあれば、大きい順に並べる場合もあります。それは、収集したデータの内容によります。たとえば、5人のテストの点数について順位をつけるならば、当然点数の高いひとが1番なので、点数の高い順（数字の大きい順）にデータを並べるほうがいいでしょう。また、物事についてのミスの回数についてデータを並べるときは、ミスの回数は少ないほうがいいので、小さい順に並べることになります。ただし、小さい順に並べても、大きい順に並べても、中央に位置する値（中央値）は同じです。

順序尺度における順位値の場合の中央値

　先の❶❷❸では、中央値をわかりやすく解説するために、得点を例にあげました。はじめに述べたとおり、中央値は、順序尺度のデータでも算出することができます。これは、データが順位値（1、2、3、…）である場合もある、ということです。それではここで、収集したデータが順序尺度における順位値であった場合の中央値について考えてみましょう。

中央値の出し方（順位値の場合）

① 総データ数が奇数の場合

　たとえば、7人の子どもが描いた絵を独創性の高い順に1番から7番まで順位をつけて並べたとき、中央値は4であり、中央値をとるのは4番目の子どもです。ここで、**中央値はあくまでも順位値の4であること**を覚えておいてください。

　では、中央値が明らかになったことで、どんなことがわかるでしょうか。中央値は分布のちょうど真ん中（中央）の位置を示す値です。したがって、

中央値を基準として、中央値より独創性の高い子ども（1〜3番目の子ども）を特定することができます。また、中央値を基準として、独創性の高い群と低い群に分けることもできるわけです。

② 総データ数が偶数の場合

次に、総データ数が偶数個の順位値だった場合はどうでしょうか。{1、2、3、4、5、6}という順位値データにおける中央値は、便宜的に、3と4の平均値、すなわち3.5となります。ただし、順位値を足し引きすることは禁止されているため、あくまでも、便宜的な方法である、ということを覚えておいてください。

③ 同順位がある場合

少し発展的な話になりますが、7人の子どもが描いた絵を独創性の高い順番に並べたとき、**同じ順位を**とる**子どもがいたならば、順位のつけ方**や中央値はどうなるでしょうか。すなわち、収集したデータの中に、**同順位**がある場合です。同順位は、**同点、結び**とよばれることもあります。

たとえば、7人の子どもの絵を独創性の高い順に並べたとき、子ども3、子ども4、子ども5は同程度に独創性が高く、同じ順位を与えるのが適切であるような場合です。すなわち、次のような場合です。

`データ1`

子ども1＞子ども2＞子ども3＝子ども4＝子ども5＞子ども6＞子ども7

　`データ1`はカテゴリカルな順序尺度のデータなので、そのままでは中央値を出すことができません。したがって、それぞれの子ども（子ども1から7）に順位をつけて、`データ1`を順位値データに読み替える作業をします。ここで、問題となるのが、順位のつけ方です。もしデータの中に同順位がない場合は、データを大きさの順に並べて順番に順位をつけていけばいいわけです。しかし、`データ1`のように同順位がある場合には、そうはいきません。すなわち、同順位のデータについてどのように順位をつけるのか、が重要な問題になります。

同順位がある場合の「順位づけ」の方法はいくつかあり、それぞれに一長一短あります。最終的には、それらの中から自分がどの方法を選ぶかになりますが、本書は入門レベルなので、採用する方法を1つ決めて、それにもとづいて解説をおこなうこととします。

CHAPTER 3 代表値と散布度

　本書では、"最後の順位を総データ数に一致させる方法"を採用します。最初に、この順位づけの方法が理解しやすいように、数値データを用いて説明します。たとえば、この方法で｛13、16、16、16、17｝というデータに順位をつけると、最後の順位を総データ数5と一致するようにつけるので、順位は｛1、2、2、2、5｝となるわけです。もちろん、同じ値には、同じ順位値をつけます。

　では、先にあげた7人の子どもの絵の独創性に関する データ1 について、順位値をつけてみましょう。同順位である子ども3、子ども4、子ども5には同じ順位値をつけ、最後は総データ数7と一致するように順位をつけます。すなわち、順位値は｛1(子ども1)、2(子ども2)、3(子ども3)、3(子ども4)、3(子ども5)、6(子ども6)、7(子ども7)｝となります。

　 データ1 を順位値データに変換できたので、さっそく中央値を出してみましょう。中央値の出し方は、53ページ❸同順位がある場合と同じです。 データ1 の順位値データ｛1、2、3、3、3、6、7｝から、$M=3$、$N=7$、$N_{(X<M)}=2$、$N_{(M)}=3$なので、以下のようになります。

$$Me = (M-0.5) + \frac{\frac{N}{2} - N_{(X<M)}}{N_{(M)}} = (3-0.5) + \frac{\frac{7}{2}-2}{3} = 2.5 + 0.5 = 3$$

データ2

子ども1＞子ども2＞子ども3＝子ども4＝子ども5＞子ども6＞子ども7＝子ども8

　今度は、**同順位が2つある場合**の例をあげます。 データ2 では、同順位が子ども3＝子ども4＝子ども5と、子ども7＝子ども8の2つあります。ここで確認してほしいのは、同順位が2つある場合の順位のつけ方です。中央値の出し方は、同順位が2つある場合でも、1つの場合でも同じです。 データ2 に順位値をつけると｛1、2、3、3、3、6、8、8｝となります。基本的にデータ数にあわせて順位をつけるため、子ども6は6つ目のデータなので6をつけ、最後は総データ数8と一致するように順位をつけるので、同順位である子ども7＝子ども8には8をつけるわけです。中央値（⇨計算方法は、p.53 ❸同順位がある場合）は、 データ2 の順位値データ｛1、2、3、3、3、6、8、8｝から、$M=3$、$N=8$、$N_{(X<M)}=2$、$N_{(M)}=3$なので、以下のようになります。

$$Me = (M - 0.5) + \frac{\frac{N}{2} - N_{(X<M)}}{N_{(M)}} = (3 - 0.5) + \frac{\frac{8}{2} - 2}{3} = 3.17$$

 以上、中央値の出し方をいくつかの場合に分けて説明しました。ここで、中央値と平均値のちがいについて解説しておきます。
 中央値と平均値の大きなちがいは、中央値は、**極端な値に左右されない**ということです。3.1.1 項で述べたように、平均値は、その算出にあたってすべての測定値を使用するため、極端な値に影響されます。それに対し、中央値は、測定値を大きさの順に並べたとき、中央に位置する値であり、各測定値を中央値の算出に使用するわけではありません。そのため、仮にデータの中に極端に大きな（小さな）値があったとしても、それには影響されません。そのような意味では、中央値は、安定した代表値であるといえます。
 3.1.1 項で平均値の説明の最後にあげた例、すなわち、5 名の試験の点数データ {32、33、34、34、98} では、データの中に極端に大きな値 98 があります。平均値を算出すると 46.2、中央値は 34 となり、平均値ではなく、中央値を用いるほうが分布の状況を正確に伝えることができます。

3.1.3　最頻値（モード・並数）

 最頻値は英語で mode（モード）といい、記号で表記する場合には、Mo と書きます。最頻値とは、最も度数の多い測定値およびカテゴリーのことです。たとえば、テストの点数が {15、26、60、60、60、60、78、78、90} ならば、15 の度数が 1、26 の度数が 1、60 の度数が 4、78 の度数が 2、90 の度数が 1 なので、度数の最も多い 60 が最頻値になるわけです。
 また、カテゴリーが最頻値となる場合の例としては、日本人の血液型の分布についての仮想データ {A 型 48,000,000 人、B 型 24,000,000 人、O 型 36,000,000 人、AB 型 12,000,000 人} における最頻値は、A 型になります。
 ここで繰り返し強調しますが、最頻値は数値のみではなく、カテゴリーの

CHAPTER 3 代表値と散布度

場合もあるということです。というのは、最頻値は、4つのすべての尺度（名義尺度、順序尺度、間隔尺度、比率尺度）のデータにおいて用いることができるからです。そして、第2章で学習したように、名義尺度や順序尺度のデータでは、「すみれ組」や「優・良・可」のようなカテゴリー名がそのまま使われることがあるからです。たとえば、女子大学生10名の色の好みを調べたところ、{青、青、青、青、青、緑、赤、黒、白、白}というデータが得られたとします。この場合の最頻値は、度数の最も多い「青」になるわけです（Mo = 青）。

私たちは、代表値とか統計的な値と聞くと、数値を想起しがちですが、例にあげたように、**最頻値は数値だけではない**ということを、しっかり覚えておいてください。また、最頻値は、あくまでも測定値そのものであって、その度数ではないので、特にカテゴリカルなデータの場合には、誤って度数を書かないように気をつけてください。

収集したデータによっては、最頻値が2つ存在する場合があります。たとえば、{1、2、2、2、2、3、4、6、7、8、8、8、9}というデータでは、2と8が最頻値になります。ここで、皆さんの中には、2の度数は4で、8の度数は3だから、最頻値は2ではないか？　と思う方もいるはずです。しかし、2と8は他の1、3、4、6、7、9の度数よりも圧倒的に多く、また、2と8の度数は、1しかちがいません。このような場合、他よりはるかに多い2と8の2つを、最頻値とするわけです。このような、2つの最頻値をもつ分布を、**両最頻値分布**といいます。76ページの図3.3.1dは、まさに両最頻値分布を示しており、2つの山のてっぺんが、最頻値Moの位置となります。

以下の文章がそれぞれ適切かどうか、○か×で答えなさい。

① ある国の給与所得の分布を調べたところ、低い所得の度数が多く、また極端に高い所得の度数がごく少数あった。そこで、代表値として平均値をもとめた。
② 100人の被験者に7色の色から「最も好きな色」を選ばせた。最も好まれる色を明らかにするために最頻値をもとめたところ35であった。
③ 一般に、中央値と平均値は一致しない。

Point!

1. 平均値は、間隔尺度以上（間隔尺度、比率尺度）のデータに適用できます。
2. 中央値は、順序尺度以上のデータに適用できます。
3. 最頻値は、4つのすべての尺度のデータに適用できます。
4. 最頻値は、カテゴリーの場合もあります。

3.2 データの散らばり具合をあらわす 散布度

　3.1節では、平均値などの代表値について学びました。代表値は確かに分布の特徴を1つの値で要約する統計的な値（測度）です。しかし、データを読み取るうえでは、代表値だけでは、充分な情報とはいえません。なぜなら、同じ平均値でも、多くのひとがその平均値付近に散らばっているのか、それともデータには幅があり、平均値からかなり遠くまでデータが散らばっているのか、ということを考慮すると、データについての解釈はかなり異なるからです。

　たとえば、試験の平均点が60点だった場合、クラスのほとんどのひとが60点付近の点数をとっているのか、それとも、実際には点数は広範囲に分布しており、20点台から100点までとかなり幅があって、高得点のひとや低い点数のひとが影響しあって、60点という平均点になっているのか、平均点だけを聞いてもわかりません。このような**データの散らばり具合（散らばりの程度）** をあらわすのが、散布度です。散布度は、基本的に代表値とセットで議論されます。一般に、散布度が小さければ、データは代表値付近に分布しており、代表値の信頼性が高いといえます。一方、散布度が大きければ、データは広い範囲に分布しており、代表値の信頼性が低いということになるわけです。

　散布度は、代表値と同様に、データのみたす尺度レベルや収集したデータの分布型によって、算出可能な散布度が異なります。以下、各散布度について解説していきますので、特に散布度の意味するところをしっかりと理解してください。

3.2.1 標準偏差

　標準偏差は、英語で standard deviation といい、記号であらわす場合には、SD または S と書きます。本書では SD と表記します。標準偏差は、間隔尺度以上（間隔尺度、比率尺度）のレベルをもつデータに対して算出される散布度であり、平均値とセットで議論されます。標準偏差とは、簡潔にいえば、測定値の平均値からの散らばり具合を、平均値と同じ単位であらわしたものです。

　標準偏差を算出するには、まず、分散（S^2 と書きます）を算出する必要があります。なぜなら、標準偏差は、分散 S^2 のルートをとった値であるからです。ちなみに、分散とは、標準偏差と同様に、間隔尺度以上のレベルをもつデータに対して算出される散布度です。それにもかかわらず、なぜ、分散を平均値についての散布度として使わないのでしょうか。それは、1つだけ標準偏差と異なる点があるからです。それは単位です。先に、標準偏差は、**平均値と同じ単位で、測定値の散らばり具合をあらわしたものである**、と述べました。たとえば、もし8月の平均気温について標準偏差を算出するならば、平均値（平均気温）○度、標準偏差□度となり、どちらも「度」という同じ単位となるのです。それに対し、もし分散 S^2 を算出するならば、分散は「度^2」という単位になってしまうのです。つまり、平均値と分散の組み合わせでは、「度」と「度^2」のように単位が異なるため、散布度として分散の値をそのまま使って、データの平均値からの散らばり具合について述べることができないのです。そのため、分散ではなく、標準偏差を算出するわけです。なぜ「度^2」という単位になるかは、後の分散の計算を見ればわかります。

　分散および標準偏差は、数式 3.2.1a ①および②でもとめられます。S^2 は分散を、SD は標準偏差をあらわします。また、数式の中の X は測定値（データ）、$\bar{X}$ は平均値、N は総データ数、Σ は値の総和を示しています。これらの記号については、3.1.1項「平均値（算術平均）」のところにくわしい解説がありますので、そちらを参照してください。また、数式 3.2.1a ①の $i =$

1のところが、単にiと書かれていることもあります。これは「i ははじめから終わりまで」ということを示し、$i = 1$ と同じ意味です。

$$S^2 = \frac{\sum_{i=1}^{N}(X_i - \bar{X})^2}{N} = \frac{(X_1 - \bar{X})^2 + (X_2 - \bar{X})^2 + \cdots + (X_N - \bar{X})^2}{N} \quad (3.2.1a ①)$$

$$SD = \sqrt{S^2} \quad (3.2.1a ②)$$

また、以下の数式 3.2.1b のように、添え字が完全に省略されていることもありますが、意味・内容は数式 3.2.1a ①とまったく同じです。

$$S^2 = \frac{\sum(X - \bar{X})^2}{N} \quad (3.2.1b)$$

それでは、標準偏差についてさらに理解を深めるために、具体的な例をあげて解説していきたいと思います。最初にあげる例は、標準偏差がどのようなものかを理解することが目的なので、わかりやすくなじみやすい例とします。

例 3.2a

2人の先生（A 先生、B 先生）が、それぞれ別々に、合計 5 回の実験をおこないます。それに伴い、実験の被験者をやってくれる学生を募集し、被験者をやってくれた学生には、お礼としてキャンディーをあげるそうです。ただし、何個あげるかは、A 先生も B 先生も特に決めておらず、そのときどきで異なるだろう、ということでした。最終的に、5 回の実験で、A 先生と B 先生があげたキャンディーの個数は以下のとおりでした。

◎ A 先生があげたキャンディーの個数
1 回目：2 個、2 回目：3 個、3 回目：8 個、4 回目：5 個、5 回目：7 個
◎ B 先生があげたキャンディーの個数
1 回目：5 個、2 回目：5 個、3 回目：4 個、4 回目：5 個、5 回目：6 個

A 先生も B 先生も、あげたキャンディーの個数の平均値は、5 個でした。しかし、A 先生はかなり気まぐれなのか、あげたキャンディーの個数は実験によってまちまちで、かなりばらつきがあります。それに対し、B 先生は、ばらつきが少なく、5 回の実験を通してほとんど同程度（平均値程度）のキャンディーをあげたこと

がデータからわかります。

このようなばらつき（散らばり）具合を、見た目ではなく、厳密に統計的な数値（測度）で、かつ平均値と同じ単位であらわしたものが標準偏差です。

では、ここで、数式 3.2.1a を使って、実際に A 先生と B 先生のあげたキャンディーの個数の散らばり具合、すなわち標準偏差を算出してみましょう。具体的にどのような計算をおこなうのかも、あわせて学習してください。

標準偏差の計算手順

◎ A 先生があげたキャンディーの個数についての標準偏差（散らばり具合）

1. 先にも述べたとおり、標準偏差を算出するには、まず、分散 S^2 を算出しなければならない。分散は、数式 3.2.1a ①で計算できる。それでは、各測定値 X の値や平均値 $\bar{X}$ および N の値を、数式 3.2.1a ①に入れていこう。

   3.1 節で説明したことの復習だが、各測定値 X、すなわち A 先生があげた 1 回目から 5 回目までのキャンディーの個数は、記号であらわすと X_1、X_2、X_3、X_4、X_5 となる。すなわち、$X_1=2$、$X_2=3$、$X_3=8$、$X_4=5$、$X_5=7$。また、平均値 $\bar{X}=5$、$N=5$。

$$S^2 = \frac{(2-5)^2 + (3-5)^2 + (8-5)^2 + (5-5)^2 + (7-5)^2}{N}$$

$$= \frac{(-3)^2 + (-2)^2 + (3)^2 + (0)^2 + (2)^2}{5}$$

$$= \frac{9+4+9+0+4}{5} = \frac{26}{5} = 5.2 \quad [S^2 = 5.2]$$

2. 以上で、分散 S^2 が算出できた。次は、分散の値を使って、**標準偏差 SD** を算出してみよう。標準偏差は、数式 3.2.1a ②で算出できる。

$$SD = \sqrt{S^2}$$
$$SD = \sqrt{5.2} = 2.3 \quad \text{標準偏差 } SD = 2.3$$

ちなみに、数式 3.2.1a ①の中の $(X - \bar{X})$ というのは、ことばで書けば（各測定値 − 平均値）となり、この値を**偏差**とよびます。偏差は、各測定値から

平均値を減算したものですから、**平均値と実際の測定値の差**になります。

　つまり、標準偏差とは、「(各測定値と平均値の差、すなわち) 偏差を 2 乗して、それらをすべて足した値 (総和) を、総データ数 N で割った値」であるわけです。この一連の標準偏差の算出過程を通して、標準偏差が、どんな計算によって出されたものなのか、ぼんやりとでも理解できたことと思います。

　さて、ここで、「なぜ偏差を 2 乗するのか」という疑問が残るかもしれません。これは、マイナスの符号をなくすため、と簡単に覚えておいてください。先の分散の計算過程でも、偏差の値がマイナスだったところがありました。マイナスとプラスの値をそのまま計算したら、互いの値が差し引きされて、差が相殺されてしまいます。

　そして、先に、分散は単位が「度^2」となってしまい、平均値「度」と単位が異なってしまうと述べたのは、この"偏差の 2 乗"という計算があるためです。標準偏差は、「度^2」となってしまった分散の値のルートをとることで、平均値と同じ「度」という単位になおすことができるわけです。

標準偏差の計算手順

◎ B 先生があげたキャンディーの個数についての標準偏差 (散らばり具合)

1. それでは、次に、B 先生についての標準偏差を算出してみよう。まず、分散 S^2 を数式 3.2.1a ①で求める。

$$S^2 = \frac{(5-5)^2+(5-5)^2+(4-5)^2+(5-5)^2+(6-5)^2}{N}$$

$$= \frac{(0)^2+(0)^2+(-1)^2+(0)^2+(1)^2}{5}$$

$$= \frac{0+0+1+0+1}{5} = \frac{2}{5} = 0.4 \qquad [S^2 = 0.4]$$

2. 数式 3.2.1a ②で標準偏差を求める。

$$SD = \sqrt{S^2} = \sqrt{0.4} = 0.6 \qquad 標準偏差\ SD = 0.6$$

標準偏差の解釈

　標準偏差は、A先生2.3、B先生0.6でした（ただし、この例のような離散量（⇨第2章）のデータにおいて、平均値や標準偏差を小数点以下まで出す場合には、その意味に注意が必要です）。A先生の標準偏差は大きな値を示し、A先生があげたキャンディーの個数には、かなりばらつき（散らばり）があることがわかります。一般に、心理学的なデータは、正規分布（⇨ p.88 および第5章）という分布を示すことが多く、その場合には、次のことがいえます。A先生があげたキャンディーの個数の平均値は5個だったけれども、実際のところは、全データのうちの約68％が、平均値プラスマイナス2.3個の範囲に散らばっている、ということです。なぜ68％なのかは、第5章の正規分布のところにくわしく書いてあります。目を通しておくと標準偏差についてもさらに深く理解できるようになるので、あわせて読んでみてください。

　一方、B先生の標準偏差は小さく、B先生が5回の実験をとおしてあげたキャンディーの個数は、平均値付近に散らばっていることがわかります。データが正規分布を示すならば、全データのうち約68％が、平均値付近（平均値プラスマイナス0.6個の範囲）に散らばっている、といえます。すなわち、B先生は、だいたい平均値に近い5個（プラスマイナス0.6個）程度のキャンディーをあげる先生である、ということになります。

　さて、皆さんだったら、A先生の実験とB先生の実験、どちらへ参加しますか？　B先生は平均値に近い5個程度のキャンディーをくれることが多いと考えられます。一方、A先生は、そのときどきでかなり幅があり、もしかしたら平均値より2個程度多い7個もらえるかもしれないし（すなわち、平均値程度のキャンディーをくれることが多いB先生よりも、多くもらえる可能性がある）、場合によっては平均値より2個程度少ない3個しかもらえないかもしれません。安定しているほうがよければB先生の実験へ、（平均値をかなり下回る個数しかもらえないリスクはあるけれども）たくさんもらえる可能性にかけたいならば、A先生の実験に参加するのがよいでしょう。

CHAPTER 3 代表値と散布度

例3.2aからも明らかなように、たとえ平均値が同じ値でも、散布度を考慮すると、データの意味するところはかなり異なるわけです。いいかえれば、平均値（代表値）だけではデータについて議論できない、ということです。そのような意味で、散布度は非常に重要な測度であり、**散布度の意味するところ（解釈）**をしっかりおさえて、データを読み解く力をつけてください。

もう1つ、心理学的な例をあげます。

例3.2b

表3.2.1には、10名の被験者について測定したミューラー・リヤー錯視（⇨第8章 Research）における錯視量（仮想データ）が示されています。ただし、ここではあくまでも標準偏差について説明することが目的なので、ミューラー・リヤー錯視におけるさまざまな実験条件や、錯視量の測定方法などの詳細は考慮しません。もちろん、実際の実験では、非常に重要になります。

それでは、10名の被験者の錯視量データについて、標準偏差 SD を算出してみましょう。

表3.2.1 10名の錯視量の仮想データ（単位：ミリ）

被験者	錯視量
1	16
2	14
3	15
4	18
5	15
6	14
7	17
8	18
9	15
10	20

錯視量データについての標準偏差

1. 平均値 $\bar{X} = \dfrac{16+14+15+18+15+14+17+18+15+20}{10} = 16.2$
2. 数式3.2.1a ①を使って、最初に分散を算出してみよう。
   $N = 10、\bar{X} = 16.2$

$$S^2 = \frac{1}{N}\{(16-16.2)^2+(14-16.2)^2+(15-16.2)^2+(18-16.2)^2$$
$$+(15-16.2)^2+(14-16.2)^2+(17-16.2)^2+(18-16.2)^2$$
$$+(15-16.2)^2+(20-16.2)^2\}$$
$$=\frac{1}{10}\{(-0.2)^2+(-2.2)^2+(-1.2)^2+(1.8)^2+(-1.2)^2+(-2.2)^2$$
$$+(0.8)^2+(1.8)^2+(-1.2)^2+(3.8)^2\}$$
$$=\frac{1}{10}\{((0.04)+(4.84)+(1.44)+(3.24)+(1.44)+(4.84)+$$
$$(0.64)+(3.24)+(1.44)+(14.44)\}$$
$$=\frac{35.6}{10}=3.56 \quad\quad 四捨五入して 3.6 \quad\quad [S^2 = 3.6]$$

3. 数式 3.2.1a ②から、
$$SD = \sqrt{S^2} = \sqrt{3.6} = 1.9 \quad\quad 標準偏差 SD = 1.9$$

　以上の計算によって、錯視量データについての標準偏差が算出できました。それでは、次は、この標準偏差の解釈（標準偏差のあらわすこと）について考えてみましょう。錯視量のデータについて考えるためには、多少、錯視についての知識も必要になるかもしれません。第 8 章の Research を参考にしてください。

　表 3.2.1 の 10 名の錯視量の平均値（平均錯視量）は 16.2、標準偏差は 1.9 でした。データが正規分布を示すと仮定すると、10 名の錯視量のデータのうち約 68％が、平均値からプラスマイナス 1.9 ミリの範囲に散らばっている、ということになります。いいかえれば、平均値から**わずか**プラスマイナス 1.9 ミリの範囲に、全データのうちの約 68％がおさまっているということですから、これは非常に小さな散らばりであり、平均値の信頼性が高いといえます。つまり、収集したデータの約 68％は平均値付近に分布しているといえるわけです。また、データのうちの約 95％（なぜ 95％かは、第 5 章の正規分布のところを参照してください）が、平均値プラスマイナス 3.8 ミリの範囲（すなわち 2 標準偏差）におさまっているということになるので、表 3.2.1 の 10 名の錯視量のデータは、かなり**一貫性のあるデータ**である、といえます。

逆に、もし標準偏差がもっと大きければ、データ（測定値）は平均値からの散らばりが大きく（それがどの程度かは、標準偏差の値によりますが）、平均値の信頼性が低い、ということになります。すなわち、錯視量はひとによって異なり、個人差が大きく、一貫性のあるデータとはいえない、ということになります。

標準偏差の有用性

標準偏差のあらわすことは、簡潔にいえば、データ（測定値）の平均値からの散らばり具合です。この"散らばり具合"の測度は、実際に、かなり有用なものです。

たとえば、先の 例3.2a ならば、A先生の実験とB先生の実験どちらに参加するかを考えるにあたり、標準偏差からA先生の特性（ばらつきの大きい先生）とB先生の特性（安定している先生）を判断し、考える材料としました。

また 例3.2b では、錯視量の実験データ（仮想データ）を用いて、得られた10名の錯視量データが、一貫したものであるか、それとも個人差の大きいものであるかを、データの散らばり具合（標準偏差）から判断しました。

これらの他にも、たとえば、「個人差がある」ということを示したいような研究においては、標準偏差が大きければ、データは平均値から広い範囲に散らばっていることになり、個人差が大きいということを結論できるかもしれません。

また、たとえば、心理学の実験では、1つの実験条件について繰り返し1名の被験者の反応を測定する場合があります。仮に1つの実験条件を5回繰り返すとした場合、もし被験者Aさんの1回目から5回目までの実験データについて算出した標準偏差が小さければ、Aさんのデータは安定している、ということになります。逆に、もし標準偏差が大きければ、Aさんのデータは測定するときによって結果が異なり、あまり安定したデータではないので、Aさんのデータをデータ分析に使うのはやめよう、ということになるかもしれません。

以上、標準偏差があらわすことについて、いくつか例をあげてみました。今後皆さんが自分の収集したデータにおいて、何かを示すために標準偏差を算出することが多々あると思います。そんなときに、標準偏差を使いこなすことができるよう、考える参考にしてください。

この標準偏差は大きい？　小さい？

先の 例3.2a や 例3.2b で、標準偏差に関して議論するとき、標準偏差の値について「標準偏差が大きい（小さい）ので、データの平均値からの散らばりが大きい（小さい）」という表現を用いました。このような標準偏差の大小は、どのような基準で判断するのでしょうか。実際のところ、「標準偏差の値がいくつなら大きい・小さい」といった決まりはありません。もっと正確にいえば、単純に数字の大きさで大小を判断することは無理なのです。なぜなら、測定する対象によって単位が異なるためです。たとえば、平均値5個のキャンディーに対する標準偏差3個は大きいといえますし、平均錯視量25ミリに対する標準偏差3ミリは小さいといってよいでしょう。このように、標準偏差の大小に関する判断は、測定対象の単位や精度および平均値との総合的な判断によるのです。このような判断をおこなうことは慣れるまで難しいかもしれませんが、自分なりに説明できるよう頑張ってみてください。

3.2.2　四分位偏差（四分領域）

四分位偏差は、英語で quartile deviation といい、記号であらわす場合には Q を用います。四分位偏差は、順序尺度、間隔尺度、比率尺度のデータに対して適用できる散布度であり、中央値とセットで議論されます。四分位偏差は、四分領域（semi-interquartile range）とよばれることもあります。

四分位偏差は、以下の式で算出できます。数式中の Q_1 は第1四分位数を、Q_3 は第3四分位数をあらわします。

$$四分位偏差\ Q = \frac{Q_3 - Q_1}{2} \tag{3.2.2}$$

数式 3.2.2 からもわかるように、四分位偏差を算出するためには、まず**四分位数**について知らなければなりません。四分位数とは、収集したデータを大きさの順に並べ、それらを 4 分割（4 等分）したとき、ちょうど境界にあたるデータ（測定値）のことです。収集したデータを 4 分割するわけですから、ちょうど境界にあたるデータ（測定値）は 3 つ存在します。すなわち、第 1 四分位数は、総データ数を 100％としたとき、その下に総データ数の 25％が入る位置の値になります。第 2 四分位数は、その下に総データ数の 50％が入る位置の値となり、中央値と一致します。第 3 四分位数は、その下に総データ数の 75％が入る位置の値です。記号では、第 1 四分位数を Q_1、第 2 四分位数を Q_2、第 3 四分位数を Q_3 と書きます。なお、四分位数の出し方にはいくつかの考え方があります。

図 3.2.2 は、$N = 12$ のデータにおける各四分位数の位置とその値を示しています。第 1 四分位数（$Q_1 = 8.5$）の下には、総データ数の 25％のデータが入っていることがわかります。第 2 四分位数（$Q_2 = 11.5$）の下には総データ数の 50％が、第 3 四分位数（$Q_3 = 14.5$）の下には総データ数の 75％が入っています。

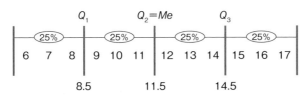

図 3.2.2　第 1 四分位数 Q_1 と第 2 四分位数 Q_2、第 3 四分位数 Q_3 の位置およびそれらの値

四分位数の出し方は、総データ数 N が奇数の場合と偶数の場合で異なります。

四分位数の出し方

❶ **総データ数が奇数の場合**

　総データ数 N が奇数の場合、第 1 四分位数 Q_1 は、中央値とデータの最低

値との中央値になります。第2四分位数 Q_2 は、中央値と一致します（すなわち、$Q_2=Me$）。第3四分位数 Q_3 は、中央値とデータの最高値との中央値になります。

データ1　1、2、3、4、5

データ1における中央値および第2四分位数は、$Me \cdot Q_2 = 3$ です。

第1四分位数 Q_1 は、中央値3とデータの最低値1との中央値なので、$Q_1 = 2$ になります。

第3四分位数 Q_3 は、中央値3と最高値5の中央値なので、$Q_3 = 4$ となります。四分位偏差は、数式3.2.2から、

$$四分位偏差\ Q = \frac{Q_3 - Q_1}{2} = \frac{4-2}{2} = 1$$

データ2　6、7、8、9、10、11、12

中央値および第2四分位数は、$Me \cdot Q_2 = 9$ です。

第1四分位数 Q_1 は、中央値9と最低値6との中央値なので、7と8の平均 $\left(\frac{7+8}{2}\right)$ をとり、7.5 となります。

第3四分位数 Q_3 は、中央値9と最高値12との中央値なので、10と11の平均 $\left(\frac{10+11}{2}\right)$ をとり、10.5 になります。

$$四分位偏差\ Q = \frac{Q_3 - Q_1}{2} = \frac{10.5 - 7.5}{2} = 1.5$$

❷ **総データ数が偶数の場合**

データ1　1、2、3、4、5、6

総データ数 N が偶数の場合、中央値は便宜上の計算で算出された値（すなわち、3.5）になり、実際にデータの中に存在する値ではありません。その場合には、第1四分位数 Q_1 は、（総データ数 N が奇数の場合のように、中央値3.5と最低値1の間の中央値ではなく）、実際のデータ（測定値）である1、2、3の間の中央値となります。すなわち、第1四分位数 Q_1 は2となります。

第3四分位数 Q_3 は、4、5、6の間の中央値である5となります。

$$四分位偏差\ Q = \frac{Q_3 - Q_1}{2} = \frac{5-2}{2} = 1.5$$

> **データ２** 6、7、8、9、10、11、12、13、14、15、16、17
>
> （図 3.2.2 と同じデータ）
>
> 中央値および Q_2 は、11.5 $\left(\dfrac{11+12}{2}\text{より}\right)$ です。中央値を境として、データを上下６つずつに分けることができました。第１四分位数 Q_1 は、6、7、8、9、10、11 の間の中央値、すなわち 8.5 $\left(\dfrac{8+9}{2}\text{より}\right)$ となります。
>
> 第３四分位数 Q_3 は、12、13、14、15、16、17 の間の中央値となり、14 と 15 の平均値、すなわち 14.5 となります。
>
> $$\text{四分位偏差}\ Q = \dfrac{Q_3 - Q_1}{2} = \dfrac{14.5 - 8.5}{2} = 3$$

❸ 同順位がある場合

> **データ１** 1、2、3、4、6、6、6、7
>
> 第１四分位数 Q_1 は、2.5 $\left(\dfrac{2+3}{2}\text{より}\right)$ となります。
>
> 第３四分位数 Q_3 は、6、6、6、7 の間の中央値となりますが、同順位があるので、その計算は 3.1.2 中央値の 53 ページ❸同順位がある場合に従います。すなわち、$M=6$、$N=4$、$N_{(X<M)}=0$、$N_{(M)}=3$ なので、
>
> $$Me = (M-0.5) + \dfrac{\dfrac{N}{2} - N_{(X<M)}}{N_{(M)}} = (6-0.5) + \dfrac{\dfrac{4}{2}-0}{3} = 5.5 + \dfrac{2}{3} = 6.17$$
>
> 第３四分位数 Q_3 は、6.17 となります。
>
> $$\text{四分位偏差}\ Q = \dfrac{Q_3 - Q_1}{2} = \dfrac{6.17 - 2.50}{2} = \dfrac{3.67}{2} = 1.84$$

なお、データは値の大きい順に並べる場合もあれば、小さい順に並べる場合もあるので（⇨ p.54）、四分位偏差の計算では、第１四分位数 Q_1 と第３四分位数 Q_3 の差がマイナスで出る場合もありますが、ここでは差の大きさ（絶対値）が問題なので、正負の符号は意味をもちません。

3.2.3 範囲（レンジ）

範囲は、英語で range といい、R という記号で表記されます。範囲は、最頻値、中央値、平均値のすべての代表値とセットで用いることができますが、一般に、最頻値とセットで議論されることが多いです。

ただし、名義尺度や順序尺度のカテゴリカルなデータについて最頻値を算出した場合には、範囲を使うことはできません。なぜなら、範囲は、以下の数式 3.2.3 で示されるように、収集したデータにおける最大値と最小値の差によって得られるからです。

$$範囲\ R = 最大値 - 最小値 \tag{3.2.3}$$

範囲の計算例

データ {34、45、67、87、99} の範囲は、数式 3.2.3 より、
$$99 - 34 = 65$$

カテゴリカルなデータとは、たとえば、収集されたデータの形式が［青、青、青、青、青、赤、緑、緑、黒、白］のようなものです。このデータにおいて最頻値を出すことはできますが（Mo = 青）、カテゴリカルなデータであるため最大値と最小値を減算することはできません。わかりやすくいえば、青や赤といったカテゴリーを、"青 - 赤"のように引くことはできない、ということです。したがって、名義尺度や順序尺度のカテゴリカルなデータでは、最頻値を出しても、散布度として範囲を算出することはできないのです。

また、順序尺度のデータについては、仮にデータがカテゴリカルなデータではないような場合でも、四則演算（加減乗除）をおこなってはいけないため、範囲の算出は適しません。そもそも、1、2、3 といった順位値を足し引きしたり、数値間の等間隔性が保証されていない場合の得点などの数値データを足し引きしても意味がありません。

範囲の計算は、最も両極端な値を使っておこなうため、算出にあたっては、ローデータ（収集したデータ）の吟味が必要です。なぜなら、両極端な値は、

外れ値であることも多いからです。

Try 2 以下の文章がそれぞれ適切かどうか、○か×で答えなさい。

① 40人のクラスで100点満点の英語のテストの成績の結果から、どの程度の個人差があったのかを調べるために平均点をもとめて検討した。
② ある工場の2つの生産ラインA、Bで、同一のポテトチップを1000袋ずつ生産した。各袋の重さを測定して、どれだけ安定した製品が生産されていたかを分析したところ、ラインAの標準偏差は10g、Bは5gであった。したがって、Aのほうが安定した生産がおこなわれていたといえる。
③ 四分位偏差は平均値とともに報告されることが多い。
④ 名義尺度のデータでは、範囲（range）をもとめることはできない。

Point！

1. 標準偏差は、間隔尺度以上のデータに対して用いられ、平均値とセットで議論されます。
2. 四分位偏差は、順序尺度以上のデータに対して用いられ、中央値とセットで議論されます。
3. 範囲は、最頻値とセットで議論されることが多いです。

3.3 データの分布型から代表値や散布度について考える

データの分布型から考える

3.1 節と 3.2 節では、代表値と散布度について解説してきました。そして、データのみたす尺度レベルによって、どんな代表値や散布度の算出が可能であるかについても話をしました。

3.3 節では、代表値や散布度の算出について、"収集したデータの分布型" という観点から解説します（3.3.1 項）。また、3.3.2 項と 3.3.3 項では、偏った分布について、なぜそのような偏りが生じるのか、その原因を考えます。3.3.2 項では偏りに対する対処方法、すなわち外れ値の処理について、3.3.3 項では変数の変換について解説します。

3.3.1 データの分布型のちがいによる代表値と散布度の算出

代表値や散布度の算出において考慮すべきこととして、3.1 節や 3.2 節で述べたような尺度レベル以外に、"収集したデータの分布型" があります。

図 3.3.1a は、左右対称の 1 つの山をもつ（単峰）分布をあらわしています。収集したデータが、図 3.3.1a のように左右対称で 1 つの山をもつ分布を示すときは、平均値、中央値、最頻値のすべての代表値を算出することができます。そして、平均値、中央値、最頻値の位置は、図 3.3.1a のちょうど分布を左右対称に分ける点線の位置で一致します。また、散布度についても、収集したデータが左右対称の 1 つの山をもつ分布を示す場合は、標準偏差、四分位偏差、範囲のすべてを算出することができます。

一方、図 3.3.1b、3.3.1c のように、データの分布がどちらか一方に偏っているときは、平均値を算出してはいけません。散布度についても同様に、標準

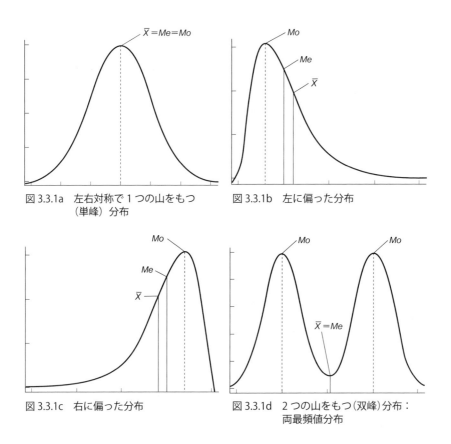

図 3.3.1a　左右対称で 1 つの山をもつ（単峰）分布

図 3.3.1b　左に偏った分布

図 3.3.1c　右に偏った分布

図 3.3.1d　2 つの山をもつ（双峰）分布：両最頻値分布

偏差を算出してはいけません。なぜなら、分布が極端に一方に偏っているということは、データの中に極端に大きな、あるいは小さな値があるということを示すからです。たとえば、分布の中に 1 つの極端に大きな値があるとき、分布の裾野はそれに引っ張られ、大きく右に広がります（⇨図 3.3.1b）。一方、極端に小さな値があれば、分布の裾野は大きく左に広がります（⇨図 3.3.1c）。それゆえ、極端に一方に偏った分布型となるわけです。平均値や標準偏差は、その算出においてすべての測定値（データ）を使用するため、極端な値は平均値や標準偏差に影響を与え、データのもつ特性の正確な記述ができなくなってしまうからです。

3.3 データの分布型から代表値や散布度について考える

　一般に、データの中に極端に大きな値があれば、平均値は大きくなるし、逆に極端に小さな値があれば、平均値は小さくなります。たとえば、10名のボランティア参加者の年齢が{21、21、21、21、22、22、22、22、22、36歳}だったとします。ボランティア参加者の平均年齢は23歳となりますが、実際には全体の9割が平均値以下の年齢となってしまいます。これは、分布の中に1人だけ36歳という飛びぬけて高い年齢のひとがいるからです。ちなみに、この36歳のひとを除いた9名の平均は、21.6歳となります。このような場合、平均値を代表値とすることは、分布の内容を適切にあらわしているとはいえません。仮にこれを中央値であらわせば22歳、最頻値でも22歳となり、このほうがボランティア参加者の年齢の分布を適切にあらわしていると考えられます。したがって、このように分布が偏っている場合には、**中央値**か**最頻値**を算出しましょう。散布度では、**四分位偏差**や**範囲**が適しているでしょう。

　図3.3.1dは、2つの山をもつ分布型となっています。このような場合には、**最頻値**を用います。最頻値は、収集したデータにおいて最も度数の多い測定値となるので、山のてっぺんにあたる位置が、最頻値の位置になるわけです。図3.3.1dでは、2つの山があり、したがって山のてっぺんも2つあるわけです。これは、先に3.1.3項の「最頻値」で述べたとおり、最頻値が2つ存在する場合であり、**両最頻値分布**を示しています。

　しかし一方で、分布において2つの山が存在する場合は、それぞれの山は異なるグループのデータによって構成されている場合があります。たとえば、1つの山は日本人のデータで、もう1つの山はチェコ人のデータとか、幼稚園の年少児のデータと年長児のデータ、あるいは男性のデータと女性のデータ、心理学科の学生のデータと物理学科の学生のデータといった具合です。このような場合には、それぞれのグループごとに代表値を算出する、という方法も考えられます。

3.3.2　分布の偏りに対する対応(1)：外れ値の処理

　これまでの話をとおして、測定値の分布の特徴は、主に代表値と散布度によってあらわすことができることがわかりました。特に**正規分布**（⇨第 5 章）とよばれる分布では、左右対称でひと山分布であるだけでなく、さまざまな数学的性質がわかっています。心理学では、しばしば正規分布があらわれます。その場合は、平均値と標準偏差でその特徴をあらわせばいいわけですが、実際の心理学的な測定値は、必ずしも正規分布をなしているとはいえないこともあります。たとえば、図 3.3.1b や図 3.3.1c のように、分布の頂点（山のてっぺん）が中心から左や右へ偏っている場合があります。この偏りの程度を、**歪度**（わいど）といいます。また、図 3.3.2 のように、正規分布と比較して、頂点が極端に突出する場合（A）がありますし、逆に平坦に近い場合（B）もあります。このとがり具合を**尖度**（せんど）といいます。歪度や尖度を統計的に算出する方法もありますが、本書では省略します。一般に分布が偏っている場合、すでに述べたように、平均値や標準偏差の代わりに、代表値として中央値や最頻値、散布度では四分位偏差や範囲をもとめることになるわけです。ここまでは、3.3.1 項で話しました。

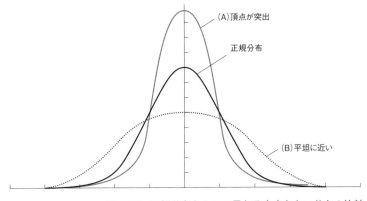

図 3.3.2　正規分布と 2 つの異なる尖度をもつ分布の比較

3.3 データの分布型から代表値や散布度について考える

　ここでは、さらに一歩踏み込んで、「なぜそのような偏りが生じるのか」、その原因について考えることで、偏りに対する対処方法を考えます。

　実験などでデータを収集すると、本来、正規分布になるはずのものが、何らかの理由で正規分布とは異なる分布になったと考えられることがあります。それは主に次の2つの場合です。すなわち、①**被験者の問題**と、②**測定した対象の心理学的な性質**です。このような場合には、心理学的な根拠があれば、ローデータとしての測定値をそのまま処理するのではなく、次のような**前処理**をしたデータや数値をもとに分析をおこないます。

分布の偏りに対する対応

① 被験者の問題の場合（外れ値の処理）

　明らかに実験などで意図されている事柄以外の要因の影響をうけている測定値が混じっている場合には、そのデータを除いた残りのデータで分析をおこないます。たとえば、実験参加者が明らかに実験の目的に反して不適切な反応をしたと思われる場合の測定値や、反応に必要な時間を測定した場合に、他の測定値よりも極端に長い反応時間などは、「**外れ値**」としてデータ処理から除外します。

② 測定した対象の心理学的な性質の場合（変数の変換）

　少し難しい話ですが、心理学の立場から見て、ローデータの測定値をそのまま分析するよりも、それらを逆数や対数値に変換したほうが意味が明確になることがあります。すなわち、**変数の変換**です。たとえば、学習に必要な所要時間などは学習の進行とともに短くなりますが、その逆数（速さ）のほうが学習の進行の程度と対応が明確であると考えることがあります。この②については、3.3.3項でくわしく解説することとします。

　ここでは、①の場合の具体的な前処理の方法を解説します。まず、外れ値をデータ処理から除くためには、次の2つの方法が用いられます。

外れ値を除く

（a）　正規分布があてはまることを仮定した場合の標準偏差 SD を計算して、**平均値±2SD、あるいは平均値±3SD の値よりも平均値から離れている値**

> を外れ値とみなします。
>
> (b) 第6章で説明する統計的な検定の考え方を用いて、外れ値とみなすかどうかを決定します。これを**棄却検定**といいますが、ここではこれ以上ふれません。

　ただし、このようなデータ処理を始める前に、外れ値と思われる値がローデータ（収集したデータ）の中にふくまれているかどうかをチェックすることが大切です。そのためには、データの最大値や最小値をもとめたり、本来そのデータがどの程度の範囲におさまるべきなのかについて、心理学的な知識も活用して考えておくことが必要です。このことは、外れ値の処理にあたって機械的にデータの一部を処理から除外する前に、その原因を考えることが重要であることとも関連します。外れ値とみなすことに心理学的な根拠や被験者側の問題などが考えられる場合はよいのですが、そうでなければむやみにデータの一部をデータ処理から除くことはもちろん問題です。他のデータ（測定値）とはかけ離れた極端な値であっても、それは客観的事実を反映している場合もあります。たとえば、ボランティア参加者の年齢分布やテストの点数の分布などです。仮に掃除ボランティアに参加したひとの年齢分布が｛22、23、23、24、24、62歳｝だったとします。62歳のひとは他の年齢のひととは極端にかけ離れた年齢ですが、これは客観的事実であり、外れ値ではありません。その場合には、極端な値に影響されない代表値（たとえば中央値）などを選択すべきです（⇨ 3.1.2 項および 3.3.1 項）。

　収集したデータが、何について測定されたデータであるかをよく考え、外れ値かどうかの吟味をおこなってください。たとえば、社会的態度について調査したデータならば、少数データであっても客観的事実とみなすのが適切であると考えられます。一方、錯視量や反応時間を測定した実験のデータであれば、他の測定値と大きくかけ離れた値は、ある程度の個人差を考慮しても、外れ値である可能性が高いです。このあたりのことは、心理学研究法の知識や心理学の各論などの知識が蓄積されていくと、より考えやすくなります。

3.3.3 分布の偏りに対する対応(2)：変数の変換(調和平均、幾何平均)

ここでは、3.3.2項の②で述べた**変数の変換**について解説します。心理学でしばしば測定される所要時間や反応時間（⇨本章 Research）などは、その分布が正規型にならないことがあります。このような場合、そのデータを逆数や対数に変換したものに心理学的な意味があれば、ローデータの単純な平均値をもとめずに、変換した数値で平均値などをもとめることがあります。

たとえば、所要時間よりもその速さに心理学的な意味がある場合には、所要時間のデータの逆数をとれば、速さとして処理していることになります。一定の速さで距離 D を移動する所要時間 T とその速さ V の関係は、$V = \dfrac{D}{T}$ という逆数の関係があるからです。そこで次の式を用いて、すべてのデータの逆数の平均値をもとめ、最後にその逆数をもとめてもとのデータの単位に戻すことがおこなわれます。これを**調和平均**（Harmonic Mean：HM）とよびます。

$$\frac{1}{HM} = \frac{\frac{1}{X_1} + \frac{1}{X_2} + \cdots + \frac{1}{X_N}}{N} \tag{3.3.3a}$$

また、数値を対数に変換した場合に等間隔、つまり間隔尺度上の値になると考えられる場合には、データの対数をとって平均値をもとめることがあります。心理学的な研究、特に感覚・知覚のはたらきを取り上げる精神物理学という分野では、光の明るさや音の大きさ、物の重さなどの刺激の物理的な値の対数値と人間の感覚の間に規則的な関係があることが知られています。このような場合には、データの対数値の平均をとることがおこなわれます。これを**幾何平均**（Geometric Mean：GM）といいます。

$$\log GM = \frac{\log X_1 + \log X_2 + \cdots + \log X_N}{N} \tag{3.3.3b}$$

CHAPTER 3　代表値と散布度

Try 3　以下の文章がそれぞれ適切かどうか、○か×で答えなさい。

①学力テストの得点で、難易度が高いために低い得点が多い場合には、平均値が中央値よりも高い値になる傾向がある。
②分布が2つの最頻値をもつ場合には、中央値が代表値として適している。
③分布に極端な値が含まれていたので、平均値の代わりに中央値をもとめ、また標準偏差の代わりに四分位偏差をもとめた。

Point!

1. データの分布が左右対称で1つの山をもつ場合は、平均値、中央値、最頻値のすべての代表値を算出することができます。
2. 分布がどちらか一方に偏っている場合は、中央値か最頻値を算出しましょう。
3. 2つの山をもつ分布型では、最頻値を用いましょう。
4. 2つの山をもつ分布型では、それぞれの山が異なるグループのデータによって構成されている場合があります。
5. 分布の偏りの原因には、主に、被験者側の問題と、測定した対象の心理学的な性質の2つがあります。
6. 分布の偏りに対する対処方法には、外れ値の処理（除去）と変数の変換があります。

3.4 分布の中の相対的位置と正規分布
順位と標準得点

　ここまで、分布全体の特性について分布を代表する値（代表値）や測定値の散らばりをあらわす測度（散布度）を中心に考えてきました。この章の最後は、個々の測定値について、その分布の中での相対的な位置を示す方法を見ることにします。たとえば、ある個人の得点に注目したときに、その得点を分布の中で位置づけるにはどのようにしたらよいでしょうか。高い（あるいは、低い）得点であることを示す科学的な方法にどのようなものがあるか、が問題です。

　まず、前の節で見たように、得点が一見、間隔尺度上の値であるように見えても、実は等間隔とはみなせない場合から考えます。この場合には、測定値を順序尺度上の値とみなして、分布全体の中でのその値の順位をあらわします。これには、順位をつける方法と、その測定値より低い順位の値が全体の何パーセントかをあらわす方法（パーセンタイル順位）があります。

　測定値が間隔尺度上の測定値とみなされ、さらに分布全体が正規分布をなすときには、正規分布の性質を利用して測定値を別な得点に変換することができます。この別な得点を標準得点とよび、これによってその得点の分布内での相対的位置は簡単に計算することができます。この方法を利用するのが、いわゆる偏差値とよばれるものです。

3.4.1　順位

　順位については、3.1.2項の「中央値」のところでふれました。測定値の中に同一の大きさの値がない場合には、測定値を大きさの順に並べて、1、2、3、…と順番に順位値を与えればよいわけです。そして、もちろん、最後の測定値の順位はデータ数と一致します。一方、同順位の値が複数ある場合は、順

位のつけ方にいくつかの方法があります。これについては、「中央値の出し方」の❸同順位がある場合（p.53）、ですでに解説したのでここでは省略します。測定値の小さいものから順位をつけるのか、それとも大きな値からつけるのか、また同順位が複数ある場合にどのように順位をつけるのか、に注意して方法を選び、その後の処理にかける必要があります。また、コンピュータのソフトウェアを利用する場合も、どのような方法で順位をつけているのか、あるいはどのような方法を選ぶか、に留意する必要があります。

3.4.2　パーセンタイル順位

　ある測定値よりも下位の測定値が全体の何パーセントなのかをあらわすのが、パーセンタイル順位です。たとえば、テスト得点80点より下位に全体の50パーセントのひとがいれば、80点のパーセンタイル順位は50であるといいます。パーセンタイル順位が50の得点は、中央値（および第2四分位数 Q_2）に一致します。同様に、パーセンタイル順位が25、あるいは75の得点は、第1四分位数 Q_1、第3四分位数 Q_3 と同じものです。

　実際にある得点のパーセンタイル順位をもとめるには、その得点の順位をもとめることでそれよりも下位のものの数を数えてその割合をもとめればよいわけですが、実際にはコンピュータで表計算ソフトやその他のソフトウェアを使うことが多くなっています。

　順位やパーセンタイル順位は、順序尺度上の得点、つまり得点の間隔が等間隔かどうかが疑われる場合にも、得点の相対的位置をあらわすために用いることができます。また間隔尺度上の得点でも、その分布が正規分布とはみなせない場合には、パーセンタイル順位によって個々の得点の相対的位置をあらわすことができます。心理検査の中には、パーセンタイル順位をもとに得点を相対的に位置づけるものもあります。

3.4.3 標準得点

　測定値が間隔尺度のレベルをもつとみなすこと、つまり等間隔であることを認めることができて、しかも分布が正規分布であると考えることができる場合には、個々の得点を**標準得点**というものに変換することによって、その得点の分布の中での相対的位置を比較的簡単にもとめることができます。正規分布のくわしい説明は第5章で述べることにして、ここでは実際に標準得点をもとめる方法とその利用の仕方について説明します。

　たとえばここで、数学の学力テストの得点分布が正規分布をなしているとしましょう。その平均点 $\bar{X}$ が60点、標準偏差 SD が10点であることがわかっているとします。さて、A君の数学の得点が70点のとき、A君はその得点分布の中でどの程度の相対的位置にいるといえるでしょうか。平均点より10点高いことはわかりますが、それだけではA君の成績をどのように評価すればよいのか、やや曖昧です。

　そのことは、もう1つの国語の学力テストの成績と比較しようとしたときに明らかになります。国語の平均点が70点、標準偏差が15点であったとして、A君の国語の得点が80点の場合を考えてみましょう。A君の数学と国語の成績をそれぞれの素点70点と80点を比較してA君の成績は国語のほうがすぐれているといえるでしょうか（⇨くわしい説明）。平均点を基準に考えるならば、数学と国語の平均点がそれぞれ60点と70点で異なっていま

（　く・わ・し・い・説・明　）

〈相対評価と絶対評価〉
　もし、それぞれのテストが絶対評価が可能であるように作られているならば、素点自体が意味をもってきます。しかし、その場合はまったく異なる数学と国語の成績をそもそも比較することができるのか、という問題が生じます。そこで、ここではこれらのテストがそれぞれの分布の中の相対的な位置によって個々の得点を評価するもの、つまり、**相対評価**の道具であると考えましょう。それぞれの分布の中の相対的な位置によって、2つの成績を比較することにします。

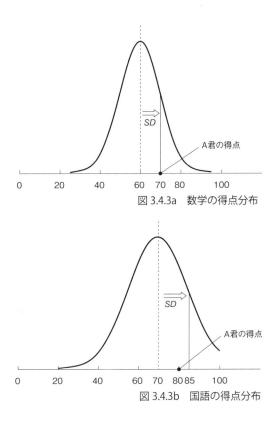

図 3.4.3a 数学の得点分布

図 3.4.3b 国語の得点分布

すから、直接の素点だけを比較しても結論は出せません。そこで、それぞれの分布で A 君の成績がどの程度に位置づけられるか、を比較してみましょう（⇨図 3.4.3a、図 3.4.3b）。

　A 君の場合、数学の得点 70 点も国語の得点 80 点もそれぞれの平均点 60 点と 70 点から 10 点だけ高くなっています。では、そのことから数学と国語が同じ程度の成績といえるのでしょうか。今度は、それぞれの分布の散らばり、つまり標準偏差に注目しましょう。数学の標準偏差 SD は 10 点ですから、A 君の数学の得点 70 点は平均値からちょうど標準偏差 1 つ分だけ上位のほうへ離れていることになります。これに対して、国語の標準偏差 SD は 15 点ですから、A 君の国語の得点 80 点は平均点 70 点から標準偏差 1 つ分も上位へ離れていないことになります。

ここで、標準偏差を1つの単位として分布全体を区切り、**各得点が平均値から標準偏差を単位としてどれだけ離れているか**、を考えてみましょう。これは分布の横軸の単位を、標準偏差を1として区切りなおすことを意味しています。また、平均値からどれだけ離れているかを問題としていますから、分布の中心を数学と国語でそろえることができれば好都合です。そこで、それぞれの得点を次のような式で z という値におきかえた（変換とよびます）場合を考えてください。

$$z = \frac{X - \bar{X}}{SD}$$

ここで、X は A 君の得点、$\bar{X}$、SD は数学（または国語）の平均値と標準偏差です。つまり、数学の場合、

$$z = \frac{70 - 60}{10} = 1.00$$

国語では、

$$z = \frac{80 - 70}{15} = 0.67$$

となり、z の値で比較すると、A 君は数学のほうがその分布の中で相対的に高い位置にいることがわかります。このように、正規分布を前提として素点を z に変換することは、素点の相対的位置を明らかにして、たとえ素点の平均点が異なる複数の分布であっても得点を比較することを可能にします。このような z を**標準得点**とよび、素点を標準得点に変換することを**標準化**といいます。ここで、もし素点がその分布の平均点よりも低い場合には、z の値が0よりも小さくなること、つまり、負の数になることに注意しましょう。数学で素点が 40 点の B 君がいたとすると、その z 値は、以下のようになります。

$$\frac{40 - 60}{10} = -2.00$$

3.4.4 標準正規分布の性質

　素点を標準得点 z に変換すると、その z 分布の平均値は何になるでしょうか。数学の平均点 60 点を z に変換すれば、

$$z = \frac{60-60}{10} = 0.00$$

であり、また国語の平均点 70 点も同様に

$$z = \frac{70-70}{15} = 0.00$$

となって、いずれも 0.00 が z の分布の平均値であることがわかります。つまり、標準得点 z に変換することは、もとの分布をその平均値を基準として、またその標準偏差を 1 (つまり単位) としておきかえることを意味しています。その結果できあがる分布は、常に平均値が 0、標準偏差が 1 になるわけです。このような正規分布を特に**標準正規分布**（⇨図 3.4.4）とよんでいます。さまざまな（平均値と標準偏差をもつ）正規分布は、その素点を標準得点 z に変換することで標準正規分布におきかえられるのです。

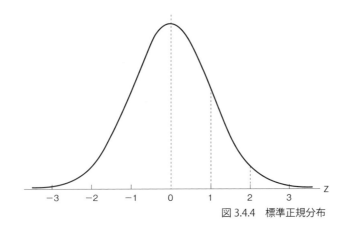

図 3.4.4　標準正規分布

3.4.5 標準正規分布表を利用する

　標準正規分布については、さまざまな数学的性質が明らかにされており、たとえば分布全体を100%としたとき、あるz値から下には何パーセントのデータがあるのかが、すぐにわかるように工夫されています。つまりある標準得点zのパーセンタイル順位は簡単にもとめることができるのです。この値を表にしたものが**標準正規分布表**とよばれるもので、付表1（p.304）に掲載しています。

　標準正規分布表はいくつかの点でこれまでの説明と異なることに注意しましょう。まず、zの値は0以上の値しか用意されていません。その理由は、図3.4.4を見るとわかるように正規分布が$z=0$に関して左右対称という性質をもつので、0以上の場合だけを表示すれば充分だからです。さらに、標準正規分布表の数値は、z値とそのパーセンタイル順位をそのまま数字であらわしているわけではありません。z値の横の数字は、パーセント（0から100）ではなく小数（0から1）で表示されており、これは正確には確率です。確率を表示する理由については第5章で説明したいと思います。ここでは単純に、小数をパーセントに読みかえておきましょう。

　次にこの確率が2列に分けて表示されています。右側にあるz値はそのパーセンタイル順位を100から引いて数値（そのz値よりも上に何パーセントのデータがあるか）を小数（確率）であらわしたものです。たとえば、zが1の場合の.1587は、それよりも上位には全体の15.87%がふくまれることを小数であらわしていると考えます。これを$z=1$の**上側確率**とよび、今後の統計処理でしばしば利用します（⇨第5章）。また、0.1587と書かずに最初の0を省略することが一般的で、これは確率が0と1の間の値をとることから、小数以下の表示で充分だからです。

　これに対して、「下側確率 − 0.5000」として示されている数値は、zのパーセンタイル順位から50を引いた値です。つまり、平均値0からz値までに全体の何パーセントがふくまれるのかを小数であらわしています。つまり、この値に0.5000を加えれば、zの下に全体の何パーセントがふくまれるのか

（パーセンタイル順位）がわかります。

　先ほどのA君の数学のz値1の場合、その下側確率−0.5000の値は.3413です。そのパーセンタイル順位は.5000+.3413=.8413で84となるわけです。ここで一般に、zの値が0から1までの範囲に全体の34%が含まれることは、これからしばしば統計的な判断に利用されますから覚えておくとよいでしょう。いいかえれば、すべての正規分布で、平均値から平均値+1SDの範囲には全体の約34%が含まれるということが常に成り立つわけです。同様に、正規分布が平均値に関して左右対称であることから、平均値±1SDの範囲には全体の約68%が含まれることになります。

3.4.6　偏差値

　標準正規分布は、平均が0、標準偏差が1で数学的に簡潔にその特性をあらわすことができます。ところで標準正規分布の表からもわかるように3以上の値は全体の.001つまり千分の一程度ですから、実際にわれわれが目にするzの値はせいぜい−3から3ぐらいまでの値です。このことは日常的なテストの結果などを直観的に理解する場合には、ややわかりづらい印象を与えます。通常私たちは0から100点までの範囲のテスト得点を見慣れているからです。そこで標準得点zを、より日常的な数値におきかえて示すことがあります。正規分布の基本的な性質を変えずに平均と標準偏差だけを変えるために、次の式でzをZに変換します。

$$Z = 10z + 50$$

　この式は、zが0のときZが50に変換されること、またzが1変化するとZが10変化するように作られています。したがって、この式によってZの平均値は50に、標準偏差は10になります。つまり、50−3SD = 20から50+3SD = 80までの範囲にほとんどの測定値が含まれる正規分布におきかえられるわけです。これが偏差値Zとよばれるもので、テスト結果の相対的な評価にしばしば使われています。

3.4 分布の中の相対的位置と正規分布

Try 4

以下の文章がそれぞれ正しいかどうか、○か×で答えなさい。必要ならば標準正規分布表（p.304）を参照しなさい。

数学の得点分布が平均60、標準偏差20、国語の得点分布が平均60、標準偏差10でいずれも正規分布であった。このとき、
① 数学の得点の40点から80点までには、受験者全体のほぼ95%が含まれる。
② 国語の得点が70点以上の受験者は、全体のほぼ16%である。
③ 数学の得点が80点の受験者は、国語の得点が80点の受験者よりも、その科目の受験者全体のなかでの相対的な位置が高い（成績がよい）。

Point !
1. 分布が正規型ならば、個々の得点を標準得点 z になおすことで相対的な位置がわかります。
2. 素点から標準得点 z はどのようにしてもとめますか。
3. 偏差値 Z とは何ですか。

第3章の練習問題

300人の被験者の検査得点の分布が正規分布とみなせるとして、つぎの問に答えなさい。

(1) 平均値が40点、標準偏差が15点であった。検査得点55点を標準得点 z になおしなさい。
(2) (1) の z を偏差値 Z になおしなさい。
(3) 検査得点55点のパーセンタイル順位をもとめなさい。
(4) 検査得点が55点より上の人は何人いたか、もとめなさい。

心理学における測定では、実験によって人間の行動（反応）を観察することがしばしばおこなわれます。ここでは、実際に実験で検討されたこころのはたらきの例として、私たちがこころの中で描くイメージについての実験を紹介したいと思います。

Research　　　　　　　　　　　　　　　　　　　心的回転

　心理学の研究がもつ難しさの1つに、研究の対象であるこころを直接観察することが困難であるという問題があります。私たちがそれぞれのこころの中で何かを考えているということは、私たち自身には明らかなことかもしれませんが、他人からそれを観察することはできるでしょうか。従来、私たちがこころで抱くイメージも、科学的な研究の対象として取り上げることは難しいと考えられてきました。これに対して、シェパードたち（Shepard & Metzler, 1971）は心理学的な実験によってイメージについて科学的に研究することが可能であることを示し、この分野の研究に大きく貢献しました。彼らはさまざまな実験材料を用いて実験をおこないましたが、その1つは図3R.aにあげたような立体的な積み木のようなものです。ある実験の手続きでは、実験参加者にこの積み木が2つ呈示され、2つが同じものかどうか判断してもらいました。

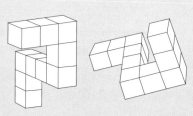

図 3R.a
（Shepard & Metzler (1971) から転載）

　実験者が検証しようとした仮説は次のように立てられました。まず、彼らが考えたことは、私たちのこころの中のイメージ（以下では、心的イメージ：mental image とします）とよばれるものが、はたして視覚的画像のような特性をもっているか、もしもっているならば、どのようにしてそのことを確かめることができるか、ということでした。しかし、これだけでは実験を始めることはできません。そこで次のように推論しました。もし、心的イメージが視覚的な画像のような特性をもつならば、画像を回転するように心的イ

メージも回転することができるでしょう。これを心的回転（メンタル・ローテーション：mental rotation）とよびます。この場合、物理的に回転するように心的イメージを回転するならば、その回転の程度にしたがって時間がかかるはずです。そこで、さまざまな角度のずれをもった2つの積み木を用意して、それらが同じかどうかの判断をもとめれば、その判断に必要な時間は2つの積み木の空間的ずれの角度の増加にしたがって増えていくだろうと仮定しました（研究仮説）。

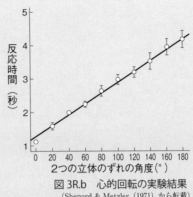

図 3R.b　心的回転の実験結果
(Shepard & Metzler (1971) から転載)

　実験の結果、図 3R.b のように2つの積み木のずれの角度が0°から180°まで増加するにしたがって、反応時間は増加していきました。つまり、彼らの研究仮説が支持されたわけです。そこでこの実験結果から、シェパードたちは人間の心的イメージが視覚像のような特性をもち、しかも物理的な対象と同じようにこころの中で操作されるものであると主張しました。彼らの研究は、それまで科学的研究の対象とはならないと考えられていた心的イメージを科学的に検討した点で高く評価され、その後多くの研究を生み出すことになりました。

　ところで、この実験の場合、実験参加者はたくさんの積み木のペアについて、「同じ」または「異なる」という判断をしなければなりません。その反応時間が測定されたわけですが、本章で述べたようにその分布ははたして正規分布になるでしょうか。実際にこの種の実験をする機会があれば、皆さん自身が反応時間の分布を検討してみるとよいでしょう。

引用文献
Shepard, R., & Metzler, J. (1971). Mental rotation of three-dimensional objects. *Science* 171(3972), pp.701-703.

CHAPTER 4
相関係数と連関係数

この章で学ぶこと
2つの変数の間の関係を分析する

　本章では、2つの変数の間の関係を分析する方法として、相関係数と連関係数について学びます。2つの変数の間には関係があるのか、もしあるとすれば、それはどんな関係か―たとえば、1つの変数が増加するとき、もう1つの変数も増加するという関係か、それとも、1つの変数が増加するとき、もう1つの変数は減少するという関係か、といった2つの変数の間の関係について検討します。

　4.1節では、2つの変数が間隔尺度以上の場合に適用でき、2つの変数の間の一次関数関係の強さを検討する"ピアソンの積率相関係数"について学習します。4.2節では、2つの変数が順序尺度レベルである場合にも適用可能で、かつ各変数の順位値にもとづいて算出される"順位相関係数"について解説します。順位相関係数では、2つの変数の間に単調増加関係または単調減少関係がどの程度認められるかを検討します。4.3節では、2つの変数が名義尺度などのカテゴリカルなデータである場合に、2つの変数の間の関連の有無と関連の強さを検討する"連関係数"について学習します。

CHAPTER 4 相関係数と連関係数

4.1 直線相関
2変数間の直線的関係の強さを調べる

これまでの章では、1つの事柄についての測定値(1つの変数)に関して、度数分布表にまとめたり、代表値や散布度を算出し、データの特徴を記述する方法について学んできました。本章では、変数が2つある場合について考えます。すなわち、2つの変数の間の関係を問題とします。たとえば、「親のIQと子どものIQは関係があるのか(IQの高い親からは、IQの高い子どもが生まれるのか?)」とか、「手の長さと足の長さには関係があるのか。もしあるとしたら、それはどんな関係か」といった2つの変数の間の関係について考えます。

4.1節では、2つの変数が間隔尺度以上の場合に適用できる、ピアソンの積率相関係数を取り上げます。

4.1.1 ピアソンの積率相関係数

ここでは、2つの変数の間の直線的関係(一次関数関係)を問題とするピアソンの積率相関係数について解説します。ピアソンの積率相関係数とは、2つの変数の間の**直線的関係の強さ**(2つの変数の間にどの程度直線的な関係が認められるか)と、それらの関係がどのような関係であるか(正の相関、負の相関)をあらわす統計量です。ここでいう"直線的関係"とは、**一次関数関係**のことです。すなわち、変数 X が一定の割合で増加するとき、変数 Y は一定の割合で増加または減少する、ということです。相関係数は、r という記号であらわされます。

相関係数について、もう少しくわしく説明していきます。図4.1.1aには、表4.1.1aに示されている変数 X と変数 Y のデータがプロットされています。この図は、表4.1.1aのデータ1についての X と Y (すなわち、X が1のとき、

4.1 直線相関

表 4.1.1a　変数 X と変数 Y についてのデータ

	X	Y
データ 1	1	3
データ 2	2	4
データ 3	3	5
データ 4	4	6
データ 5	5	7
データ 6	6	8
データ 7	7	9
データ 8	8	10
データ 9	9	11
データ 10	10	12

※図 4.1.1a のデータ

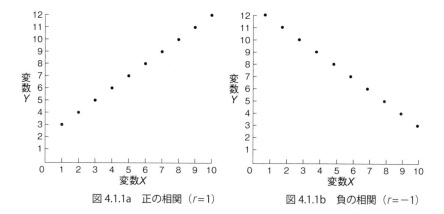

図 4.1.1a　正の相関（$r=1$）　　　図 4.1.1b　負の相関（$r=-1$）

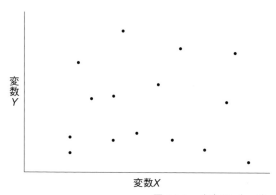

図 4.1.1c　無相関（$r=0$）

CHAPTER 4　相関係数と連関係数

Y は 3)、データ 2 についての X と Y というふうに、各データについての X と Y が組み合わされて（対にされて）プロットされたもので、**散布図**といいます。この散布図によって、2 つの変数の関係を視覚的にとらえることができるわけです。

2 つの変数 X と Y について、1 つの変数の変動とともにもう 1 つの変数が変動するならば、「2 つの変数の間には相関がある」、といいます。どの程度強い相関があるかは、相関係数の値から判断します。相関係数 r の値は、1 から -1 の範囲をとります。

2 つの変数の間の関係が、図 4.1.1a のように、X の一定量の増加に伴い Y が一定の割合で増加するという関係であれば、「正の相関がある」といいます。図 4.1.1a は、$r = 1$ の完全な正の相関をあらわしています。

一方、図 4.1.1b のように、X の一定量の増加に伴い Y が一定の割合で減少するという関係があれば、2 つの変数の間には「負の相関がある」といいます。図 4.1.1b は、$r = -1$ の完全な負の相関を示しています。

つまり、2 つの変数（X, Y）の間に正の相関関係があるならば、相関係数 r の値は 0 から 1 の間の値をとり、相関は 1 に近いほど強く（大きく）なるわけです。一方、2 つの変数（X, Y）の間に負の相関関係があるならば、相関係数 r の値は 0 から -1 の間の値をとり、相関は -1 に近いほど大きい、ということになります。ただ、実際には、相関係数が 1 または -1 のような完全な値になることはほとんどありません。

図 4.1.1c の散布図は、2 つの変数 X と Y の間にまったく相関がない状態、すなわち**無相関**（$r = 0$）をあらわしています。無相関とは、2 つの変数の間に何らの関係も存在しない場合をいいます。この図からは、X の増減と Y の増減の間に何らの規則性も見出されません。

相関係数の大きさの評価

先の説明で、相関係数は 1 または -1 に近いほど大きい、と述べました。それでは、ここで、どの程度の相関係数の値を、どのくらいの大きさと評価するのかという、相関係数の大きさの評価に関する一般的な基準を述べてお

きます。ただし、あくまでも目安です。

> **相関係数の評価**
>
> 0.0（$r = 0.0$）　　　　　　　　　　　：相関なし（無相関）
> 0.2 以下（$r \leq 0.2$）　　　　　　　　：ほとんど相関なし
> 0.2 超え〜 0.4 以下（$0.2 < r \leq 0.4$）：弱い相関
> 0.4 超え〜 0.7 以下（$0.4 < r \leq 0.7$）：中程度の相関
> 0.7 超え〜 0.9 以下（$0.7 < r \leq 0.9$）：強い相関
> 0.9 を超えるもの（$r > 0.9$）　　　　　：非常に強い相関
> 1.0（$r = 1.0$）　　　　　　　　　　　：完全な相関
>
> ＊ここでは、相関係数の大きさの基準は、正の相関で示しました。もちろん、同じことが負の相関についてもいえます。すなわち、−1 は完全な相関、−0.2 はほとんど相関なし、−0.6 は中程度の相関……といった具合です。

　この基準によれば、たとえば $r = 0.3$ あるいは -0.3 ならば、弱い相関であり、変数 X と Y の間にはほんのわずかに直線的な関係が見られる、ということになります。ただし、これはあくまでも一般的な基準であり、どの程度の相関を大きい、小さいと判断するかは、相関関係を検討する変数にもよる、ということを覚えておいてください。皆さんが自分の研究で相関係数を算出し議論をおこなう場合には、この点に充分注意してください。

ピアソンの積率相関係数 r の算出過程

　相関係数 r を算出するための数式はいくつかあります。本書では、以下の2つの数式を取り上げます。1つ目の数式 4.1.1a は、最初に XY の値や X^2、Y^2 などの値とそれらの総和（ΣXY や ΣX^2 など）を一覧にまとめれば、あとは数式に代入していくだけなので簡便であり、おすすめです。

$$r = \frac{N\sum_{i}^{N} X_i Y_i - \left(\sum_{i}^{N} X_i\right)\left(\sum_{i}^{N} Y_i\right)}{\sqrt{\left[N\sum_{i}^{N} X_i^2 - \left(\sum_{i}^{N} X_i\right)^2\right]\left[N\sum_{i}^{N} Y_i^2 - \left(\sum_{i}^{N} Y_i\right)^2\right]}} \quad (4.1.1a)$$

あるいは、数式 4.1.1a から i などの添え字を省略した、以下の"添え字なしバージョン"のほうが見やすいかもしれません。いずれであっても意味することはまったく同じなので、自分の見やすいほうを利用してください。

$$r = \frac{N \sum XY - (\sum X)(\sum Y)}{\sqrt{\left[N \sum X^2 - (\sum X)^2\right]\left[N \sum Y^2 - (\sum Y)^2\right]}}$$

(4.1.1a の"添え字なしバージョン")

一方、数式 4.1.1b は、第 3 章で用いた知識（各測定値から平均値を減算したり：$(X-\bar{X})$、それらを 2 乗する：$(X-\bar{X})^2$）をそのまま生かせるような数式となっています。ただし、変数 X と変数 Y の両方について、各 X または各 Y の値から平均値を減算するという作業をおこなわなければならないため、総データ数 N が多いときは手間がかかり大変です。ちなみに、言うまでもありませんが、どの数式を使っても相関係数の値は同じです。

$$r = \frac{\sum_{i}^{N}(X_i - \bar{X})(Y_i - \bar{Y})}{\sqrt{\sum_{i}^{N}(X_i - \bar{X})^2 \sum_{i}^{N}(Y_i - \bar{Y})^2}}$$

(4.1.1b)

ここで、数式に使われている記号について簡単に説明します。数式に使われている記号は、Y という新たな変数を除いて、すでに第 3 章で用いたものです。Y は先に本文中で述べたとおり、2 つの変数のうちの 1 つの変数をあらわします。$\bar{Y}$ は、変数 Y についての平均値です。Σ は総和をあらわします。さらにくわしい説明が必要な場合は、第 3 章を参照してください。

ピアソンの積率相関係数 r の算出方法

表 4.1.1b のデータは、5 名の学生の英語のスピーキング（話す）テストの得点 X と、リーディング（読む）テストの得点 Y の仮想データと、相関係数 r を算出するために必要な X と Y についての値の一覧を示しています。このデータについて相関係数 r を算出して、英語のスピーキングテストの得点 X と、リーディングテストの得点 Y の間にどのような関係があるか、検討してみましょう。

相関係数 r の計算手順

1. 最初に、XY や X^2、Y^2 などの値を表 4.1.1b のようにまとめることからはじめる。

   表中の X^2 は、[X の値× X の値] によって得られ、たとえば学生 1 についての X^2 は、$X^2=35×35=1225$ となる。Y^2 についても同様の方法で算出する。XY は、$X × Y$ によって得られ、たとえば学生 2 についての XY は、$XY=56 × 40=2240$ となる。表下の ΣX は、学生 1 から 5 までの X の値の総和であり、$35 + 56 + 68 + 79 + 92 = 330$ となる。ΣY および ΣXY についても、同様の方法で算出する。

   表 4.1.1b　5 名の学生の英語のスピーキングテストの得点 X と、リーディングテストの得点 Y の仮想データおよびピアソンの相関係数 r の算出において必要となる X と Y についての値の一覧

学生	スピーキング X	リーディング Y	X^2	Y^2	XY
1	35	12	1225	144	420
2	56	40	3136	1600	2240
3	68	60	4624	3600	4080
4	79	76	6241	5776	6004
5	92	89	8464	7921	8188
Σ（総和）	330 (ΣX)	277 (ΣY)	23690 (ΣX^2)	19041 (ΣY^2)	20932 (ΣXY)

   ※テストの得点は 100 点満点中の点数です。

2. 表 4.1.1b のような一覧が完成したら、次はいよいよ相関係数 r の算出である。ここでは、おすすめの数式「4.1.1a の"添え字なしバージョン"」のほうを使うことにする。

   $N=5$、$\Sigma XY=20932$、$\Sigma X=330$、$\Sigma Y=277$、$\Sigma X^2=23690$、$\Sigma Y^2=19041$ なので、以下のようになる。

$$r = \frac{N\sum XY - (\sum X)(\sum Y)}{\sqrt{[N\sum X^2 - (\sum X)^2][N\sum Y^2 - (\sum Y)^2]}}$$

$$= \frac{5(20932)-(330)(277)}{\sqrt{[5(23690)-(330)^2][5(19041)-(277)^2]}}$$

$$= \frac{104660-91410}{\sqrt{[118450-108900][95205-76729]}}$$

$$= \frac{13250}{\sqrt{[9550][18476]}} = \frac{13250}{\sqrt{[176445800]}}$$

$$= \frac{13250}{13283.29026}$$

$$= 0.997$$

相関係数 $r = 0.997$ なので、先に述べた"相関係数の大きさの評価"から、英語のスピーキングテストの得点 X とリーディングテストの得点 Y の間には非常に強い相関があり、スピーキングテストの得点 X が高いほど、リーディングテストの得点 Y も高い、という関係がある、といえます。

ちなみに、相関係数の値は、小数点の前の 0 を省略して、「$r = .997$」などと書く場合があります。読み方は、「コンマ 997」となります。

相関係数 r の算出を簡便にするための変数変換

変数変換というと、非常に難しいことをするように聞こえますが、ここでいう変数変換は非常に簡単で便利なものです。たとえば、2 つの変数が、表 4.1.1c のような、桁数の多いデータである場合があります。この場合、そのままのデータで相関係数 r を算出すると、計算がめんどうになり大変です。

相関係数 r には、X と Y それぞれに別の値（定数）をかけても（乗算）、足しても（加算）、相関係数 r の値は変わらない、という性質があります。その理由は、数式に一定の定数をかけたり足したりしてみることで、理解できると思います。すなわち、ここでいう変数変換とは、先に述べた性質を利用して、桁数の多いデータや小数点のデータなどそのままでは計算がめんどうであるようなデータに対して、一定の値（定数）をかけたりまたは足したりすることで計算しやすいかたちに変換することをいいます。どんな値をかけたりまたは足したりするかは、特に決まっていません。その値をかけたら（または足したら）、データが自分の計算しやすいかたちになる、というものでかまいません（ただし、X と Y それぞれにかける（または足す）値は、たとえば X には 8、Y には 6 というふうに、すべての X（すべての Y）について同一の値とし

てください)。それでは、実際に例を見てみましょう。

変数変換の例

　表 4.1.1c は、各国の人口（単位：百万人）と温室効果ガス排出量（単位：百万トン）の仮想データを示したものです。仮想データなので、実際のデータではありません。温室効果ガスは家庭から排出される場合も多いので（電気、ごみ、ガソリンなど）、「人口が多くなれば温室効果ガスの排出量も多くなるのではないか」と予想し、人口 X と温室効果ガス排出量 Y の間の関係（人口と温室効果ガス排出量の間に関係があるか）を検討してみることにします。人口 X と温室効果ガス排出量 Y という 2 つの変数の間の相関係数 r を算出してみましょう。

表 4.1.1c　各国の人口と温室効果ガス排出量

	人口 X （単位：百万人）	温室効果ガス排出量 Y （単位：百万トン）
A 国	300	6200
B 国	1300	5000
C 国	140	1600
D 国	120	1300
E 国	1150	1100

※実際のデータではありません。

　表 4.1.1c を見ると、人口についても温室効果ガスについても桁数が多いので、先に述べた変数変換をおこない、データを計算しやすいかたちにします。ここではデータが整数で、単純に桁数が多いだけなので、この桁数が少しでも少なくなるように変数変換をおこないます（これがもし仮に 0.83 のような小数のデータであれば、100 倍して 83 という整数にしてしまえば計算が楽になります）。すなわち、人口 X には 10 分の 1 をかけ（乗算）、温室効果ガス排出量 Y には 100 分の 1 をかける（乗算）ことにします。これらの変数変換をおこなったものが表 4.1.1d です。

表 4.1.1d　変数変換をおこなった各国の人口と温室効果ガス排出量

	人口 X （単位：千万人）	温室効果ガス排出量 Y （単位：億トン）
A 国	30	62
B 国	130	50
C 国	14	16
D 国	12	13
E 国	115	11

変数変換をおこなったデータにもとづく相関係数 r の算出

それでは、変数変換をおこなった表 4.1.1d のデータを用いて、相関係数 r を算出してみましょう。同時に、変数変換をおこなっていない表 4.1.1c のデータについても相関係数 r を算出し、変数変換をおこなったデータと同一の相関係数 r の値になることを確認しましょう。相関係数 r の算出は、数式 4.1.1a を用いておこないます。最初に、X^2 や Y^2 などの値を一覧にまとめましょう。

表 4.1.1e　ピアソンの相関係数 r の算出において必要となる X と Y についての値の一覧

データ	人口 X	温室効果ガス排出量 Y	X^2	Y^2	XY
A 国	30	62	900	3844	1860
B 国	130	50	16900	2500	6500
C 国	14	16	196	256	224
D 国	12	13	144	169	156
E 国	115	11	13225	121	1265
Σ（総和）	301 (ΣX)	152 (ΣY)	31365 (ΣX^2)	6890 (ΣY^2)	10005 (ΣXY)

$N = 5$、$\Sigma XY = 10005$、$\Sigma X = 301$、$\Sigma Y = 152$、$\Sigma X^2 = 31365$、$\Sigma Y^2 = 6890$ なので、以下のようになります。

$$r = \frac{N\sum_{i}^{N} X_i Y_i - \left(\sum_{i}^{N} X_i\right)\left(\sum_{i}^{N} Y_i\right)}{\sqrt{\left[N\sum_{i}^{N} X_i^2 - \left(\sum_{i}^{N} X_i\right)^2\right]\left[N\sum_{i}^{N} Y_i^2 - \left(\sum_{i}^{N} Y_i\right)^2\right]}}$$

$$= \frac{5(10005)-(301)(152)}{\sqrt{[5(31365)-(301)^2][5(6890)-(152)^2]}}$$

$$= \frac{50025-45752}{\sqrt{[156825-90601][34450-23104]}}$$

$$= \frac{4273}{\sqrt{[66224][11346]}} = \frac{4273}{\sqrt{751377504}} = \frac{4273}{27411.26601} = 0.156$$

相関係数 r = 0.156 なので、ほとんど相関はなく、人口 X と温室効果ガス排出量 Y の間には直線的関係が認められない、といってよいでしょう。それゆえ、予想したような、「人口が多いほど、温室効果ガス排出量は多い」という関係も認められなかった、ということになります。

変数変換をおこなっていないデータにもとづく相関係数 r の算出

変数変換をおこなっていない表 4.1.1c のデータについても同様に、相関係数 r を算出して、変数変換をおこなった表 4.1.1d のデータと同じ相関係数 r になることを確認してみましょう。

表 4.1.1f　ピアソンの相関係数 r の算出において必要となる X と Y についての値の一覧
（変数変換をおこなっていない表 4.1.1c のデータ）

データ	人口 X	温室効果ガス排出量 Y	X^2	Y^2	XY
A 国	300	6200	90000	38440000	1860000
B 国	1300	5000	1690000	25000000	6500000
C 国	140	1600	19600	2560000	224000
D 国	120	1300	14400	1690000	156000
E 国	1150	1100	1322500	1210000	1265000
Σ（総和）	3010	15200	3136500	68900000	10005000

今度は、数式 4.1.1a の"添え字なしバージョン"（p.100）のほうを使って、相関係数 r を算出してみましょう。

N = 5、ΣXY = 10005000、ΣX = 3010、ΣY = 15200、ΣX^2 = 3136500、ΣY^2 = 68900000 なので、次のようになります。

$$r = \frac{N\sum XY - (\sum X)(\sum Y)}{\sqrt{\left[N\sum X^2 - (\sum X)^2\right]\left[N\sum Y^2 - (\sum Y)^2\right]}}$$

$$= \frac{5(10005000) - (3010)(15200)}{\sqrt{\left[5(3136500) - (3010)^2\right]\left[5(68900000) - (15200)^2\right]}}$$

$$= \frac{50025000 - 45752000}{\sqrt{[15682500 - 9060100][344500000 - 231040000]}}$$

$$= \frac{4273000}{\sqrt{[6622400][113460000]}} = \frac{4273000}{\sqrt{6622400}\sqrt{113460000}}$$

$$= \frac{4273000}{(2573.402417)(10651.76042)} = \frac{4273000}{27411266.01} = 0.156$$

この計算過程を見ても、変数変換をおこなわないと、計算が非常に大変であることがわかります。何より、桁数がとても大きくなるので、まちがえてしまいそうです。また、途中の計算を見ると、分母の$\sqrt{6622400}$と$\sqrt{113460000}$を乗算するところでは、ルートのまま掛け合わせると膨大な数値になり、通常の計算機では桁数が足りなくなってしまいます。つまり、計算不能になってしまうのです。そのため、今回の計算では、やむなく最初にルートをはずして、掛け合わせたわけです。

このように、桁数が多いままで計算をおこなうと、いろいろな問題がおこってきます。これで、桁数が多いときには変数変換をおこなう必要がある、ということがわかっていただけたと思います。

最後に、今回の目的だった、「変数変換をおこなっていない表4.1.1cのデータの相関係数rと、変数変換をおこなった表4.1.1dのデータの相関係数rが同じになる」(p.102)ということは、ちゃんと確認できました。

相関関係と因果関係

これまで、2つの変数の間の相関関係を検討することについて解説してきました。ここで、2つの変数の間に相関関係があるということは、すぐさま、2

つの変数の間に因果関係があるということを意味するものではない、ということを述べておきます。ただし、もちろん、因果関係がある場合もあります。

　たとえば、IQ とテストの点数の間に高い正の相関があったとします。このとき、すぐさま「IQ が高いひとは、テストの点数が高い」というような因果関係を結論してはいけません。なぜなら、この背景には、"勉強時間"という要因が影響している可能性が考えられるからです。いいかえれば、相関関係は相関係数の値から述べることができますが、因果関係の有無は、簡単に結論できることではない、ということです。相関関係から因果関係を結論するためには、相関関係を検討した変数についての充分な知識や調査・研究が必要となるでしょう。

相関係数に影響を及ぼす要因
　相関係数に影響を及ぼす要因の中で、**切断効果**というものがあります。切断効果とは、相関関係を検討する対象について、データ本来の分布の中の一部分の偏ったデータだけを用いて相関を算出することにより、相関係数の値に影響を及ぼす場合をいいます。たとえば、2種類の心理検査の間に関連があるかを検討するために相関係数を算出するとき、もし1つの検査が不安検査 MAS ならば、不安得点の高いひとだけのデータを用いて相関を算出する場合をいいます。

相関関係を検討する2つの変数について
　最後に、相関関係を検討する2つの変数 (X, Y) は、独立変数の場合もあれば、従属変数（測定されたもの）の場合もある、ということを述べておきます。この前の章では、いわゆる測定値（従属変数）について代表値や散布度を算出する、ということを学びました。しかし、相関関係では、たとえば「親の IQ (X) と子どもの IQ (Y)」のように、2つの変数がともに測定された値、すなわち測定値（従属変数）である場合もあれば、「ミューラー・リヤー錯視における斜線（矢羽）の角度 (X) と錯視量 (Y)」のように、1つの変数が独立変数（矢羽の角度）で、もう1つの変数が従属変数（錯視量）

である場合もあります（⇨独立変数と従属変数については、8.1.1 項）。

相関係数では、2つの変数の組み合わせは問題になりません。つまり、相関関係を検討する2つの変数の組み合わせは、測定値（従属変数）と測定値（従属変数）の組み合わせでもいいし、測定値（従属変数）と独立変数の組み合わせでもいいわけです。

> **Try 1**
>
> ピアソンの積率相関係数について、以下の文章がそれぞれ適切かどうか、○か×で答えなさい。
>
> ①変数 X と Y の間の相関係数が -0.35 であったので、弱い相関があったといえる。
> ②相関係数が -0.35 の時よりも、相関係数が 0.15 の時のほうが相関は強いといえる。
> ③変数 X と Y の間の相関係数が -0.90 であったので、X が Y の原因であったといえる。
> ④変数 X と Y の間の相関係数が -0.15 であったので、2つの変数はほとんど関係がないといえる。
> ⑤変数 X と Y の相関係数を求める際に、変数 X を 10 倍すると相関係数も 10 倍になる。

4.1.2　決定係数と非決定係数

4.1.1 項では、相関係数の概要と相関係数の算出方法を学びました。ここでは、相関係数 r の値を使って算出する、**決定係数**という相関係数より有用な指標について考えてみましょう。

決定係数とは、1つの変数の変動によってもう1つの変数の変動がどの程度（何パーセント）説明されるか、をあらわす指標です。もう少し統計的な言い方をすれば、1つの変数の分散が、もう1つの変数の分散によって、何パーセント説明されるか、となります。分散という言葉がわかりづらいときは、分散＝変動と考えればよいでしょう。すなわち、「変動」とは、親の IQ が高くなるほど、子どもの IQ も高くなるというふうに、2つの変数がともに変

動することを指すわけです。決定係数は、相関係数 r の値を2乗したものであり、r^2 であらわされます。

　これだけではわかりにくいと思いますので、もう少し具体的に説明します。相関係数は、2つの変数の間に直線的な関係（一次関数関係）がどの程度認められるか、という2つの変数の間の直線的関係の強さをあらわす指標でした。したがって、仮に親の IQ（X）と子どもの IQ（Y）の間の相関係数が $r = 0.7$ という正の相関係数ならば、4.1.1 項で述べた相関係数の大きさの評価に関する一般的な基準に照らして、2つの変数 X と Y の間には「親の IQ が高いほど、子どもの IQ も高い」という直線的な関係（一次関数関係）がまあまあ認められる、ということができます。しかし、子どもの IQ の変動が、実際のところ、親の IQ という要因によって、どの程度（何パーセント）説明されるかは、相関係数の値からはいうことができません。それは、**決定係数**によって明らかにすることができます。

　決定係数は、相関係数の2乗、すなわち r^2 で得られ、それに 100 を乗じることでパーセントに変換できます。先の例でいえば、$r = 0.7$ なので、$r^2 = 0.49$（0.7×0.7 より）となり、子どもの IQ の変動は、親の IQ の変動によって 49% 説明される、といえるわけです。

　よりわかりやすくいえば、**相関係数**は2つの変数の間に直線的な関係（一次関数関係）がどの程度見られるかをあらわす指標であり、**決定係数**は1つの変数の変動が、もう1つの変数の変動によってどの程度（何パーセント）説明されるかをあらわす指標であるわけです。したがって、相関係数の値とあわせて決定係数の値についても議論することで、より具体的に述べることができるわけです。

決定係数の計算例

例 4.1a

　たとえば、先の 4.1.1 項の英語のスピーキングテストとリーディングテストの得点の仮想データ（表 4.1.1b）では、相関係数 $r = 0.997$ でした。この相関係数

の値を用いて、決定係数 r^2 を算出してみましょう。

　　　　決定係数 $r^2 = (0.997)^2 = 0.997 \times 0.997 = 0.994$
　　　　パーセントに直して、$0.994 \times 100 = 99.4\%$

　すなわち、英語のリーディングテストの得点の変動は、英語のスピーキングテストの得点の変動によって99.4%説明される、ということになるわけです。

例4.1b

　例4.1a だけではなかなかイメージがつかみにくいと思いますので、前ページであげた親のIQ（X）と子どものIQ（Y）の例についても考えてみましょう。$r = 0.7$ なので、$r^2 = 0.49$ となり、子どものIQの変動は、親のIQの変動によって49%説明される、ということになります。いいかえれば、子どものIQは、親のIQという要因によって49%しか説明されず、残りの51%は別の要因によって説明される、ということになるわけです。実際の研究では、この別の要因が何なのかについても考察します。

非決定係数

　$1 - r^2$（1から決定係数を引いたもの）を**非決定係数** k^2 といいます。非決定係数 k^2 は、1つの変数の変動（分散）によって説明されなかった程度をあらわす指標です。しかし、通常は決定係数を用いて議論することが多く、非決定係数はあくまでも決定係数の補助的なものとして使います。

　たとえば、先の 例4.1b では、子どものIQは、親のIQという要因によって49%しか説明することができず、残りの51%は別の要因によって説明される、と結論しました。この「残りの51%」というのが、まさに非決定係数に100を乗じてパーセントに変換したもの（非決定係数 × 100）であるわけです。

4.1.3　予測(1)：変数 X から変数 Y を予測する

　この章において、はじめて2つの変数が出てきました。冒頭で、本章では2つの変数の間の関係を問題とする、と述べました。そして、4.1.1項と4.1.2

項において、2つの変数の間の直線的関係（一次関数関係）を問題とするピアソンの積率相関係数について解説しました。ここでは、4.1.1 項と 4.1.2 項の相関係数の知識をふまえて、そこからさらに話をすすめることとします。すなわち、相関の知識を生かして、2つの変数の間の関係を記述するという観点は変わりませんが、そこに新たに**予測**という概念を考えます。すなわち、1つの変数の値からもう1つの変数の値を予測する、ということについて考えます。

ピアソンの積率相関係数は、2つの変数の間の直線的関係（一次関数関係）の強さをあらわす指標でした。これは、いいかえれば、**2つの変数の関係を一次関数によって記述できるかないしは2つの変数の間の関係に一次関数をあてはめることができるか**であるといえます。なぜなら、先にも述べたとおり、直線的関係とは、ピアソンの積率相関係数においては、一次関数関係を意味するからです。もし2つの変数の間で高い相関があれば、2つの変数の関係は一次関数関係に近いので、一次関数による予測式をたててもいいのではないか、あるいは、一次関数をあてはめてもいいのではないか、と考えられるわけです。

すなわち、2つの変数の間に、

$$\hat{Y}_i = a + bX_i \tag{4.1.3a}$$

という関係を考えるわけです。

> ＊数式 4.1.3a を見て、皆さんの中には「中学校で習う一次関数と少しちがう」と思われた方がいるかもしれません。中学校では、一次関数は $y=ax+b$ と習います。心理学では、後に述べるとおり、b の回帰係数を統計的な指標として使うことがあるため、慣習として数式 4.1.3a のように書きます。

数式 4.1.3a は1つの変数 X の値から、もう1つの変数 Y の値を予測できるという意味で予測式であり、専門的には Y の X への（X による Y の）**回帰直線**といいます。また、X の係数 b を**回帰係数**といい、統計的な指標として使うことがあります。$\hat{Y}$ は変数 X から予測された変数 Y の**予測値**を示し、$\hat{Y}$ の ^ の記号は"ハット"と読みます。

CHAPTER 4 　相関係数と連関係数

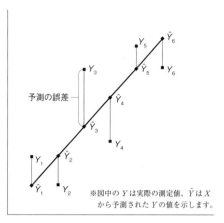

図 4.1.3a　予測の誤差

　もし、相関係数が1ないし−1ならば、回帰は完全な直線、すなわち一次関数になります。しかし、実際のデータでは、相関係数が1や−1になることはほとんどないといってよいでしょう。つまり、完璧にあてはまる一次関数によって、2つの変数の関係を記述できることはほとんどない、ということです。したがって、数式4.1.3aの回帰直線から予測されたYの値（すなわち、$\hat{Y}$）と実際の測定値Yの間には、多少なりとも誤差があるわけです。これを**予測の誤差**（⇨図4.1.3a）といいます。この辺りの話は、図を見るとよくわかります。

　予測においては、この予測の誤差（すなわち、実際の測定値と予測された値との差：Yと$\hat{Y}$の差）の2乗和が最小になるように、係数aとbの値を決定します。この方法を、**最小2乗法**といいます。いいかえれば、実際には完全な直線（一次関数関係）ではないデータに対して、完全な直線（一次関数）をあてはめてしまうわけです。したがって、必ずそこには誤差が生じる、ということです。

　ちなみに、"予測の誤差のまったくない状態"というのは、直線の上にすべての測定値がのっている場合であり、2つの変数の間に一次関数をぴったりあてはめることができ、もちろん相関係数は1ないし−1になります。すなわち、2つの変数の関係を一次関数によって100％記述できる場合です。

予測の利便性

　先に、予測には通常誤差が伴う、と述べました。しかし、ある程度の誤差があっても、その誤差がそれほど大きなものでないならば、1つの変数からもう1つの変数の値を予測できるほうが便利かもしれません。なぜなら、予測式（回帰直線）があれば、いちいち Y を測定しなくても、X の値から Y の値を予測できるからです。

　たとえば、気温の上昇と売れるアイスクリームの個数との間に $Y = 4 + 2X$ という関数関係が成り立つとします。X は気温の上昇、Y は売れるアイスクリームの個数です。この関数によれば、気温が 1℃ 上昇するごとに、アイスクリームの売り上げは 2 個ずつ増えることがわかります。たとえば基準温度を 23℃ とすると、このお店では、気温の上昇がなければ（すなわち $X = 0$ ならば）、通常 4 個の売り上げがあることになります。

　このように、関数によって気温の上昇と売り上げ個数の間の関係を予測できれば、1 週間の気温予測を参考にして、1 週間分の仕入れ数を決めることができます。逆にこの関数がなければ、まったくでたらめに発注することになり、場合によっては多く仕入れすぎてたくさんの在庫を抱えてしまうかもしれません。そのように考えると、ある程度の誤差があっても、売れるだろう数（売り上げ）を予測できるほうが便利であるといえるでしょう。

最小 2 乗法

　それでは、ここで、先に述べた**最小 2 乗法**について解説します。繰り返しになりますが、最小 2 乗法とは、**予測の誤差（すなわち、実際の測定値 Y と予測された値 $\hat{Y}$ の差）の 2 乗和が最小になるように係数 a と b の値を決定する方法**です。この「予測の誤差の 2 乗和が最小になるように」とは、数式で表すと、4.1.3b のようになります。

$$\sum_{i=1}^{N}\left(Y_i - \hat{Y}_i\right)^2 \longrightarrow \text{最小} \qquad (4.1.3b)$$

　「予測の誤差の 2 乗和が最小になるような係数 a, b を算出する」ためには、通常"微分"という方法を用います。しかし、本書は入門レベルなので、こ

れまで使ってきた基本的な計算（四則演算や2乗の計算等）を用いて、係数 a、b を算出します。すなわち、次の数式 4.1.3c と 4.1.3d を用います。

$$b_{yx} = \frac{N\sum XY - \sum X \sum Y}{N\sum X^2 - (\sum X)^2} = \frac{N(\sum XY) - \sum X(\sum Y)}{N(\sum X^2) - (\sum X)^2} \quad (4.1.3c)$$

$$a_{yx} = \frac{\sum Y - b_{yx}\sum X}{N} = \frac{\sum Y - b_{yx}(\sum X)}{N} = \bar{Y} - b_{yx}(\bar{X}) \quad (4.1.3d)$$

数式では、係数 a が a_{yx}、係数 b が b_{yx} と書かれています。この係数 a と b に添えられている yx というのは、変数 X から変数 Y を予測したという意味です。逆に、変数 Y の値から変数 X の値を予測するという場合は、a_{xy}、b_{xy} と書きます。

計算の例

表 4.1.3 には、総データ数 $N = 10$ の、気温（変数 X）と降水量（変数 Y）についてのデータが示されています。このデータを使って、気温と降水量の間の予測式（すなわち、変数 X から変数 Y を予測する回帰直線）をもとめてみましょう。

表 4.1.3 には、あらかじめ、係数 a と b の算出において使う ΣX や ΣXY などの値を計算して、まとめてあります。ここまで計算してあれば、あとは順次数式にあてはめるだけなので、簡単です。

表 4.1.3　$N = 10$ の、気温と降水量についての仮想データと、係数 a と b の算出において必要となる X と Y についての値の一覧

データ	気温 X	降水量 Y	X^2	Y^2	XY
1	4	5	16	25	20
2	5	6	25	36	30
3	6	9	36	81	54
4	8	10	64	100	80
5	10	7	100	49	70
6	12	16	144	256	192
7	14	9	196	81	126
8	16	22	256	484	352
9	21	27	441	729	567
10	24	30	576	900	720
Σ（総和）	120 (ΣX)	141 (ΣY)	1854 (ΣX^2)	2741 (ΣY^2)	2211 (ΣXY)

最初に、表 4.1.3 のデータについて、変数 X と変数 Y の間の相関係数を算出すると、$r = 0.930$ となり、2 つの変数の間にはかなり高い相関があります。そのため、2 つの変数の関係は一次関数に近く、一次関数をあてはめて予測式を得てもいいのではないか、と考えられます。

もし 2 つの変数の間に相関がなければ、一次関数をあてはめることはできません。また仮に相関があっても、低い相関や中程度の相関では、一次関数をあてはめることは適さないでしょう。それでは相関係数がどの程度ならば一次関数をあてはめてもいいのでしょうか？　これには明確な基準はありません。大方の例では、0.7 を超える相関係数のデータについて、直線をあてはめていることが多いようです。すなわち、「強い相関」と評価できるもの、といったところでしょうか。ただし、これはあくまでも目安です。

それでは、係数 b の値から算出してみましょう。

表 4.1.3 より、$N = 10$、$\Sigma XY = 2211$、$\Sigma X = 120$、$\Sigma Y = 141$、$\Sigma X^2 = 1854$ なので、数式 4.1.3c にこれらの値を代入すると、以下のようになります。

$$b_{yx} = \frac{N\Sigma XY - \Sigma X \Sigma Y}{N\Sigma X^2 - (\Sigma X)^2} = \frac{10(2211) - 120(141)}{10(1854) - (120)^2} = \frac{10 \times 2211 - 120 \times 141}{10 \times 1854 - 120 \times 120}$$

$$= \frac{22110 - 16920}{18540 - 14400} = \frac{5190}{4140} = 1.2536$$

次は、係数 a の算出です。$\Sigma Y = 141$、$b_{yx} = 1.2536$、$\Sigma X = 120$、$N = 10$ なので、これらの値を数式 4.1.3d にあてはめます。

$$a_{yx} = \frac{\Sigma Y - b_{yx} \Sigma X}{N} = \frac{141 - 1.2536(120)}{10} = \frac{141 - 1.2536 \times 120}{10}$$

$$= \frac{141 - 150.432}{10} = \frac{-9.432}{10} = -0.9432$$

または、数式 4.1.3d の右辺にある Y と X の平均値（$\bar{X}$, $\bar{Y}$）を使った式でも算出できます。表 4.1.3 から X と Y の平均値を計算すると、$\bar{X} = 12$、$\bar{Y} = 14.1$、$b_{yx} = 1.2536$ なので、以下のようになります。

$$a_{yx} = \overline{Y} - b_{yx}(\overline{X}) = 14.1 - 1.2536(12) = 14.1 - 15.0432 = -0.9432$$

　以上で、係数 a と b の値が算出できました。これが最小2乗法によって得られた、「予測の誤差の2乗和が最小になるような」係数 a と b の値です。それでは、数式4.1.3aの予測式（回帰直線 $\hat{Y}_i = a + bX_i$）に、係数 a と b の値をあてはめて、回帰直線を完成させましょう。

　$a = -0.9432$、$b = 1.2536$ より、X から Y を予測する回帰直線・予測式は、以下のようになります。

$$\hat{Y}_i = -0.9432 + 1.2536 X_i \tag{4.1.3e}$$

　この式によって、たとえば、X の値：気温が36℃と与えられれば、降水量の値 $\hat{Y}$ を予測することができるわけです。すなわち、予測された降水量の値 $\hat{Y}$ は44.1864（$\hat{Y} = -0.9432 + 1.2536 \times 36$）です。

　図4.1.3b は、表4.1.3 の X と Y の実測値（実際の測定値）の散布図と、数式4.1.3e の回帰直線（予測式）を描き込んだものです。この図から、実際の測定値と予測された値の差、すなわち、予測の誤差が確認できます。

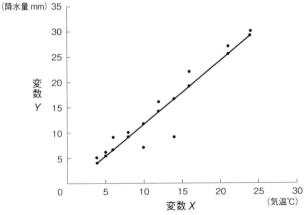

図4.1.3b　表4.1.3 の X と Y の実測値（実際の測定値）のプロットと数式4.1.3e の回帰直線（X から Y の予測）

4.1.4　予測(2)：変数 Y から変数 X を予測する

　4.1.3 項では、変数 X の値から変数 Y の値を予測する、ということについて解説しました。ここでは、変数 Y から変数 X を予測する、という場合について考えてみましょう。すなわち、4.1.3 項の気温と降水量の例でいえば、降水量から気温を予測する、ということです。基本的な計算や考え方は、4.1.3 項で説明した変数 X の値から変数 Y の値を予測する場合と同じです。

　Y から X を予測する場合の回帰直線・予測式は、以下のようになります。

$$\hat{X}_i = a + bY_i \tag{4.1.4a}$$

「予測の誤差の 2 乗和が最小になるような」係数 a と b の値は、

$$b_{xy} = \frac{N\sum XY - \sum X \sum Y}{N \sum Y^2 - (\sum Y)^2} = \frac{N(\sum XY) - \sum X(\sum Y)}{N(\sum Y^2) - (\sum Y)^2} \tag{4.1.4b}$$

$$a_{xy} = \frac{\sum X - b_{xy} \sum Y}{N} = \frac{\sum X - b_{xy}(\sum Y)}{N} = \bar{X} - b_{xy}(\bar{Y}) \tag{4.1.4c}$$

　最初に係数 b を算出します。表 4.1.3 から、$N = 10$、$\sum XY = 2211$、$\sum X = 120$、$\sum Y = 141$、$\sum Y^2 = 2741$ なので、

$$b_{xy} = \frac{N(\sum XY) - \sum X(\sum Y)}{N(\sum Y^2) - (\sum Y)^2} = \frac{10(2211) - 120(141)}{10(2741) - (141)^2} = \frac{22110 - 16920}{27410 - 19881}$$

$$= \frac{5190}{7529} = 0.6893$$

　次に、係数 a の値を算出します。$N = 10$、$\sum X = 120$、$b_{xy} = 0.6893$、$\sum Y = 141$、$\bar{X} = 12$、$\bar{Y} = 14.1$ なので、以下のようになります。

$$a_{xy} = \frac{\sum X - b_{xy}(\sum Y)}{N} = \frac{120 - 0.6893(141)}{10} = \frac{120 - 97.1913}{10} = \frac{22.8087}{10}$$

$$= 2.2809$$

　または、数式 4.1.4c の右辺の式を使って、次のようにすることもできます。

$$a_{xy} = \bar{X} - b_{xy}(\bar{Y}) = 12 - 0.6893(14.1) = 12 - 9.71913 = 2.2809$$

$a = 2.2809$、$b = 0.6893$ を、数式 4.1.4a：$\hat{X}_i = a + bY_i$ に代入すると、Y から X を予測する回帰直線・予測式は、以下のようになります（⇨図 4.1.4a）。

$$\hat{X}_i = 2.2809 + 0.6893Y_i \tag{4.1.4d}$$

以上 4.1.3 項と 4.1.4 項において、次の 2 つの予測式・回帰直線が得られました。

X から Y を予測する回帰直線：$\hat{Y}_i = -0.9432 + 1.2536X_i$ (4.1.3e)

Y から X を予測する回帰直線：$\hat{X}_i = 2.2809 + 0.6893Y_i$ (4.1.4d)

ここで重要なのは、これら 2 つの式は同じ関数関係をあらわしていない、ということです。いいかえれば、X から Y を予測するのか（数式 4.1.3e）、Y から X を予測するのか（数式 4.1.4d）で異なる、ということです。

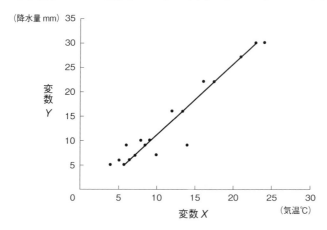

図 4.1.4a　表 4.1.3 の X と Y の実測値のプロットと数式 4.1.4d の回帰直線（Y から X の予測）

図 4.1.4b には、X から Y を予測する回帰直線：$\hat{Y}_i = -0.9432 + 1.2536X_i$ と、Y から X を予測する回帰直線：$\hat{X}_i = 2.2809 + 0.6893Y_i$ が示されています。2 つの回帰直線が重ならないことは、図からも明らかです。

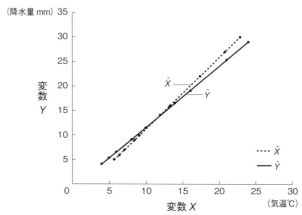

図 4.1.4b　X から Y を予測する回帰直線 $\hat{Y}$ と Y から X を予測する回帰直線 $\hat{X}$

Try 2

回帰分析をおこなったところ、変数 X と Y の間に次の関係があった。

$$\hat{Y}_i = 0.34X + 2.35$$

このとき、以下の文章がそれぞれ適切かどうか、○か×で答えなさい。

① X が1だけ増えると、Y は2.35増えると予測できる。
② 回帰係数 0.34 は予測の誤差をあらわしている。
③ X が10のとき、Y の予測される値は2.69である。

CHAPTER 4　相関係数と連関係数

> **Point!**
> 1. ピアソンの積率相関係数は、2 つの変数の間の直線的関係（一次関数関係）の強さを検討するもので、間隔尺度以上の変数に対して適用できます。
> 2. 桁数の多いデータや小数点のデータに対しては、変数変換をおこない、計算しやすいかたちにしましょう。
> 3. 相関関係から因果関係を推定する場合には、注意が必要です。
> 4. 予測には、通常、誤差が伴います。
> 5. ピアソンの積率相関係数は、あくまでも 2 つの変数の間の直線的関係（一次関数関係）を検討するものであるため、仮に直線相関が認められなくても、その他の相関は存在する場合があります。

4.2 順位相関係数

2つの順位値の間の関係を調べる

4.1節では、変数が間隔尺度以上の場合に適用されるピアソンの積率相関係数について解説しました。4.2節では、変数が順序尺度レベルの順位値である場合に適用される順位相関係数について解説します。順位相関係数には、**スピアマンの順位相関係数**と、**ケンドールの順位相関係数**があります。4.2.1項ではスピアマンの順位相関係数について、4.2.2項ではケンドールの順位相関係数について学習します。

4.2.1 スピアマンの順位相関係数

4.1節で学習したピアソンの積率相関係数は、2つの変数の間の直線的関係（一次関数関係）の強さ（すなわち、2つの変数の間にどの程度直線的な関係が認められるか）を検討する統計量でした。それに対し、ここで学習するスピアマンの順位相関係数は、2つの変数の間に単調増加関係あるいは単調減少関係がどの程度認められるかを検討する統計量で、r_sという記号であらわします。

単調増加関係とは、1つの変数の増加に伴ってもう1つの変数も増加する、というものです。そして、単調減少関係とは、1つの変数の増加に伴ってもう1つの変数が減少する、というものです。これは一見、ピアソンの積率相関係数で問題とする直線的関係（一次関数関係）と似ているように思われますが、実際には異なります。

直線的関係（一次関数関係）は、1つの変数の値の一定量の増加に伴ってもう1つの変数の値が一定の割合で増加または減少する、というものでした。それに対し、単調増加（減少）とは、1つの変数の値の増加に伴って、もう1つの変数の値がとにかく増加（または減少）すればよく、直線的関係（一

次関数関係）の場合のように、一定の割合で増加（または減少）する必要はありません。その意味では、順位相関係数のほうが、ゆるい基準であるといえます。

スピアマンの順位相関係数 r_s は、X と Y の順位が完全に一致している場合、すなわち2つの変数 X と Y の間に完全な単調増加関係が認められるとき、1となります。逆に、X と Y の順位が完全に逆になっている場合、すなわち2つの変数 X と Y の間に完全な単調減少関係が認められるとき、-1となります。

もう1つ、ピアソンの積率相関係数と順位相関係数の大きなちがいは、順位相関係数が、順序尺度レベルのデータにも適用でき、**各変数の順位値にもとづいて算出される**、ということです（それに対し、ピアソンの積率相関係数は、間隔尺度レベル以上の変数について算出可能な統計量でした）。したがって、もしデータが順位値になっていない場合（たとえば、間隔尺度レベルをみたしているかどうか疑わしいテストの得点など）は、最初にデータを順位値のデータに変換してから順位相関係数 r_s を算出します。とにかく、順位相関係数は、順位値のデータに対して適用できる相関係数である、ということを覚えておいてください。

スピアマンの順位相関係数 r_s は、以下の数式 4.2.1 で算出できます。

$$r_s = 1 - \frac{6\sum d^2}{N(N^2-1)} \tag{4.2.1}$$

スピアマンの順位相関係数 r_s の算出方法

表 4.2.1a は、5 名の学生の絵の表現力 X と独創性 Y についての点数をあらわしています。このデータ A について、スピアマンの順位相関係数 r_s を算出し、2 つの変数の間にどのような関係があるかを検討してみましょう。データ A は点数で示されているものの、間隔尺度レベルをみたしているか疑わしいため、データ A を順位値に変換して、スピアマンの順位相関係数 r_s をもとめることとします。

表 4.2.1a　データ A：5 名の学生の絵の表現力 X と独創性 Y についての点数のデータ

データ	1	2	3	4	5
表現力 X	96	88	67	55	36
独創性 Y	80	86	60	47	25

1. 最初に、表 4.2.1a の点数のデータを順位値のデータに変換する。

   今回のデータでは、表現力や独創性が高いほうが優れているため、順位値への変換は、値の大きい順に 1 から 5 まで順番に順位をつけていく。それをおこなったものが、表 4.2.1b である。最初に変数 X について大きい順に並べる。1 つのデータについての X と Y（たとえば、データ A' についての X である 2 と Y の 1）はセットなので、Y は X の順位に従属して並べ替えられることになる。繰り返すが、各データについての X と Y はセットなので、絶対にばらばらにしないように注意すること。

表 4.2.1b　データ A'：表 4.2.1a の点数データを順位値に変換したもの

データ	1	2	3	4	5
表現力 X	1	2	3	4	5
独創性 Y	2	1	3	4	5

2. 表 4.2.1b から、表現力 X の順位値と独創性 Y の順位値の差、すなわち、d を算出する。

   d は、一般に［変数 X の順位値 − 変数 Y の順位値：$(X_i - Y_i)$］によって得られる。たとえば、表 4.2.1b のデータ 1 についての d は、表現力 X の順位値 1 から独創性 Y の順位値 2 を引いたもの、すなわち、1 − 2 = − 1 となる。

   > *ここで、「おや？」と思われた方がいるかもしれません。それは、今まで再三にわたり、「順位値を足し引きするのは禁止されている」「順位値を足し引きしても意味がない」と述べてきたにもかかわらず、d の算出において順位値同士を減算しているからです。その意味では、スピアマンの順位相関係数 r_s は、順序尺度以外の仮定をおいていることになります。本来、順序尺度のデータには、四則演算をおこなうことはできません。

   数式 4.2.1 から、スピアマンの順位相関係数 r_s の算出には、d^2 の総和 Σd^2 が必要になる。そのため、表 4.2.1c に d の値とともにまとめておく。

表 4.2.1c　データ A″：各データにおける X の順位値と Y の順位値の差 d とそれらの 2 乗 d^2

データ	1	2	3	4	5	Σ（総和）
$d(=X-Y)$	−1	1	0	0	0	
$d^2(=d×d)$	1	1	0	0	0	2 （Σd^2）

3. スピアマンの順位相関係数 r_s を算出する。

数式 4.2.1 に、Σd^2 や N、N^2 の値を代入しよう。
$\Sigma d^2 = 2$、$N = 5$、$N^2 = 25$（5 × 5 より）なので、以下のようになる。

$$r_s = 1 - \frac{6 \Sigma d^2}{N(N^2 - 1)}$$

$$= 1 - \frac{6 \times 2}{5(5^2 - 1)} = 1 - \frac{12}{5(25 - 1)} = 1 - \frac{12}{5 \times 24} = 1 - \frac{12}{120}$$

$$= 1 - \frac{1}{10} = \frac{9}{10} = 0.9$$

> ＊N は総データ数で、ここでは $N = 5$ となります。X と Y のそれぞれについてデータが 5 個ずつありますが、これらは X と Y がセットで 1 人分のデータと考えるため、$N = 5$ となるわけです。

スピアマンの順位相関係数は $r_s = 0.9$ となり、非常に高い相関を示しています。すなわち、絵の表現力 X と独創性 Y の間には、「表現力が高いほど、独創性も高い」という単調増加の関係が強く認められる、といってよいでしょう。

同順位がある場合

　先にも述べたとおり、スピアマンの順位相関係数 r_s は、順位値にもとづいて算出される相関係数です。したがって、データは、表4.2.1aのような数値データを順位値に読み替える場合もあれば、最初から順位値のデータである場合もあります。では、データの中に、同順位（同じ値や同じ順位をとるもの）がある場合、スピアマンの順位相関係数 r_s はどうなるでしょうか。

　たとえデータの中に同順位があっても、順位相関係数 r_s の基本的な算出方法は、同順位がない場合と同様です。ただし、1つだけ注意しなければならないことがあります。それは、順位値のつけ方です。同じ値や同じ順位をとるデータに対して、どのように順位をつけるか、ということです。同順位がある場合の順位づけの方法については、第3章の3.1.2項の③同順位がある場合（⇨ p.55）、ですでに述べました。

　ここでは、あらたに、順位づけにおいて慣習としてよく使われている**平均順位**という方法を紹介します。また、実際に、仮想データを用いて、第3章で述べた順位づけの方法と平均順位による順位づけの例を示します。

　平均順位とは、たとえば、{9、6、4、4、4、3} というデータについて値の大きい順に順位をつけるとき、3番目、4番目、5番目のデータが同順位なので、これらの平均（$\frac{3+4+5}{3} = 4$）を3番目、4番目、5番目のデータの順位値とする、という方法です。すなわち、データ {9、6、4、4、4、3} に順位をつけると、{1、2、4、4、4、6} となるわけです。最後の順位は総データ数と一致させます。ただし、この方法は、順位値（正確にいえば、通し番号）を足して平均を出したり、本来序数であるべき順位値が小数であらわされる事態が生じたり（たとえば、先のデータで仮に4番目と5番目のデータが同順位だった場合、これらの順位値は4.5となります：$\frac{4+5}{2} = 4.5$）といった問題があります。したがって、あくまでも便宜的な方法です。

はじめに、数値で与えられたデータに対して、順位値をつける場合の例です。表 4.2.1d は、5 名の学生の絵の表現力 X と独創性 Y についての点数のデータで、表現力 X と独創性 Y のそれぞれについて、同点（同順位）のデータがあります。

表 4.2.1d　データ B：5 名の学生の絵の表現力 X と独創性 Y についての点数のデータ

データ	学生 1	学生 2	学生 3	学生 4	学生 5
表現力 X	98	96	96	55	36
独創性 Y	80	86	80	47	25

表 4.2.1e は、表 4.2.1d の点数のデータ B を、第 3 章で説明した "最後の順位を総データ数に一致させる方法" によって順位づけしたものです。この方法は、最後の順位が総データ数と一致するようにするということと、同じ値（同順位）には同じ順位値をつける、ということが基本です（⇨くわしくは、3.1.2 項の「中央値の出し方（順位の場合）」p.55 ③）。

表 4.2.1e　データ B'：「最後の順位を総データ数に一致させる方法」による順位づけ

データ	学生 1	学生 2	学生 3	学生 4	学生 5
表現力 X	1	2	2	4	5
独創性 Y	2	1	2	4	5

表 4.2.1f は、先に述べた平均順位の方法によって、表 4.2.1d のデータ B に順位値を与えた結果です。表 4.2.1e の方法でおこなった場合とは、順位づけの結果が異なっていることがわかります。

表 4.2.1f　データ B''：「平均順位」による順位づけ

データ	学生 1	学生 2	学生 3	学生 4	学生 5
表現力 X	1	2.5	2.5	4	5
独創性 Y	2.5	1	2.5	4	5

＊【表 4.2.1d、独創性 Y の順位づけについて】
平均順位という方法は、あくまでも、"データを大きさの順に並べた場合の" 同順位の位置（表 4.2.1d の独創性 Y では、2 番目と 3 番目）を平均するのであって、データの

並び順ではないことに注意してください。すなわち、表4.2.1dの独創性 Y について大きさの順に並べると、86（学生2）、80（学生1または3）、80（学生1または3）、47（学生4）、25（学生5）という順になるので、同順位である2つの80は2番目と3番目にあたるため、$\frac{2+3}{2} = 2.5$ となり、学生1と学生3の順位を2.5とするわけです（表4.2.1dで独創性 Y の同順位80が並び順で1番目と3番目にあるから、それらを平均して $\frac{1+3}{2} = 2$ とするわけではない、ということです）。

次に、データが順位で与えられた場合について考えてみましょう。たとえば、6名の子どもの描いた絵を表現力 X と独創性 Y のそれぞれについて高い順に並べて順位値を与えるとき、子ども2、3、4の描いた絵は同程度に表現力 X が高く、同じ順位値を与えるのが適切であるような場合です。このデータでは、表現力 X についてのみ、同順位が存在することとします。

データC：6名の子どもの絵の表現力 X と独創性 Y についての評価
表現力 X についての順位：｛子ども1＞子ども2＝子ども3＝子ども4＞子ども5＞子ども6｝
独創性 Y についての順位：｛子ども4＞子ども1＞子ども2＞子ども3＞子ども5＞子ども6｝

表4.2.1g　データC'：「最後の順位を総データ数に一致させる方法」による順位づけ

データ	子ども1	子ども2	子ども3	子ども4	子ども5	子ども6
表現力 X	1	2	2	2	5	6
独創性 Y	2	3	4	1	5	6

表4.2.1h　データC''：「平均順位」による順位づけ

データ	子ども1	子ども2	子ども3	子ども4	子ども5	子ども6
表現力 X	1	3	3	3	5	6
独創性 Y	2	3	4	1	5	6

※表現力 X の同順位である子ども2、3、4の順位値：$(2 + 3 + 4)/3 = 3$

以上、同順位がある場合の順位づけの例を示しました。データB（表4.2.1d）とデータCにおいては、同順位に与えられる順位値は、採用する順位づけの方法によって異なりました。いずれの方法を使ってもかまいません。また、ここで紹介した以外の、岩原（1965）に示されているような方法を使ってもかまいません。正解、不正解はありません。最終的には、自分がどのように考え、納得して、どの方法を選択するか、になります。

*順位づけの方法は、『新訂版 教育と心理のための推計学』（岩原信九郎、日本文化科学社）にくわしく書かれています。

同順位のデータに対して適切に順位値を与えることができれば、スピアマンの順位相関係数 r_s の算出過程は、先に述べた手続きとまったく同じです。すなわち、各データについて［Xの順位値−Yの順位値］で得られるdとd^2を算出し、数式4.2.1を用いて、スピアマンの順位相関係数 r_s を計算します。

表4.2.1e（データB′）の順位値にもとづく順位相関係数は、
$$\Sigma d^2 = 2、N = 5、N^2 = 25 \text{ から、} r_s = 0.9$$
表4.2.1f（データB″）の順位値にもとづく順位相関係数は、
$$\Sigma d^2 = 4.5、N = 5、N^2 = 25 \text{ から、} r_s = 0.775$$
表4.2.1g（データC′）の順位値にもとづく順位相関係数は、
$$\Sigma d^2 = 7、N = 6、N^2 = 36 \text{ から、} r_s = 0.8$$
表4.2.1h（データC″）の順位値にもとづく順位相関係数は、
$$\Sigma d^2 = 6、N = 6、N^2 = 36 \text{ から、} r_s = 0.829$$

4.2.2　ケンドールの順位相関係数

ケンドールの順位相関係数は、スピアマンの順位相関係数と同様に、順位値にもとづく相関係数で、2つの変数の間に単調増加関係または単調減少関係を考えます。ケンドールの順位相関係数は、τ（ギリシャ語で、"タウ"と読みます）という記号であらわします。

相関係数の大きさは、完全な正の相関ならば1、完全な負の相関ならば－1となります。順位が X と Y の間で完全に一致していれば1、完全に逆になっていれば（すなわち、X:1、2、3、4、5という順位に対し、Y:5、4、3、2、1という順位であった場合）－1となるわけです。無相関の場合には、$\tau = 0$ となります。

ケンドールの順位相関係数とスピアマンの順位相関係数のちがいは、スピアマンの順位相関係数には、実際上、間隔尺度としての操作（順位値間の減算）が入っているのに対し、ケンドールの順位相関係数の算出は、純粋に順序尺度レベル内においてなされる、ということです。したがって、ケンドールの順位相関係数のほうが、尺度のレベルに、より厳密であるわけです。

表4.2.2は、2名の学生（A、B）が、5名の教員の授業を面白い順に1番から5番まで順位づけした結果です。この順位づけの結果から、ケンドールの順位相関係数を算出してみましょう。

表4.2.2　2名の学生による、5名の教員の授業の面白さについての評価

教員	教員1	教員2	教員3	教員4	教員5
学生A　X	1	2	3	4	5
学生B　Y	1	3	2	4	5

ケンドールの順位相関係数は、以下の数式4.2.2で算出できます。

$$\tau = 1 - \frac{4\sum Q}{N(N-1)} \tag{4.2.2}$$

＊ケンドールの順位相関係数 τ を算出する数式は他にもありますが、数式4.2.2が一番簡単でわかりやすいので、本書ではそれを採用しました。

それでは、具体的な算出過程を説明します。やることは単純で、慣れれば簡単ですが、表現の点で少々わかりにくい部分があると思いますので、手順を追って説明します。

CHAPTER 4 相関係数と連関係数

ケンドールの順位相関係数 τ の算出方法

1. 最初に、変数 X について 1 番から 5 番まで順番に並べる（表 4.2.2 のデータは、すでに並べ替えてある）。変数 Y は、変数 X の並べ替えの結果に対応させる。
2. 変数 Y、すなわち学生 B について、教員 1 の順位値 1 と教員 2 の順位値 3 を比較して（1、3）、比較されるほう、すなわち教員 2 の順位値 3 が、もし教員 1 の順位値 1 より大きければ（すなわち、(1、3) のように）、それを**上昇系列**と判断する。逆に、教員 2 の順位値が、教員 1 の順位値より小さければ（たとえば、(5、4) のように）、**下降系列**と判断する。

   このような比較を、教員 1 と教員 2 の組み合わせに限らず、すべての組み合わせについておこなう。すなわち、教員 1 と教員 3、教員 1 と教員 4、教員 1 と教員 5。
3. 教員 1 について、手順 2 で述べたすべての比較が終わったら、上昇系列の数と下降系列の数を数えて、合計を出す。上昇系列の数（合計）は P という記号であらわす。一方、下降系列の数（合計）は、Q という記号であらわす。

   教員 1 について、上記の手順 1 から手順 3 のひととおりの作業が終わったら、次は教員 2 についておこなう。すなわち、教員 2 の順位値 3 と教員 3 の順位値 2 の比較、教員 2 と教員 4、教員 2 と教員 5。教員 2 についてのすべての比較が終わったら、教員 2 についての上昇系列の数 P と下降系列の数 Q を合計する。教員 2 が終わったら、次は教員 3 について同様の手順をおこない、それが終わったら今度は教員 4 についておこなう。

   ＊教員 5 については、それより上がないので（つまり比較対象がないので）、何もおこないません。

これらの手続きをすべておこなった結果を、以下にまとめました。

教員1についての比較

上昇系列＝（1、3）、（1、2）、（1、4）、（1、5）	$P = 4$
下降系列＝なし	$Q = 0$

教員2についての比較

上昇系列＝（3、4）、（3、5）	$P = 2$
下降系列＝（3、2）	$Q = 1$

教員3についての比較

上昇系列＝（2、4）、（2、5）	$P = 2$
下降系列＝なし	$Q = 0$

教員4についての比較

上昇系列＝（4、5）	$P = 1$
下降系列＝なし	$Q = 0$

先の数式を参照すると、ケンドールの順位相関係数 τ を算出するには、ΣQ の値（Q の総和）と N の値が必要です。ΣQ は、各教員（教員1から4）についての Q の総和なので、ΣQ ＝教員1の Q ＋教員2の Q ＋教員3の Q ＋教員4の Q、すなわち、$\Sigma Q = 0 + 1 + 0 + 0 = 1$、となります。また、$N = 5$ なので、以下のようになります。

$$\tau = 1 - \frac{4\Sigma Q}{N(N-1)} = 1 - \frac{4 \times 1}{5(5-1)} = 1 - \frac{4}{5 \times 4} = 1 - \frac{4}{20} = 1 - \frac{1}{5} = \frac{4}{5} = 0.8$$

$\tau = 0.8$ なので、変数 X と変数 Y の間には、5人の教員の授業の面白さの評価について、強い相関があるといえます。

あるいは、順位相関係数が2つの変数（X と Y）の間の順位の一致から検討されるということから、学生A（X）と学生B（Y）の間で、5人の教員の授業の面白さについての評価はかなり一致している、という言い方をすることもできます。

ケンドールの順位相関係数 τ においても、同順位のある場合があります。しかし、それは非常に難しく、入門レベルを超えているので、本書では扱いません。

CHAPTER 4　相関係数と連関係数

Try 3

以下の文章がそれぞれ適切かどうか、○か×で答えなさい。

① 間隔尺度のデータならば、順位相関係数とピアソンの積率相関係数は一致する。
② 心理学的に等間隔とみなすことができない得点の場合、ピアソンの積率相関係数よりも順位相関係数をもとめるべきである。
③ 順位相関係数は負の値をとることはない。
④ 変数 X と Y の順位値を用いてスピアマンの順位相関係数をもとめたところ 0.85 であった。この場合、X の順位が上昇すると Y の順位もほぼ上昇するといえる。

Point!

1. スピアマンとケンドールの順位相関係数は、順序尺度レベルのデータにも適用でき、各変数についての順位値にもとづいて算出される相関係数です。
2. 数値データに対してスピアマンの順位相関係数 r_s を算出する場合は、最初に数値データを順位値データになおす必要があります。
3. データの中に同順位がある場合は、順位のつけ方に気をつけましょう。
4. データの中に同順位がある場合、採用する順位づけの方法によって、与えられる順位値が異なることがあります。

4.3 連関係数 — カテゴリカルな2変数間の関係を検討する

4.1節で学習したピアソンの積率相関係数は間隔尺度レベル以上の変数について、そして4.2節で学習した順位相関係数は順序尺度以上の変数（カテゴリカルでないもの）について適用できる相関係数でした。それでは、2つの変数が名義尺度（⇨第2章）や順序尺度（大学における優・良・可・不可の成績など）などの**カテゴリカルなデータ**の場合には、2つの変数の間の関係は、どのような方法によって分析できるでしょうか。ここでは、2つの変数がカテゴリカルなデータの場合に、2つの変数の間の関連（連関）の有無と関連（連関）の強さを検討する**連関係数**という統計量について解説します。

連関係数にはいくつか種類がありますが、ここでは、代表的な ϕ（ファイ）**係数**について取り上げます。また、ϕ 係数の解説に入る前に、連関係数の算出において必要となる**クロス集計**、すなわち"2つの変数を組み合わせて度数を集計する"という方法についても解説します。

4.3.1 クロス集計

少し前の章になりますが、第2章（2.2.1項）で、1つの変数についての度数分布表（度数の集計）について学びました。すなわち、"血液型"という1つの変数について、A、B、O、ABそれぞれの度数（数）を集計しました。

ここでは、変数が2つある場合の度数の集計、すなわち**クロス集計**について解説します。ちなみに、ここでは変数が2つある場合のみを取り扱いますが、実際のクロス集計では変数の数が2つとは限らず、それ以上（3変数の場合など）もあります。すなわち、クロス集計とは、**いくつかの変数を組み合わせて度数を集計する**、ということです。連関係数の算出においては、このクロス集計が基本となります。その点は、4.1節と4.2節で学習したピア

ソンの積率相関係数や順位相関係数とは異なるところです。

繰り返しになりますが、いくつかの変数が組み合わされて度数の集計がおこなわれる場合を、クロス集計といいます。そして、クロス集計によって作成された表 4.3.1 のような度数分布表を、**クロス集計表**または**分割表**といいます。これだけではなかなかイメージがわきにくいと思いますので、表 4.3.1 を参考にしながら具体的に説明します。

表 4.3.1　A 大学における心理学科 1 年生 100 名（女子 50、男子 50）の血液型の分布
　　　　　　　　　　　　　　　　　　　　　　　　　　　　　　　　　　［2 × 4 クロス集計表］

性別＼血液型	A 型	B 型	O 型	AB 型	Σ（合計）
女子	20	6	14	10	50
男子	17	3	22	8	50
Σ（合計）	37	9	36	28	100

表 4.3.1 は、A 大学の心理学科 1 年生 100 名（女子 50 名、男子 50 名）について（仮想データ）、性別（女・男）と血液型（A 型・B 型・O 型・AB 型）という 2 つの変数を組み合わせてクロス集計をおこなった 2 × 4 のクロス集計表です。

ここで、2 × 4 というのが具体的に何を指すか、ということをはじめに明確にしておきます。表 4.3.1 は、変数としては性別と血液型の 2 つですが、それぞれの変数についてのカテゴリー数（または水準数）は、性別という変数について男子と女子という 2 つのカテゴリー（水準）があり、血液型という変数について A 型、B 型、O 型、AB 型という 4 つのカテゴリー（水準）があるわけです。そのそれぞれの変数のカテゴリー数（水準数）を指して、2 × 4 といっているわけです。

さて、「いくつかの変数を組み合わせて度数を集計する」とは、"女子でかつ A 型" が 20 人、"男子でかつ O 型" が 22 人、というふうに、2 つの変数を組み合わせて、それについての度数を集計するということです。

連関係数は、2 × 2 クロス集計表にのみ適用される連関係数（ϕ 係数、ユールの連関係数など）と、$c \times k$（たとえば、表 4.3.1 のような 2 × 4 のクロ

ス集計表や、4×6などの2×2以上のクロス集計表）のクロス集計表にも適用できる連関係数（クラメールの連関係数など）があります。いずれにせよ、変数を組み合わせて数えるクロス集計が基本になりますので、しっかり覚えておいてください。また、クロス集計は第6章のχ^2（カイにじょう）検定でも使います。

ここでは、表4.3.2aのような2×2クロス集計表についてのみ適用されるϕ係数を取り上げます。

4.3.2 ϕ 係数（四分点相関係数）

冒頭でも述べたように、連関係数は、**カテゴリカルな2つの変数の間の関連（連関）の有無と関連（連関）の強さを検討する統計量**です。なお、カテゴリカルな変数同士の関係は、正しくは「連関がある（ない）」といいます。本書では以後、このように表現することにします。連関係数の中でもϕ係数（ファイ係数）は、**2×2クロス集計表についてのみ適用される連関係数**です。ϕ係数はまた、四分点相関係数ともいいますが、ϕ係数という言い方のほうが一般的です。

ϕ係数の値は、1から−1の範囲をとりますが、プラス＋とかマイナス−といった方向性をあらわす正負の符号が意味をもつのは、2つの変数の尺度レベルが順序尺度以上の場合になります。なぜなら、名義尺度では、カテゴリー間に大小関係などの方向性が存在しないからです（⇨第2章2.1.2 スティーブンスの4つの尺度「名義尺度」）。したがって、もし名義尺度の変数に

表4.3.2a 大学受験をひかえた100名の高校3年生の性別と不安の有無

[2×2クロス集計表]

	不安あり	不安なし	（合計）
男子	42 (a)	8 (c)	50
女子	10 (b)	40 (d)	50
（合計）	52	48	100

おいてφ係数の値がマイナスで出たとしても、マイナスの符号は意味をもたないので、その絶対値（簡単にいえば、マイナスをとった値）を用いて議論します。ちなみに、完全な連関は1になります。

それでは、仮想データを用いて、実際にφ係数を算出してみましょう。表4.3.2aは、大学受験をひかえた100名（男子50名、女子50名）の高校3年生を対象に、性別（男子・女子）と不安の有無（不安あり・不安なし）について調査した結果をまとめた、2×2クロス集計表です。このデータについて、φ係数を算出し、"性別"と"不安の有無"という2つの変数の間の連関の有無と、連関の強さを検討してみましょう。

φ係数は以下の数式4.3.2で算出できます。

$$\phi = \frac{ad-bc}{\sqrt{(a+b)(c+d)(a+c)(b+d)}} = \frac{(a \times d)-(b \times c)}{\sqrt{(a+b) \times (c+d) \times (a+c) \times (b+d)}}$$

(4.3.2)

ここで、数式の a、b、c、d は、表4.3.2aの(a)、(b)、(c)、(d)に相当します。すなわち、$a = 42$、$b = 10$、$c = 8$、$d = 40$ となります。それでは、表4.3.2aのクロス集計表を用いて、φ係数を算出してみましょう。計算過程は、数式4.3.2に $a = 42$、$b = 10$、$c = 8$、$d = 40$ の値を代入することによります。

$$\phi = \frac{(42 \times 40)-(10 \times 8)}{\sqrt{(42+10) \times (8+40) \times (42+8) \times (10+40)}} = \frac{1680-80}{\sqrt{52 \times 48 \times 50 \times 50}} = \frac{1600}{\sqrt{6240000}}$$

$$= \frac{1600}{2497.999} = 0.641$$

$\phi = 0.641$ なので、「"性別"と"不安の有無"の間には連関があり、これら2つの変数の間の連関の強さは中程度である」、といえます。あるいは、もっと簡潔に「"性別"と"不安の有無"の間には中程度の連関がある」、といってもよいでしょう。

ちなみに、表4.3.2aでは、横に"性別"、縦に"不安の有無"となっています。φ係数は、この縦と横が逆でも、すなわち、横に"不安の有無"、縦

に"性別"でも、まったく同じ値になります。すなわち、**対称な連関係数**であるといえます。

ここで、ϕ 係数についてさらに理解を深めるために、"連関のない場合"と"完全な連関のある場合"について説明しておきます。

"**連関のない場合**"とは、一言でいえば、$\phi = 0$ となる場合です。表 4.3.2b は、その場合の度数分布の一例です。表 4.3.2b では「不安あり」についての男子の度数と女子の度数が等しく、また「不安なし」についての男子の度数と女子の度数が等しくなっています。この場合になぜ連関がないかは（$\phi = 0$ になるかは）、ϕ の計算からも確認できます。すなわち、数式 4.3.2 の分子の部分が、$(30 \times 20) - (30 \times 20)$ となり、0 になるからです。

なお、表 4.3.2b は、「不安あり」についての男子の度数と女子の度数が等しく、「不安なし」についての男子の度数と女子の度数が等しいですが、これは別に等しくなくてもかまいません。たとえば、「不安あり」についての男子の度数が 30、女子の度数が 60 で、「不安なし」についての男子の度数が 20、女子の度数が 40 でもかまいません。つまり、数式 4.3.2 の分子（$ad - bc$）の計算から、ad（$= a \times d$）と bc（$= b \times c$）が等しい値となる場合（$ad = bc$）に、$\phi = 0$ となるわけです。

表 4.3.2b　連関のない場合（$\phi = 0$）

	不安あり	不安なし	（合計）
男子	30 (a)	20 (c)	50
女子	30 (b)	20 (d)	50
（合計）	60	40	100

※大学受験をひかえた 100 名の高校 3 年生の性別と不安の有無の調査

一方、"**完全な連関のある場合**"とは、$\phi = 1$ のときです。

表 4.3.2c には、完全な連関のある場合の度数分布（クロス集計表）を示しています。完全な連関、すなわち $\phi = 1$ となるのは、表 4.3.2c のように (c) と (b) の度数が同時に 0 となる場合か、あるいは、(a) と (d) の度数が同時に 0 となる場合です。つまり、表 4.3.2c では、「男子ならば必ず不安あり」、

CHAPTER 4 相関係数と連関係数

「女子ならば必ず不安なし」となり、1つの変数から、もう1つの変数を予測できることになります。

表 4.3.2c 完全な連関のある場合（$\phi = 1$）

	不安あり	不安なし	（合計）
男子	50 (a)	0 (c)	50
女子	0 (b)	50 (d)	50
（合計）	50	50	100

※大学受験をひかえた 100 名の高校 3 年生の性別と不安の有無の調査

［表 4.3.2c の ϕ の計算］

$$\phi = \frac{(50 \times 50) - (0 \times 0)}{\sqrt{(50+0)(0+50)(50+0)(0+50)}} = \frac{2500 - 0}{\sqrt{(50)(50)(50)(50)}}$$

$$= \frac{2500}{\sqrt{6250000}} = \frac{2500}{2500} = 1$$

Try 4

以下の文章がそれぞれ適切かどうか、○か×で答えなさい。

① 2つの名義尺度の連関係数 ϕ が負の値をとっても正の値と同じように解釈してよい。

② 性別の変数 X（男、女）と回答 Y（はい、いいえ）に連関がある、とは性別 X が変わっても回答 Y の傾向が変わらないことである。

③ 性別の変数 X（男、女）と回答 Y（はい、いいえ）をクロス集計する場合、男と女の数と、はいといいえの数を数えればよい。

Point!

1. 連関係数は、カテゴリカルなデータについて適用されます。
2. 連関係数には、2×2 クロス集計表にのみ適用される連関係数（ϕ 係数、ユールの連関係数など）と、$c \times k$ のクロス集計表にも適用できる連関係数（クラメールの連関係数など）があります。

4.4 その他の相関係数
カテゴリカルな変数と量的変数の関係

　前節まで、2つの変数の間の関係を検討するいくつかの相関係数と、連関係数 ϕ について解説してきました。4.1節で解説したピアソンの積率相関係数は、2つの変数の尺度レベルが間隔尺度以上の場合に適用でき、2つの変数の間の直線的関係（一次関数関係）の強さを検討するものでした。それに対し、4.2節で学習した2つの順位相関係数（スピアマン、ケンドール）は、順序尺度以上の変数について適用可能な相関係数で、その計算は各変数の順位値にもとづいてなされました。そして、2つの変数の間の単調増加関係または単調減少関係について検討するものでした。4.3節で学んだ連関係数は、カテゴリカルな2つの変数の間の連関の有無と連関の強さを検討する統計量でした。

　ここでは、1つの変数がカテゴリカルなもので、もう1つの変数が間隔尺度または比率尺度のものである場合の、2つの変数の間の関係の強さを検討する点2系列相関係数（点双列相関係数）について解説します。

4.4.1 点2系列相関係数（点双列相関係数）

　点2系列相関係数は、先にも述べたとおり、1つの変数がカテゴリカルなもので、もう1つの変数が間隔尺度または比率尺度のものである場合に、2つの変数の間の関係の強さを検討するために適用される相関係数で、r_{pb} という記号であらわします。点2系列相関係数は、カテゴリカルな変数のカテゴリー数が2つの場合について適用されます。たとえば、"性別"というカテゴリカルな変数について、男と女という2つのカテゴリーがある、という場合です。カテゴリー数が3つ以上の場合には、"相関比"という統計量を適用します。相関比の算出については、まだ学習していない内容をふくむので、ここでは

CHAPTER 4 相関係数と連関係数

扱いません。

表4.4.1aは、10名（男5名、女5名）の"性別"と"不安得点"を示したものです。この場合、"性別"がカテゴリカルな変数で、"不安得点"が間隔尺度の変数となります。不安得点についての知識が必要な場合は、第2章2.3.1項の「基本的な確認」およびResearchを参照してください。

それでは、表4.4.1aのデータについて、点2系列相関係数r_{pb}を算出し、性別と不安得点の間の関係の強さを検討してみましょう。

表4.4.1a　10名の被験者（男5、女5）の性別と不安得点

被験者	性別	不安得点
1	男	6
2	男	10
3	男	12
4	男	13
5	男	15
6	女	12
7	女	15
8	女	18
9	女	19
10	女	21

※不安得点の最大値は50点です。

点2系列相関係数 r_{pb} の算出方法

1. 点2系列相関係数r_{pb}の算出では、**カテゴリカルな変数の1つのカテゴリーに1、もう1つのカテゴリーに0という数値をわりあてる**。たとえば、表4.4.1aのデータでは、"性別"というカテゴリカルな変数について、男というカテゴリーに1、女というカテゴリーに0をわりあて（もちろん逆でもかまいません）、2つのカテゴリーを数値におきかえる。
もう1つの間隔尺度の変数については、そのままの値（ここでは、不安得点）を使う。
これらをおこなった結果を、表4.4.1bで確認すること。

2. 点2系列相関係数r_{pb}を算出するための数式は、ピアソンの積率相関係数rを算出するための数式と同じである。4.1では、ピアソンの積率相関係数rを算出する数式として、2つの数式を紹介した。ここでは、4.1節でおすすめの数式として紹介した以下の数式4.4.1を使って、点2系列相関係数r_{pb}を算出することにする。

4.4 その他の相関係数

$$r_{pb} = r = \frac{N\sum_{i}^{N} X_i Y_i - \left(\sum_{i}^{N} X_i\right)\left(\sum_{i}^{N} Y_i\right)}{\sqrt{\left[N\sum_{i}^{N} X_i^2 - \left(\sum_{i}^{N} X_i\right)^2\right]\left[N\sum_{i}^{N} Y_i^2 - \left(\sum_{i}^{N} Y_i\right)^2\right]}} \quad (4.4.1)$$

あるいは、i などの添え字がない数式のほうがわかりやすければ、以下の数式 4.4.1 の添え字なしバージョンを使う。もちろん、添え字があってもなくても、意味することはまったく同じである。

$$r_{pb} = r = \frac{N\sum XY - (\sum X)(\sum Y)}{\sqrt{\left[N\sum X^2 - (\sum X)^2\right]\left[N\sum Y^2 - (\sum Y)^2\right]}}$$

(4.4.1 の添え字なしバージョン)

以上のことをふまえたうえで、表 4.4.1b のように、X、Y、X^2、Y^2、XY の値を一覧にまとめ、点 2 系列相関係数 r_{pb} の算出において必要となるそれぞれの総和（ΣX、ΣY、ΣX^2、ΣY^2、ΣXY）を算出してみよう。

表 4.4.1b 点 2 系列相関係数 r_{pb} の算出において必要となる X と Y についての値の一覧

被験者	性別	性別（数値におきかえたもの）X	不安得点 Y	X^2	Y^2	XY
1	男	1	6	1	36	6
2	男	1	10	1	100	10
3	男	1	12	1	144	12
4	男	1	13	1	169	13
5	男	1	15	1	225	15
6	女	0	12	0	144	0
7	女	0	15	0	225	0
8	女	0	18	0	324	0
9	女	0	19	0	361	0
10	女	0	21	0	441	0
Σ（総和）		5(ΣX)	141(ΣY)	5(ΣX^2)	2169(ΣY^2)	56(ΣXY)

$N = 10$、$\Sigma XY = 56$、$\Sigma X = 5$、$\Sigma Y = 141$、$\Sigma X^2 = 5$、$\Sigma Y^2 = 2169$ なので、数式 4.4.1 または数式 4.4.1 添え字なしバージョンから、以下のように求める。

$$r_{pb} = \frac{10(56) - (5)(141)}{\sqrt{\left[10(5) - (5)^2\right]\left[10(2169) - (141)^2\right]}}$$

CHAPTER 4 相関係数と連関係数

$$= \frac{560-705}{\sqrt{[50-25][21690-19881]}}$$

$$= \frac{-145}{\sqrt{[25][1809]}} = \frac{-145}{\sqrt{45225}} = \frac{-145}{212.6617} = -0.682$$

点2系列相関係数 $r_{pb} = -0.682$ となりました。ここで、点2系列相関係数 r_{pb} の値はマイナスで出ましたが、ここではマイナスの符号はまったく意味をもちません。なぜなら、r_{pb} の値がマイナスで出るかプラスで出るかは、単に男を1、女を0とおくか、男を0、女を1とおくかによるからです。また、性別は、名義尺度です。したがって、もし点2系列相関係数 r_{pb} の値がマイナスで出たとしても、絶対値（マイナスをとった値）を用いて議論します。

結論として、点2系列相関係数 $r_{pb} = -0.682$ なので、性別と不安得点の間には、「中程度の相関がある」といえます。

Try 5 以下の文章がそれぞれ適切かどうか、○か×で答えなさい。

① 検査得点 X（間隔尺度）と性別（男女）の間で相関関係を分析するには連関係数 ϕ を用いる。
② 点2系列相関関係を求める際に、名義尺度変数を0と1で符号化した時と、1と2で符号化した時では、相関関係は変わらない。

> **Point!**
> 1. 点2系列相関係数 r_{pb} は、1つの変数がカテゴリカルなもので、もう1つの変数が間隔尺度または比率尺度のものである場合に、2つの変数の間の関係の強さを検討する統計量です。
> 2. 点2系列相関係数 r_{pb} は、カテゴリカルな変数のカテゴリー数が2つの場合に適用できます。
> 3. 点2系列相関係数 r_{pb} を算出するための数式は、ピアソンの積率相関係数 r を算出するための数式と同じです。

第4章の練習問題

下表は、3つのテストを10人の学生に実施した得点結果である。以下の問題に答えなさい。

学生番号	Test A	Test B	Test C
1	50	12	30
2	50	15	50
3	30	12	40
4	80	16	90
5	40	13	50
6	90	19	70
7	50	15	80
8	20	11	30
9	50	12	60
10	30	10	50
平均値			
標準偏差			

(1) Test A、B、Cの各得点の平均値、標準偏差をもとめ、下の表の各テストの下の空欄に記入しなさい。

(2) Test AとTest B、Test AとTest C、Test BとTest Cの間でそれぞれピアソン (Pearson) の積率相関係数をそれぞれ求めなさい。それぞれ r_{AB}、r_{AC}、r_{BC} とする。

$r_{AB}=$ 　　　　、$r_{AC}=$ 　　　　、$r_{BC}=$

(3) Test A、Test B、Test Cの間の関連（相関）について、もっとも適切な記述は次のうちどれか、①から⑤のうちひとつの番号に○をつけて答えなさい。

① AとBはほとんど相関がない

② AとCの相関は非常に強い

③ AとCの相関は、AとBの相関よりも強い

④ AとBの相関は、BとCの相関よりも弱い

⑤ BとCの相関は、AとCの相関よりも弱い

第4章では、2つの変数の間の関係を分析する相関係数や連関係数について解説しました。ここでは、母親に関する変数が、子どもの知的発達にどのように影響するかを検討した東（1989）の研究を紹介し、相関関係の分析が実際の研究においてどのように使われているかを見てみたいと思います。

Research　母親変数と子どもの知的発達に関する日米比較

図4R.aと4R.bは、アメリカと日本それぞれにおける、6つの母親変数と子どもの知的発達の間の相関関係について示しています。

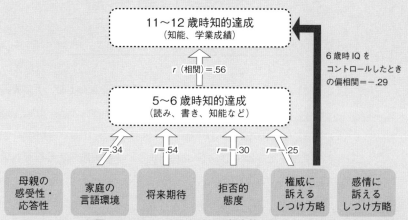

図4R.a：アメリカにおける母親変数と子どもの知的発達の相関関係
（東（1989）、p134から引用）

東（1989）によれば、母親変数は、子どもが3歳から5歳の母親に調査した意見や行動の特徴から代表的なものを選んだものである、といいます。たとえば、"母親の感受性・応答性"という変数ならば、母親が子どもの気持ちを理解し、適切に応答するかということをあらわします。もう1つの変数である知的発達は、5～6歳時の読み、書き、算数の成績と、11～12歳時の知能、学業成績です。

2つの図には、それぞれの母親変数と5～6歳時の知的発達の間の相関係数が算出され、矢印で示されています。アメリカのデータ（図4R.a）では、

大部分の母親変数は5〜6歳時の知的発達とかなり高く相関しており、そして5〜6歳時の知的発達が、その後の11〜12歳時の知的発達と相関していることがわかります。さらに、5〜6歳時の知的発達の影響を除いた、母親変数と11〜12歳時の知的発達の間の相関（これを偏相関といいます）がほとんどなく、家庭の影響は5〜6歳時の知的発達に吸収されていることもわかります。

それに対し、日本のデータ（図4R.b）では、多くの母親変数が11〜12歳時の知的発達と相関（偏相関、第9章9.1節参照）しており、日本の場合には家庭（母親）の影響が5〜6歳時ではまだ吸収されきらないで、その後の伸びの個人差にいろいろな影響を与える、ということが明らかになっています（前掲書、p.135）。

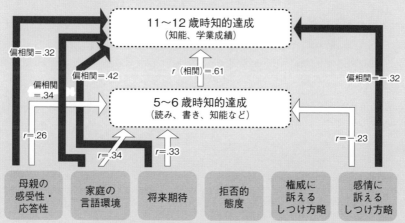

図4R.b：日本における母親変数と子どもの知的発達の相関関係
（東（1989）、p135から引用）

最後に、どの程度の相関を高い相関と評価するかは相関関係を検討する変数にもよる、と本文中で述べましたが、この研究では図4R.aに示されているような相関の値でも、「高く相関している」と結論していることも注目しておいてください。

引用文献
東洋（1989）．教育の心理学　有斐閣

CHAPTER 5
標本と母集団

この章で学ぶこと
得られたデータとその背景にある「全体」の関係

　前章までは、得られたデータの特性についてどのようなまとめ方があるかを解説してきました。そのときに用いた統計手法を記述統計とよびます。これに対して、本章では得られたデータから、研究の目的である一般的な結論を導くための基礎を学びます。実際の研究で得られるデータは、ほとんどの場合、限られた一部についてのものです。限られたデータから、どのようにして想定した全体についての一般的な結論を導いたらよいでしょうか。このような統計手法を推測統計とよんでいます。

　まず、手元にあるデータと想定している全体を区別することが必要です。たとえば、日本の青年の意識を調べるために 1000 名の青年男女について調査した場合、日本人の青年全体を母集団とよびます。これに対して、手元に集められた 1000 名分のデータを標本とよびます。この標本の値(統計量)と母集団の値(母数)の関係について理解していきましょう。

CHAPTER 5 標本と母集団

5.1 限られたデータからはじめよう
母集団と標本抽出

　第5章の目的は、標本をもとにして母集団について何らかの結論を述べることです。このように標本から統計的に母集団を推測する統計的方法を**推測統計**とよんでいます。まず標本がどのようにして選ばれる必要があるか、について考えてみましょう。これは、たとえば料理の途中でスープの味をみるために、大きな鍋いっぱいのスープ（母集団）からどのようにスプーン1杯のスープ（標本）を取り出したら、このスープの味を推測できるか、という問題です。

5.1.1 母集団と標本

　科学的な研究では、対象の全体について実験や調査をおこなうことができることは多くありません。日本人の青年の意識について調査しようとしても、国勢調査のように全体について調査することが可能なことは稀だといえるでしょう。つまり、調査にせよ、実験や観察にせよ、実際に私たちが手にすることができるデータは、本来想定されている全体のごく一部であるということになります。このようなデータを**標本**（サンプル sample）といい、これに対して想定されている対象全体を**母集団**といって区別します。

　たとえば、1000名の青年男女に調査をおこなって日本人の青年全体の意識を知ろうとする場合、実際の調査対象である1000名のデータが標本であり、日本人の青年全体（のデータ）が母集団です。また、1つの標本のデータ数1000を**標本の大きさ**といいます。本書では小文字を使って $n = 1000$ とあらわします。第4章まではデータの総数を N であらわしてきましたが、第5章以降では、複数の標本をあわせる場合（そこで取り上げる全データの数）を大文字 N であらわします。

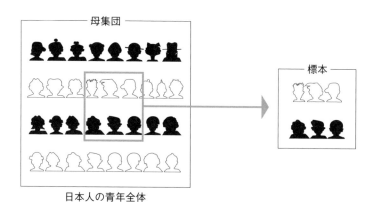

図 5.1.1 母集団と標本

　心理学に限らずどのような科学でも、標本からの推測が科学的に確かなものであるということが必要です。母集団から標本を取り出す際に、それが偏った標本であれば、いくら調べても母集団全体を正しく推測することはできません。スープをよくかき混ぜずに、鍋の上のほうからスプーン1杯だけすくっても、その味は鍋全体を代表しているとはいえないでしょう。そこで、鍋をよくかき混ぜたうえで、味が偏らないようにスプーン1杯の標本を取り出す必要があります。このように標本を取り出すことを、**無作為標本抽出**（ランダム・サンプリング）といいます。実際の心理学の研究では、調査においてその対象者を母集団から数学的にランダムに抽出することや、実験に参加するひとが偏らないよう複数の条件に配置することがおこなわれています。

　無作為に標本抽出する方法を理解するために、心理学の実験や調査について具体的に考えてみましょう。100名のクラスで心理学の実験に参加するひとを無作為に10名選ぶ場合を考えます。まず、100名全員に1から100までの番号をつけます。次に、乱数表やコンピュータ、関数電卓などを使って1から100までの範囲でランダムに10個の数字を選びます。その結果をもとに、選ばれた番号のひとを参加者とするわけです。これを**単純無作為抽出法**とよびます。この方法によって数学的にランダムな偏らない標本を用意することができます。

5.1.2 無作為抽出の他に考えるべきこと

ところで、10名程度の小さな標本を100名の母集団から抽出する場合、母集団の性別や年齢の構成がそのまま標本に反映されるとは限りません。仮に100名のうち男性が50名、女性が50名であったとしても、単純無作為抽出法によって10名を選んだとき、その性別構成が5名ずつにならないことは多いです。もしここでおこなう実験や調査が、性別によって何らかの影響をうけることがあらかじめ想定される場合には、このような標本の偏りは好ましくありません。その場合は、はじめから男性の母集団から5名を無作為に選び、女性についても同様に女性の母集団から5名を選んで計10名の標本を用意すれば、その実験や調査の目的から見て偏らない標本といえるでしょう。このような方法を**層別抽出法**とよびます。

それでは、大きな母集団が想定される場合には、どのようなことに注意するべきでしょうか。日本人の青年の意識を調査するために、標本を抽出するとします。この場合、単純無作為抽出をおこなうためにすべての日本人青年に番号をつけて、そこから標本を抽出しようとすると、膨大な労力が必要なだけでなく、現実問題としても不可能です。そこで、まず無作為に市町村を抽出し、さらに選ばれた市町村の中から無作為に対象となる青年を抽出することがおこなわれます。このような方法を**多段抽出法**とよびます。

5.1.3 母数と統計量

抽出された標本をもとにした統計的な推測では、たとえば標本の平均値から母集団の平均値を推測することが必要になります。そこで標本についての統計的数値と母集団の数値を区別しておく必要があります。標本の平均値のような統計的数値を**統計量**（statistic）とよび、これに対して母集団における値を**母数**あるいはパラメータ（parameter）といいます。また、標本の平均値を**標本平均**とよび、母集団の平均値を**母平均**とよんで区別します。

ここで大切なことの1つは、統計量は標本を抽出するたびに異なるという

ことです。たとえば、100名のクラスから10名に実験に参加してもらい、10名の測定値の平均値（標本平均）をもとめようとする場合、実験を繰り返して10名の標本を2回、3回と抽出すると、そのたびに10名の平均値は少しずつ異なった値になります。

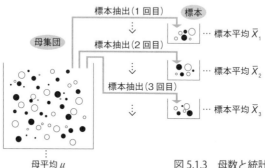

図5.1.3　母数と統計量

　第二に大切なことは、母数の具体的な値は実際にはわからないことが多いということです。その場合は、統計量をもとに母数がどのような値かを推定することになります。ただし、やみくもに推定することはできません。これまでの研究からわかっていること、一般に成立することを前提として、そのうえで論理的に推定することになります。この章では、どのようにして母数を推定したらよいかを順を追って説明していきます。まず、母集団について全体の分布をどのように考えることができるか、ということからはじめましょう。

Try 1

以下の統計的な数値はそれぞれ、母数か、統計量かを答えなさい。

① 数学の試験の50人の平均点　　② 日本人の身長の平均値
③ 100人の被験者のうち政党Aを支持した人数
④ テレビ番組Bの視聴率

> **Point!**
> 1. 私たちの手元にあるデータは母集団から抽出された標本です。
> 2. 無作為抽出はなぜ大切なのでしょうか、考えましょう。
> 3. 標本の値（統計量）と母集団の値（母数）を区別しましょう。

5.2 標本分布と標準誤差
統計量の散らばりを使う

　第3章で取り上げたように、私たちの身のまわりにはその分布が図3.3.1a（⇨ p.76）のように左右対称の釣り鐘型になるものがたくさんあります。身長や体重の分布も多くのデータを集めれば、このような正規分布に近づいていくことが知られています。多くの対象者に対して実施される学力試験や心理検査の得点分布の中にも、正規分布に似た分布を示すものは多いです。そのため、無作為に抽出された標本の背景に、一般に母集団の分布として理論的に正規分布を仮定することがしばしばおこなわれています。

　そこで本書では、以降、正規分布をなす母集団の平均値をギリシャ文字 μ（ミュー）、標準偏差を σ（シグマ）であらわし、標本の平均値 $\bar{X}$、標準偏差 SD と区別することにします。

5.2.1　統計量は変化する：標本分布

　前節でも述べたように、統計量、たとえば標本の平均値は標本抽出のたびに少しずつ異なると考えられます。標本抽出の際にまったく同一の標本が常に抽出されるとは考えられないからです。このことから、統計量はいろいろな値をとる変数であると考えることができます。では、変数としての統計量はどのような値をとるでしょうか。標本についての統計量の分布、たとえば平均値や分散がどのような分布をするかを考えることは、推測統計の基礎となります。このような標本の統計量（平均値、分散などを指します）の分布を**標本分布**とよびます。

　標本分布の特性についてはさまざまなことがわかっています。たとえば、もし母集団が正規分布にしたがう（正規分布になることを、こう言います）ならば、そこから無作為に抽出された標本の平均値も正規分布にしたがうこ

とが知られています（⇨図 5.2.1）。また、母数と統計量についても重要な関係があります。まず、標本分布の平均値、すなわち標本の平均値の平均は、標本抽出を無限に繰り返せば母集団の平均値 μ に一致することが数学的に期待できます。このことをもう少し具体的に考えてみましょう。

母集団からの標本抽出と標本分布

ある母集団から標本抽出を 10 回繰り返して 10 個の標本を得たとします。そこから 10 個の平均値が計算できます。これが統計量で、10 個の平均値は少しずつ異なっているはずです。つまり、統計量の分布、標本分布を考えることができます。これは実際に標本抽出をおこなった結果得られる分布ですから、**経験的な**標本分布とよばれます。これに対して、標本抽出を無限に繰り返した場合に、どのような分布があらわれるかを理論的に考えることができます。これを**理論的な**標本分布とよびます。母集団が正規分布にしたがうならば、理論的な標本分布も正規分布にしたがうことになります。また、理論的な標本分布の平均値は $\mu_{\bar{X}}$（ミュー・エックスバー）であらわされ、母集団の平均値 μ に一致することがわかっています。図 5.2.1 は、母集団と標本分布の関係を示したものです。

本章の目的は、標本から得られる統計量を用いて母数を推定することだということを前に述べました。この場合、統計量は母数の推定のために用いられているので、**推定量**とよぶことがあります。標本の平均のように、統計量

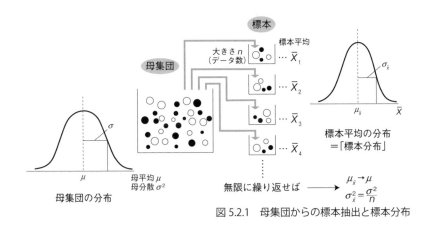

図 5.2.1　母集団からの標本抽出と標本分布

が理論的に母数に一致することが数学的に期待できる場合、その統計量は母数の偏らない推定量であると考えることができます。そこでその統計量は「不偏性をもつ」といい、**不偏推定量**とよばれます。

標本分布の平均 $\mu_{\bar{X}}$ は母数 μ の不偏推定量でした。それでは、平均値の標本分布の分散 $\sigma_{\bar{X}}^2$ と母集団の分散 σ^2 の関係はどうなっているでしょうか。両者の間には、

$$\sigma_{\bar{X}}^2 = \frac{\sigma^2}{n} \tag{5.2.1}$$

という関係があることが知られています。ここで n は標本の大きさ、すなわち、1つの標本に含まれるデータの数です。

5.2.2　統計量の散らばり：標準誤差

前項の数式 5.2.1 が標本分布の分散と母集団の分散の関係でした。これを標準偏差についてもとめると、次の式が成り立ちます。

$$\sigma_{\bar{X}} = \frac{\sigma}{\sqrt{n}} \tag{5.2.2}$$

n は標本の大きさですから、n が無限大になれば標準偏差は0に近づくことになります。これは無限大の大きさの標本を抽出することですから、標本と母集団は同じものになり、そのような標本抽出を繰り返しても、同一の平均が得られるだけでその散らばりは0になります。

このように、標本分布の標準偏差は、標本統計量の散らばりの大きさを評価する目安となるものです。平均値を推定する場合ならば、n が大きいほど標本平均の散らばりが小さいことになり、母平均（母集団の平均値）μ を推定する精度が上がることになります。逆に n が小さければ、標本平均は大きく散らばっており、推定の精度は低くなります。その意味で $\sigma_{\bar{X}}$ 全体は推定の誤差の大きさをあらわしているともいえるのです。そのため、標本分布の標準偏差 $\sigma_{\bar{X}}$ は**標準誤差**（Standard Error；*SE*）ともよばれます。

Try 2 以下の問に（はい、いいえ）のいずれかで答えなさい。

A大学の学生全員の身長の平均は165cmであった。
① 無作為に100人の標本を抽出して、その平均をもとめると、その平均は必ず165cmになるか？
② この標本抽出を繰り返したとき、各標本の平均値はいつも同じ値があらわれるか？
③ 平均値の標本分布は正規分布になるか？
④ 平均値の標本分布の「散らばり」の程度をあらわすのは、母集団の標準偏差か？

5.2.3　現実的な問題：標本が1つならば

　実際の心理学の研究では、標本抽出を何回も繰り返すということはあまり現実的ではありません。また、母集団の分散（あるいは標準偏差）が研究を始める前にわかっていることもむしろ稀だといえるでしょう。そこで、母分散（母集団の分散）が未知で標本が1つの場合に、どのように標準誤差を取り扱えばよいか、を考えておくことが必要になります。第7章以降では、このような場合の統計的推測を取り上げることにします。

　母分散 σ^2 が未知ですから、代わりに標本の分散 S^2 を利用しましょう。注意することはこの分散 S^2 をそのまま σ^2 の代わりに使うわけにはいかないということです。その理由は、S^2 をもとに母数を推定しようとすると、σ^2 からずれてしまうことがわかっているからです。そこで母分散 σ^2 をうまく推定できる、S^2 とは少し異なる分散として次のようなものを考えます。

$$\hat{\sigma}^2 = \frac{(X_1 - \bar{X})^2 + (X_2 - \bar{X})^2 + \cdots + (X_n - \bar{X})^2}{n-1}$$

　母分散 σ^2 を理論的に推定することに使われるという意味で、ここでは $\hat{\sigma}^2$（シグマハット2乗）と表記しました。この分散 $\hat{\sigma}^2$ は、母分散の「偏らない」推定値であることがわかっているので、**不偏分散**とよばれます（⇨くわしい

説明)。

　寄り道をしましたが、これでようやく母分散が未知の場合の標本分布の散らばり、つまり標準誤差をもとめることができます。1つの標本から標準誤差を推定することになりますから、得られるものは標準誤差の推定値ということになります。そこでここでも $\sigma_{\bar{X}}$ の代わりに、その理論的な推定値という意味で $\hat{\sigma}_{\bar{X}}$（シグマハット・エックスバー）という記号を使うことにします。

$$\hat{\sigma}_{\bar{X}} = \frac{\hat{\sigma}}{\sqrt{n}}$$

　$\hat{\sigma}_{\bar{X}}$ を使えば、実際的な場面でも統計的な推測をおこなうことができます。この式の右辺をこれからたびたび使うことになるでしょう。

　　　　　　（　く・わ・し・い・説・明　）

〈不偏分散を使う〉

　不偏分散をあらわす記号はテキストによってさまざまで、標本の分散と同じ記号を使うケースもありますが、両者の考え方を区別することが大切です。不偏分散 $\hat{\sigma}^2$ が第3章で説明した（標本の）分散 S^2 と異なる点は、数式のうえでは分母が $n-1$ になることです。つまり、不偏分散のほうがやや大きな値が得られますが、標本のデータ数 n が多くなれば、両者の差はほとんどなくなります。ただ、標準偏差 SD は分散の平方根ですから、どちらの分散を用いるかで結果が異なってきます。関数電卓やコンピュータのソフトウェアではこの2つの標準偏差を区別して指定できるものが多いので、どちらをもとめているのか注意してみましょう。SPSS などの最近の統計処理専用のソフトウェアでは、特に指定しなければ不偏分散をもとに標準偏差を計算するようです。そのほうが実際的な目的にかなっていると考えるひとも多いからです。

Point!
1. 標本の平均値 $\bar{X}$ は標本抽出のたびに変化して、標本分布を作ります。
2. 標本分布の散らばり具合（標準偏差）は、標準誤差とよばれます。
3. 標本平均 $\bar{X}$ の標本分布は正規分布とみなされます。

5.3 正規分布と確率変数

正規分布を使うために

5.3.1 確率分布と確率変数

　ここまでたびたび登場してきた正規分布について、数学的にもう少しはっきりさせておきましょう。この後の章で、正規分布を使って統計的な推測を科学的におこなうためには、数学的な表現を準備しておく必要があるからです。なお、正規分布はガウス（Gauss）分布あるいは、誤差分布ともよばれます。

　正確には、正規分布は、実際に得られたテスト得点の背後に母集団として仮定される理論的な分布です。したがって、第2章や第3章で見たような実際の度数分布とは区別されなければなりません。そのちがいは何でしょうか。学力テストや不安検査（⇨第2章 Research、p.44）の得点 X は通常、20点、21点などの整数であらわされますから、離散量です。しかし心理学において、テストや検査で測定しようとしているのは、学力や不安の程度という目に見えない特性です。ですから、学力や不安の程度は25点の次が26点というように不連続なものではなく、連続的に変化すると考えてよいでしょう。つまり、連続量としての学力や不安の程度を母集団に考えることになります。

　図 5.3.1 には、母集団の正規分布（曲線）に、標本データのヒストグラム（仮想データ）も重ねて描かれています。標本データでは、たとえば100点以下に全体の何パーセントがいるのか（⇨100点のパーセンタイル順位、p.84）、をもとめることができます。これに対して、母集団では100点以下の範囲の X がどの程度の確率で出現するか、をもとめることになります。そのときの確率の大きさはグラフと横軸の範囲で囲まれた面積によってあらわされます。したがって全体の面積を1とすると、100点以下の面積は全体の半分で

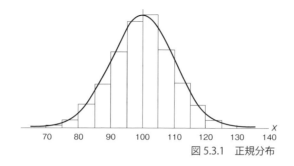

図 5.3.1　正規分布

すから、0.5 となり、確率は $P = 0.5$ となります。

実際にテストを何度も繰り返せば、さまざまな得点 X が出現します。得点 X が出現する確率は、その範囲によってさまざまに異なります。このようにさまざまな確率であらわされる変数を**確率変数**といいます。また、確率変数の分布を**確率分布**とよびます。正規分布は代表的な確率分布です。

図 5.3.1 の場合、横軸は確率変数 X で、横軸のある得点の範囲（たとえば 80 点から 100 点）とそれに対応するグラフで囲まれた領域、つまり「面積」がその得点の確率となります。

5.3.2　標準正規分布

すでに標準得点と偏差値についての説明（⇨ p.85, p.90）で述べたように、さまざまな正規分布を相互に比較するためには平均と標準偏差を統一することが有効です。ここであらためて巻末の標準正規分布表（⇨ p.304）を見ながら、確率分布の意味を整理しておきましょう。

標準正規分布は平均を 0、標準偏差を 1 とすることで、さまざまな正規分布に共通する数学的な性質、特に確率分布としての特徴をわかりやすく理解できるようにしたものです。つまり、さまざまな正規分布は、標準正規分布になおして理解することができるわけです。第 3 章で述べたように、確率変数 X を標準得点 z に変換することによって、すべての正規分布は標準正規分布になおすことができます（⇨ p.88）。第 3 章ではある得点 X が平均値

図 5.3.2a　　　　　　　　　　　　　　図 5.3.2b

$\bar{X}$ と標準偏差 SD を使って、次のように z に変換されました。

$$z = \frac{X - \bar{X}}{SD}$$

まだ正規分布のくわしい説明をする前でしたから、母集団の平均値 μ や標準偏差 σ の代わりに $\bar{X}$ と SD を使いましたが、これは、実は正確ではありません。正規分布はあくまで理論的に考えられる母集団について考えるものだからです。そこで正確には、正規分布の平均を μ、標準偏差を σ とすると、z と X の関係は次の式であらわすことができます。

$$z = \frac{X - \mu}{\sigma}$$

z のある範囲がとる値としての確率 P は標準正規分布表（⇨ p.304）によって知ることができます。図 5.3.2a は標準正規分布を図示したもので、灰色部分は z が 1.0 よりも大きな値をとる確率 P が 0.1587、つまり、全体の 16% 程度であることをあらわしています。これに対して図 5.3.2b は、z が 0 から 1.0 までの範囲の値をとる確率 P が 0.3413、つまり、約 34% であることを示しています。

なお、標準正規分布は次のように書きあらわすことができます。

$$N(0, 1)$$

ここで標準正規分布の大切な性質をいくつか確認しておきましょう。

◎標準正規分布の性質

(1) グラフと横軸で囲まれた全体の面積は 1 となります。これに対して横軸 z のある範囲とグラフで囲まれた領域（図 5.3.2a、図 5.3.2b 灰色部分）の面積がその範囲の z の確率です。この確率は、百分率（パーセント%）であらわすこともあります。

(2) 図 5.3.2 を見てわかるように、標準正規分布のグラフは $z = 0$ をはさんで左右対称です。これは、z が 0 より大きい場合と小さい場合で、z の大きさ（絶対値）が同じならばその確率密度もまったく同じであることを意味しています。つまり、z の正負によらないわけです。

(3) z は理論的には負の無限大から正の無限大まで変化します。そして、z の絶対値が大きくなるほど（0 から離れるほど）、その確率密度（曲線の高さ）は限りなく 0 に近づきます。曲線の高さが「限りなく」0 に近づくといこうことは 0 になることではありませんので、図の曲線は横軸 z に接するとはありません。

5.3.3　標準正規分布を使うために

　以上のことを利用して、実際に標準正規分布をもとに確率的な判断をおこなうことになります。たとえば、標本の平均値から z をもとめ、その平均値がある母集団から抽出される確率をもとめることがあります。具体的な手順については第 6 章でくわしく解説します。以下では、実際の確率の判断で必要になるいくつかの用語とポイントを解説しておきます。

　図 5.3.2a では、$z = 1.0$ よりも大きな z の確率が 0.16、すなわち 16% であることが示されていました。このように、ある z がある値よりも大きな値をとる確率を**上側確率**といいます。これに対して、ある値よりも小さな値をとる確率を**下側確率**とよびます。それでは、$z = 1.0$ の下側確率の値はいくらになるでしょうか。確率分布の全体が 1 ですから、その下側確率は 1 から上側確率 0.16 を引いた 0.84 となるわけです。

上側確率と下側確率をもとめる

　次に、標準正規分布の性質を利用して、$z = -1.0$ の上側確率と下側確率をもとめてみましょう。図 5.3.3 の灰色部分は、$z = -1.0$ の下側確率と、$z = 1.0$ の上側確率を示しており、この 2 つの面積は等しくなります。その理由は、先に述べたように、標準正規分布は原点 $z = 0$ に関して左右対称とい

う性質をもっているからです。したがって、$z = -1.0$ の「下側」確率は、$z = 1.0$ の「上側」確率と同じく 0.16 になるのです。同様に、$z = -1.0$ の上側確率は、$z = 1.0$ の下側確率 0.84 に等しくなります。

ここで、今後しばしば使用するいくつかの z 値と、その上側確率あるいは下側確率をあげて整理しておきます。z 値とその上側（あるいは下側）確率の関係は、**標準正規分布表**（⇨ p.304）にまとめられています。標準正規分布表と図 5.3.2ab、5.3.3 を見ながら、z 値と確率の関係を理解しましょう。いくつかの z 値と確率を記憶しておくことは、今後、統計的な判断を的確におこなうためにも役立ちます。

まず、$z = 1.0$ および $z = -1.0$ の上側（あるいは下側）確率はそれぞれ 0.16（0.84）、および 0.84（0.16）であることはすでに述べました。これに関連して、$z = -1.0$ から $z = 1.0$ までの範囲の確率は、$z = 1.0$ の下側確率 0.84 から $z = -1.0$ の下側確率 0.16 を引くことによってもとめることができます（$0.84 - 0.16 = 0.68$）。つまり、標準正規分布において $z = -1.0$ から 1.0 の範囲の確率は全体の約 68% であることがわかります。これは、一般に正規分布において（標準正規分布以外でも）、±1 標準偏差の範囲に全体の 68% がふくまれることを意味しており、直観的に正規分布を理解し、利用する際に有効な知識となります。

次に、確率 P から z 値をもとめてみましょう。本書の後半では、しばしば上側確率が 5%、あるいは 2.5% の z 値を利用することになります。上側確率が 5% になる z 値は、標準正規分布表で上側確率 P が 0.05 であるよう

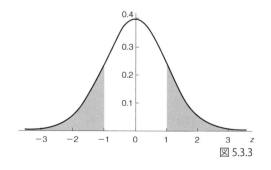

図 5.3.3

な z 値をさがします（$z = 1.64$）。同様に標準正規分布表で上側確率が 0.025 である z 値は 1.96 であることを確認しておきましょう。

標準正規分布表を利用して、次の値を求めなさい。

① $z = -2.0$ の下側確率
② 下側確率 $P = 0.025$ となる z の値
② $-1.96 < z < 1.96$ の範囲の z が出現する確率

5.3.4　標本分布と正規分布の関係：標本平均の場合

　さて、前節 5.2 で取り上げた標本分布、つまり、抽出された標本の平均値（以下では、標本平均とよぶことにします）の分布に、なぜ上で述べたような正規分布をあてはめるのか、ここで整理しておきましょう。

　正規分布をあてはめる理由は、前節で簡単にふれたように、一般に母集団の分布と標本平均の分布の間には、母集団が正規分布であれば標本平均も正規分布にしたがう、という関係があるからです。より正確にいえば、標本の数を増やしていくと、確率変数としての標本平均の分布が正規分布に近づいていく、ということができるのです。

　ここで母集団が正規分布であれば、標本平均の分布との間にこのような関係があるのですが、実は母集団が正規分布であることは必要条件ではありません。つまり、母集団がたとえどのような分布であっても、標本の大きさが大きくなれば標本平均の分布は正規分布に近づくのです。これを**中心極限定理**とよびます。このことはいいかえれば、母集団の分布について私たちが知らなくても、その標本平均の分布については正規分布を認めることができる、ということを意味しています。

　したがって、標本平均 $\bar{X}$ の分布は、平均 $\mu_{\bar{X}}$ と標準偏差 $\sigma_{\bar{X}}$ が以下のような正規分布であると考えることができるわけです。

$$\mu_{\bar{X}} = \mu \quad \sigma_{\bar{X}} = \frac{\sigma}{\sqrt{n}}$$

ここで、μ と σ は母集団の平均値と標準偏差、n は標本の大きさ（データ数）です。この場合、標準偏差 $\sigma_{\bar{X}}$ が標準誤差とよばれることは 5.2 節で述べたとおりです。この正規分布は次のように書きあらわすことができます。

$$N\left(\mu, \frac{\sigma^2}{n}\right)$$

先に述べたように、（ ）内は平均と分散です。

> **Point!**
> 1. 標本の平均値を確率変数として考えましょう。確率変数の分布を確率分布とよびます。
> 2. 正規分布は代表的な確率分布の 1 つです。
> 3. 標準正規分布を利用すれば、標準得点 z の特定の範囲の確率がわかります。

第 5 章の練習問題

以下の 10 人の身長のデータ（cm）から、母集団の平均と標準偏差、分散を推定しなさい。また、平均値の標本分布の標準誤差をもとめなさい。

165, 170, 155, 152, 159, 163, 169, 171, 164, 151

CHAPTER 6
統計的仮説の検定と推定

この章で学ぶこと

データからどのように母集団について結論を出すか

　ここでは、前章で学んだ標本と標本分布についての知識をもとにして、実際の心理学の実験や調査などで用いられる統計的な仮説の検定と、母数、すなわち母集団の特性についての統計的な推定について学びます。

　私たちが実験などで手にすることができるデータは、限られた標本についてのものであることがほとんどですから、標本から本来知りたいと思う母集団の特性について推定することはきわめて重要で有効な方法です。統計的な推定では、標本分布の特徴を利用して確率を考慮に入れた推定がおこなわれます。一方、統計的な仮説の検定は、科学的に確かな知識を積み重ねて心理学の理論を発展させるためにどうしても必要なことです。科学者は研究をすすめるにあたって、たとえばこの治療方法は症状を改善させるだろう、というような研究仮説をもっています。その仮説を実験や観察などで検証することが研究には必要です。そこで実際に実験などでデータの収集がおこなわれますが、限られた標本の結果からどうすれば研究仮説が支持されたということができるか、ということが問題となるのです。

6.1 仮説の意味と検定の手順
統計的仮説の検定とは

　前章では、母集団から標本抽出し、その標本の統計量がどのように分布するかを説明しました。標本分布、標準誤差という考え方について解説し、さらにそれらを一般的な確率分布と結びつけて整理しました。ここでは、これらの考え方を実際の心理学的な研究でどのように利用するかを学びます。

　これまでのように、標本の平均値を考えてみましょう。手元の標本平均がある母集団から抽出されたということを仮定し、その値が出現する確率をもとめることができます。もとめられた確率が小さければその母集団から抽出されたという「仮定」が疑わしい、と判断することになります。このような仮定は統計的な**仮説**とよばれます。また、仮説が疑わしいかどうか、つまり仮説をすてるか、受け入れるかを統計的に決定することを統計的**検定**といいます。

6.1.1　統計的仮説：帰無仮説とは

　心理学的な実験の例を考えてみましょう。ある新しい学習方法が有効であるかどうか、について実験によって検証する研究を考えます。この研究では、研究者はその学習方法が有効であることを示そうと意図しています。つまり、この学習方法は従来の学習方法よりもよい学習成果（成績）をあげることを期待しています。これを**研究仮説**とよびます。もし、実施した結果、成績が以前と変わらなければ、この学習方法が有効であったとはいえないのです。

　この研究をはじめる場合、従来の学習方法についてはすでに過去のデータがあるものとします。そこですでにわかっている従来の学習方法での成績を基準として、今回の新しい学習方法の結果を評価することにします。その考え方は次のとおりです。

6.1 統計的仮説の検定とは

統計的な仮説検定の考え方

1. 新しい学習方法のデータ（標本）が、従来の学習方法による成績の母集団から抽出されたものだと仮定する。　**帰無仮説**

※本来、研究者が期待している新しい学習方法の成績の母集団から抽出された、と仮定していないことに注意しよう。つまり、少し「おかしい」と思われる仮説をたてる。

▼

2. 標本の平均値が仮定した母集団から出現する確率を計算する。

▼

3. 計算された確率が小さければ、その仮定のもとでは手元にあるような標本のデータが得られることはめったにないと判断する。

▼

4. 1でたてた仮説をすてる。

つまり、「このデータは従来の学習方法による成績の母集団から抽出されたものである」という考え方をすてるということである。

▼

5. 結論は、「このデータは新しい学習方法による成績の母集団から抽出された標本であった」となる。いいかえれば、「今回のデータは従来の学習方法からは得られないもので、新しい学習方法は従来の方法よりも有効であった」ということである。　**研究仮説**

このように、実験の結果得られたデータが、研究の目的である新しい学習方法による成績ではなく従来の学習方法による成績であるという母集団から抽出された、と仮説をたてて、最終的にはその仮説をすてることによってそのデータが新しい方法による成績の母集団から抽出されたものだと結論する、というまわりくどい方法をとるわけです。このように、研究仮説とは異なる仮説をたてて、それを否定する（棄却する）ことができれば研究仮説を受け入れるという手順が、統計的な仮説検定ということになります。はじめから棄却することを期待してたてられる仮説を**帰無**（きむ）**仮説**とよび、記号では H_0 とあらわします。帰無仮説に対して、研究者がたてた研究仮説は**対立仮説**とよばれ、H_1 であらわします。H は hypothesis（仮説）の頭文字

をとった記号です。帰無仮説は、null hypothesis の訳で、null（ヌル）とはドイツ語でゼロをあらわすので、添字として 0 がつけられます。これに対して、対立仮説には 1 をつけます。

6.1.2 仮説検定の手順

具体的な例を使って統計的な仮説検定の手順をたどってみましょう。

例 6.1a

新しい学習方法の有効性を検討するために、25 名の学生を対象にこの学習方法を実施したところ、平均点が 80 点であったとします。これに対して、従来の方法で学習した場合の成績はすでに過去のデータから平均点が 70 点、標準偏差が 20 点であることがわかっています。さて、今回のデータは新しい学習方法がこれまでの方法よりも有効であることを示しているでしょうか。

仮説検定の手順

1. 平均点がこれまでの方法よりも 10 点高くなったからといって、すぐに新しい学習方法が有効であったとは結論できない。その理由は、平均点が 70 点の母集団から標本を取り出す場合でも、その標本の平均点が 80 点になることがあるはずだからである。そこで、今回のデータが平均点 70 点の母集団から抽出されたものであるという「帰無仮説」をたてることにする。

    H_0：今回のデータは $\mu = 70$ からの標本である。
    H_1：今回のデータは $\mu = 70$ からの標本ではない。

2. 次に、帰無仮説のもとで標本の平均点が 80 点になる確率をもとめる。それには、今回の標本の平均点 80 点を $\mu = 70$ の母集団からの標本の平均点の分布に位置づけることが必要である。$\mu = 70$ からの標本の平均点の分布は第 5 章で見たように、

$$N\left(\mu, \frac{\sigma^2}{n}\right)$$

という正規分布にしたがう。そこで、

$$z = \frac{\bar{X} - \mu}{\frac{\sigma}{\sqrt{n}}}$$

によってXをzに変換すれば、この母集団から平均点80点（以上）の出現する確率pをもとめることができる。なお、統計量の出現する確率は小文字のpで示され、**p値**（p value）とよばれる。

$$z = \frac{\bar{X} - \mu}{\frac{\sigma}{\sqrt{n}}} = \frac{80 - 70}{\frac{20}{\sqrt{25}}} = 2.50$$

3. $z = 2.50$だから標準正規分布表（⇨ p.304）を参照すれば、その上側確率は0.0062と非常に小さいことがわかる。この値は0.01、つまり100分の1よりも小さいわけだから、平均点80点の標本がこの母集団から抽出される可能性はとても小さい。
4. 上の結果から、今回のデータが$\mu = 70$の母集団から抽出されたという帰無仮説H_0をすてる（棄却）。そして対立仮説、すなわち、研究仮説を受け入れる。

これでようやく、新しい学習方法がこれまでの方法よりも有効であると認めることができました。

Try 1 例6.1aにおいて、もしzの値が1.65であったら、zが2.50の時よりもp値は小さくなるか？「はい」か「いいえ」で答えなさい。

6.1.3　帰無仮説を棄却する基準：有意水準と臨界値

　帰無仮説のもとで、手元のデータ（標本）の平均値が出現する確率をもとめ、その確率が小さいことから帰無仮説を棄却しました。一般には、このように確率を小さいと判断するための基準が必要になります。このような基準となる確率を**有意水準**とよび、ギリシャ文字 α であらわします。通常用いられる有意水準は1％か5％のいずれかです。有意水準は統計的な検定をはじめる前にあらかじめ決めておきます。

　図6.1.3 は先の学習方法の例のように、標本の平均値が母集団の平均値よりも大きいかどうかを検定する場合の、標準正規分布の利用の仕方をあらわしています。この検定で、あらかじめ有意水準が1％に決められていたとします。斜線で示した部分に注目してください。この面積は確率1％、つまり0.01をあらわしています。そのときの横軸 z の値は、標準正規分布表からもとめることができます。$z = 2.33$ のときに、上側確率がほぼ1％になることがわかります。標本の平均値が80点である 例6.1a では、z 値は2.50でした。

　ここまでの検定結果を、「$z = 2.50$, $p = .0062$」あるいは、「$p < .01$」と書きます。検定に使われた統計量（ここでは標本の $\bar{X}$ をもとにした z ）の値と、その値以上の大きさの値が出現する確率を表記します。

　また、この検定の結果を文章にする場合には、「新しい学習方法による平均点は、従来の学習方法による平均点に比べて有意に高かった（$z = 2.50$, $p < .01$）」と表記します。**有意**（significant）とは、統計的に「意味がある」

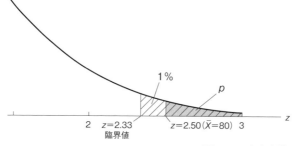

図 6.1.3　有意水準

ということです。このため、p値は有意確率ともよばれます。

図6.1.3で斜線で示された範囲は有意水準の確率をあらわしていました。有意水準はデータから計算したzの確率を「小さい」あるいは「大きい」と判断するための基準でした。つまり、この範囲に標本のデータから計算したz値が位置していれば、そのz値よりも極端にはずれた値が出現する確率は有意水準1%よりも小さいと判断したわけです。有意水準に対応するz値を**臨界値**とよび、臨界値よりも$z = 0$から遠いzの範囲を**棄却域**とよびます。もし標本の平均値からもとめたz値が棄却域に入れば帰無仮説を棄却する、というルールにしたがって統計的な検定をおこないます。

例6.1a では、標本の平均値が母平均よりも大きいかどうか、だけを問題にしましたから、棄却域は標準正規分布の図で右側、つまり正のzの範囲だけに設定され、臨界値よりも「大きな」zが標本のデータから得られれば帰無仮説を棄却しました。もし、標本の平均値が母平均よりも「小さい」かどうかを問題にするならば、棄却域は、正規分布の左側、つまりzの負の範囲だけに設定されます。

6.1.4 仮説の方向性と検定：片側検定と両側検定

ここまでの標本の平均値についての検定では、平均値が母集団の平均よりも大きいか（あるいは小さいか）、のいずれか一方だけを仮定して検定をおこなってきました。そのため、棄却域は標準正規分布の図では、その右側か左側のどちらか一方だけに設定されました。このように一定の方向にのみ棄却域を設定しておこなわれる検定を**片側検定**といいます。

これに対して、研究をはじめる前に新しい学習方法がテストの得点を上げるのか、それとも下げるのかを仮定しない場合があります。この場合、棄却域を標準正規分布の右側か左側のどちらか一方だけに設定することはできません。そこで、図6.1.4のように標準正規分布の右と左の両側に棄却域を設定することになります。これを**両側検定**といいます。このとき、2つの領域の面積の合計が有意水準αの大きさに対応することに注意しましょう。つまり、

CHAPTER 6 統計的仮説の検定と推定

左右の棄却域に $\dfrac{\alpha}{2}$ ずつが配分されることになります。

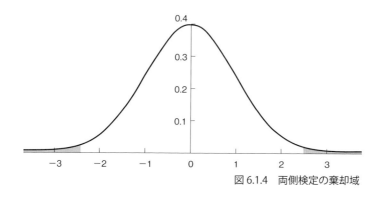

図 6.1.4 両側検定の棄却域

例 6.1b

例 6.1a で、有意水準が 1% の両側検定をおこなって、新しい学習方法が従来の方法とは**異なる**結果をもたらしたかどうか、検定しましょう（⇨くわしい説明 両側検定の棄却域）。母集団、つまり従来の方法で学習した場合の成績は平均点が 70 点、標準偏差が 20 点、実験結果である標本の平均値は 80 点でデータ数は 25 でした。

両側検定

1. 標本の平均値からもとめられる z 値は 例 6.1a と同じである。

$$z = \frac{\bar{X} - \mu}{\frac{\sigma}{\sqrt{n}}} = \frac{80 - 70}{\frac{20}{\sqrt{25}}} = 2.50$$

2. 臨界値と棄却域をもとめてみよう。有意水準は 1% だが、今回は両側検定をおこなうので、片側検定のときとは棄却域の設定が異なる。$\dfrac{\alpha}{2}$ ずつ、標準正規分布の左右両側に棄却域が設定される。つまり、標準正規分布の右側で見ると、確率 $\dfrac{0.01}{2} = 0.005$ に対応する z 値が棄却域の境界、すなわち臨界値になる。表から z 値は 2.58 であることがわかる。

6.1 統計的仮説の検定とは

> ここで、標準正規分布の左側にも同様に棄却域が設定されることを忘れないように。つまり、$z = -2.58$ がもう 1 つの臨界値になる。以上をまとめると、棄却域は $z = 2.58$ 以上の範囲と、$z = -2.58$ 以下の範囲に分かれることになる。それぞれの臨界値の外側、すなわち z の「大きさ」(絶対値)が 2.58 よりも大きい範囲が棄却域となる。
> 3. 標本の平均値の z 値は 2.50 だったから、その大きさは 2.58 よりも大きくはなかった。棄却域には入らないから、帰無仮説を棄却することはできない。したがって、「新しい学習方法による平均点は従来の方法による平均点と有意に異なるとはいえなかった($z = 2.50$, $p > .01$(両側))」といわなければならない。

(く・わ・し・い・説・明)

〈両側検定の帰無仮説〉
従来の学習方法による成績の母集団の平均 μ、新しい方法で学習した成績の母集団の平均を μ_0 とすると、帰無仮説は「$\mu_0 = \mu$」であり、対立仮説は「$\mu_0 \neq \mu$」と書くことができます。

Try 2

例 6.1b の棄却域として適切なものを、必要ならば組み合わせて選びなさい。

① $z < -2.58$　② $z < -2.33$　③ $-2.33 < z < 2.33$　④ $z > 2.33$
⑤ $z > 2.58$

6.1.5 2つの誤り

　ここまで、ある標本データ(たとえば新しい学習方法を試みた結果の成績)の平均値が仮定した母集団(従来の学習方法による成績)からの標本であると仮定(帰無仮説)して、そのもとでその母集団からの標本平均の分布にデータからの平均値を位置づけて、その確率をもとめました。確率が小さければ帰無仮説を棄却して、標本のデータはこの母集団から抽出されたものではないと判定するわけです。つまり、ここでは帰無仮説が正しい場合でも、そ

の仮説をすててしまうという「誤り（過誤）」の可能性が0ではないのです。したがって、その誤りの可能性を評価する基準となる有意水準 α は、誤った判定をおこなう可能性（**危険率**ともいいます）と考えることができます。この誤る可能性（危険率）のことを**第一種の過誤（タイプ1エラー）**といいます。たとえば、新しい学習方法が有効ではないのに、有効であるとする誤りです。

さて、統計的な判定には、実はもう1つ、誤りの可能性が隠れています。帰無仮説が誤り（偽）であるのに統計的にその仮説をすてないことです。誤った仮説をすてないわけですから、これも誤りにはちがいありません。たとえば、新しく試みた学習方法が実は効果的であるのに、その方法が有効ではないと結論してしまうことが、これにあたります。このような誤りを**第二種の過誤（タイプ2エラー）**とよび、その確率を β であらわします。また、帰無仮説が偽であるときにこれを正しく棄却する確率は $1-\beta$ で、これを**検出力**（あるいは**検定力**）とよびます。効果的な学習方法を、正しく「効果的である」と結論する場合にあたります。

図6.1.5は2つの誤り（α と β）の関係を示しています。これまで帰無仮説 H_0 が真であると仮定した場合だけを考えてきましたが、ここでは H_0 が真である場合と H_1 が真である場合の両方を図示しています。統計的仮説の

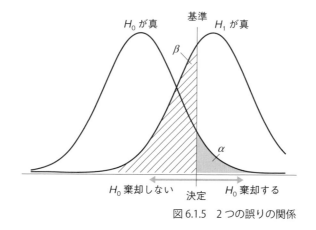

図6.1.5　2つの誤りの関係

検定は帰無仮説が真である場合についておこなわれますが、その帰無仮説を棄却しない場合には、常に真である対立仮説を誤ってすてる可能性（β）があることを考える必要があります。また、有意水準を厳しくする（図6.1.5の「基準」を右のほうへ移動する）と、αが小さくなりますが、同時にβが大きくなることにも注意しましょう。

Try 3

つぎの各文章が正しいかどうか○か×で答えなさい。

平均値の片側検定をおこなうためにzを求めた。
① この場合、片側検定よりも両側検定のほうが有意な結果になりやすい。
② 有意水準が5％の時よりも、有意水準が1％のほうが検出力（検定力）は下がる。
③ p値とは、帰無仮説が誤っているときに、このzの値か、それ以上の大きさのzが出現する確率である。

Point！

1. 統計的検定のためには帰無仮説をたてます。
2. 帰無仮説のもとで標本の統計量（たとえば平均値）が得られる確率pをもとめます。
3. その確率pの大小を判断する基準が有意水準αです。
4. αは、帰無仮説が正しいときに誤って棄却する誤り（第一種の過誤）の確率です。
5. $p < \alpha$ならば帰無仮説を棄却します。
6. 検定統計量（zなど）とαに対応する臨界値を比較することで検定をおこなうこともできます。
7. 標本平均からのzが臨界値の「外側」（棄却域）に入れば、$p < \alpha$と判断して帰無仮説を棄却できます。

6.2 検定の実際 — t 分布を使う

6.2.1 母集団の標準偏差がわからないとき

　6.1 節では標準正規分布を使って、標本の平均値が特定の母集団から抽出されたものであるという仮説（帰無仮説）を棄却するかどうかを決定しました。そのため、母集団の標準偏差 σ をもとに標準誤差をもとめて z 値を算出し、その確率 p をもとめました。ところが、現実の場面では母集団の標準偏差がはじめからわかっていることはむしろ珍しいことです。σ の値がわからなければ、z 値をもとめることができません。

　そこで σ の代わりに使うことができるものを探すことになります。標本の分散 S^2 はそのままでは母分散 σ^2 の代わりとしては適していませんが、前章で見たように、不偏分散（不偏推定値）$\hat{\sigma}^2$ を使えば母分散の推定値として偏らないことが知られています（⇨第 5 章）。

　そこで次のように、

$$\hat{\sigma}_{\bar{X}} = \frac{\hat{\sigma}}{\sqrt{n}}$$

として標準誤差を推定し、これをもとに z の代わりに、

$$t = \frac{\bar{X}-\mu}{\hat{\sigma}_{\bar{X}}} = \frac{\bar{X}-\mu}{\dfrac{\hat{\sigma}}{\sqrt{n}}} \tag{6.2.1}$$

という統計量を考えることができます。この統計量は t という文字であらわされます。t を使えば、母集団の標準偏差がわからないときでも、標本の平均値についての統計的な検定が可能になります。

6.2.2　t 分布と自由度

　ここで t という統計量の、標準正規分布 z とは異なる重要な性質について説明しておきます。統計量 t には今まで登場しなかった**自由度**という考え方が必要になります。これが標準正規分布 z と異なる点です。

　176 ページの数式 6.2.1 をもう一度見てください。t を定義する際に、母集団の標準偏差 σ の代わりに標本の標準偏差 $\hat{\sigma}$ を使って「推定して」います。$\bar{X}$、μ、n はすでにわかっています（定数です）から、$\hat{\sigma}$ によって t は影響をうけます。標準偏差 $\hat{\sigma}$ のもとになる不偏分散 $\hat{\sigma}^2$ を計算する際には、S^2 と同じように n 個のデータについてそれぞれ平均値 $\bar{X}$ との偏差（へだたり）を計算します。ところが、平均値 $\bar{X}$ がすでにわかっていて、しかも平均値の定義から偏差の和は 0 にならなければなりません。そのため n 個のデータが自由にすべて変化するわけにはいかないことになります。$n-1$ 個のデータが決まれば、残りの 1 つは自動的に決まってしまうのです。そこで t もデータの数から 1 を引いた $n-1$ だけ変化する余地があることになります。これを**自由度**（df: degree of freedom）といいます。つまり、t の値をもとめる場合には自由度 $n-1$ を考慮に入れる必要があります。なお、自由度はこれからしばしば登場しますが、すべての場合に $n-1$ になるとは限らないので注意しましょう。

　t についても z と同じようにその確率分布（⇨ p.157）を考えることができます。これを **t 分布**とよびます。z と同じようにデータから得られた t 値についてその上側確率、下側確率などをもとめることができるのです。図 6.2.2 に、自由度 df が 3、15、無限大の 3 つの t 分布を示しました。自由度が無限大になれば、t 分布は標準正規分布に一致します。

　さて、これから統計量 t を使って z の場合と同じように統計的な仮説検定をおこなうわけですが、実際には有意水準に応じた t の臨界値を設定しておき、標本からもとめた t 値と比較するほうが便利です。つまり、標本からもとめた t 値が臨界値よりも（$t=0$ に関して）外側であれば、帰無仮説を棄却できるのです。t 分布表（⇨ p.306）には、しばしば使われる有意水準に対

CHAPTER 6 統計的仮説の検定と推定

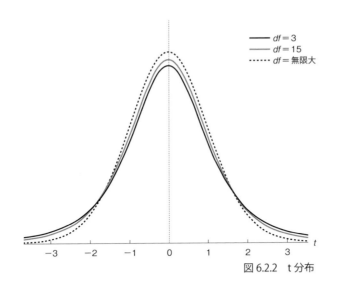

図 6.2.2 t 分布

応した t の臨界値を掲載してあります。両側検定と片側検定の場合に分けて有意水準 1% と 5% の t の臨界値を各自由度ごとにのせています。

例 6.2

例 6.1a で、母集団が未知であるとして、その代わりに標本の標準偏差 $\hat{\sigma}$ を利用してみましょう。

母集団、つまり従来の方法で学習した場合の成績は平均点が 70 点、実験結果である標本の平均値は 80 点で標準偏差 $\hat{\sigma}$ は 20 点、データ数は 25 でした。有意水準を 5% として片側検定をおこなってください。

---

t 分布を用いた検定を行う

1. まず標本の平均値から t 値をもとめよう。

$$t = \frac{\bar{X}-\mu}{\frac{\hat{\sigma}}{\sqrt{n}}} = \frac{80-70}{\frac{20}{\sqrt{25}}} = \frac{10}{4} = 2.50$$

2. 次に自由度をもとめる。

$$df = n-1 = 25-1 = 24$$

3. 自由度 24 で片側検定、有意水準 $\alpha = .05$ の t の臨界値を付表 2 からもとめると、1.711 が臨界値であることがわかる。したがって標本のデータからもとめた t 値は臨界値の外側（棄却域）にあることがわかったので帰無仮説を棄却し、今回の実験の結果は、新しい学習方法の効果は従来の方法とは異なると結論する。

例 6.2 の統計的な結論の部分をレポートや論文では次のように表記します。

$$t(24) = 2.50, \ p < .05 \ (\text{片側})$$

（　）の中には自由度を書き、等号の後には**標本のデータから計算した t 値を書きます**。臨界値は必要ありません。また、有意水準がわかるように $p < .01$ と明示します。

6.2.3 p 値と効果量

上の例題で新しい学習方法の効果がもし 1% の有意水準で認められた場合（確かめてみてください）に、有意水準が 5% で認められた場合よりもその影響が大きかったということを意味しません。これは初学者がおかしやすい誤りなのですが、t 値は単にデータ数が増えただけでも大きな値になるからです。

検定の結果から得られる t 値や p 値は、心理学の研究において問題となるような効果（たとえば学習方法の効果）を反映していないので、これらとは別にこのような効果の程度をあらわす指標がもとめられることになります。平均値については、次のように標本と母集団の平均値の差を標準偏差で割って標準化したものとして、次の d を考えます（⇨くわしい説明）。

$$d = \frac{(\text{標本の平均} - \text{母平均})\text{の大きさ}}{\text{母集団の標準偏差}}$$

これは 2 つの平均の間の差の大きさを標準偏差を単位として評価したもの

で、たとえば、$d = 0.5$ ならば両平均値が標準偏差の半分だけ離れていることを意味します。一般に、d の値が 0.2 ならば小さな効果量、0.5 ならば中程度、0.8 ならば大きな効果量と判断します。

(く・わ・し・い・説・明)

〈効果量の示標〉

これは、コーエン (1988) の考え方です。第 7 章では 2 つの平均値の差を検定しますが、その場合も同様に d の分子は 2 つの平均値の差の大きさで、分母は 2 つの標本の大きさを考慮してまとめた標準偏差です。同様の効果量を第 8 章でも取り上げます。

Try 4 例6.2 について、以下の各文章が正しいかどうか○か×で答えなさい。

① 従来の学習方法による成績の母集団の平均を μ、新しい方法で学習した成績の母集団の平均を μ_0 とすると、帰無仮説は「$\mu_0 = \mu$」であり、対立仮説は「$\mu_0 \neq \mu$」である。
② 棄却域は、$t \leq 1.711$ である。
③ 効果量は、$d = 0.5$ であり、中程度の効果の大きさと言える。

Point!

1. 標本の平均値の検定で標本の標準偏差 $\hat{\sigma}$ を使う場合には、t 分布を利用します。
2. t 分布には自由度 df がついてまわります。
3. 有意水準 α に対応する臨界値をもとめて、標本平均の t 値がその「外側」（棄却域）に入れば、$p < \alpha$ として帰無仮説を棄却します。
4. 標本平均の t 値が棄却域に入らなければ、$p > \alpha$ となり、帰無仮説は棄却できません。

6.3 区間推定

範囲を推定する

母集団の平均値についてもっと具体的に推測する場合にはどのような方法があるでしょうか。母集団の平均値が 95％の「確からしさ」で特定の範囲にあることが推定できれば、それは有効な情報ということができます。このような推定方法を**区間推定**といい、得られた範囲を、たとえば 95％の信頼区間といいます。

母集団の平均値 μ は少なくとも標本の平均値 $\bar{X}$ に近い値であることは仮定できますから、$\bar{X}$ を中心に一定の範囲に μ があると推定してみましょう。母集団の標準偏差 σ がわからない場合の平均値の検定に使用した t 分布を利用すると、95％の信頼区間をもとめようとする場合、次の不等式で μ の範囲を推定することができます。

$$\bar{X} - t \cdot \frac{\hat{\sigma}}{\sqrt{n}} < \mu < \bar{X} + t \cdot \frac{\hat{\sigma}}{\sqrt{n}}$$

ここで、t 値は両側で 5％ （1 − 0.95 = 0.05）の棄却域をもつ値です。この t 値の内側では、確率は 95％になります。

例 6.3

ここでも先の例を使って母集団の平均値を推定してみましょう。標本の平均値は 80 点で標準偏差 $\hat{\sigma}$ は 20 点、データ数は 25 でした。そのときの母平均の 95％の信頼区間をもとめてみましょう。

母集団の平均値を推定する（区間推定）

1. 両側 5％ （1 − 0.95 = 0.05）の t の臨界値を t 分布表からもとめる。その際の自由度は 25−1 = 24 ですから、臨界値は 2.064 であることがわかる。

2. 次に標準誤差は、以下のようになる。

$$\frac{\hat{\sigma}}{\sqrt{n}} = \frac{20}{\sqrt{25}} = 4.00$$

3. もとめる信頼区間は次のようになる。

$$80 - 2.064 \cdot 4.00 < \mu < 80 + 2.064 \cdot 4.00$$
$$80 - 8.256 < \mu < 80 + 8.256$$
$$71.744 < \mu < 88.256$$

6.4 相関係数の検定

6.4 相関係数の検定
変数間の関係を分析する

心理学で用いられる統計量の中で、第4章で取り上げた相関係数は、複数の変数の間の関係を分析するためにしばしば利用される統計量です。そこで、この相関係数についての検定を考えてみましょう。標本の相関係数 r の標本分布とその標準誤差を利用し、母集団の相関係数（**母相関係数 ρ**：ローと読みます）についての検定をおこないます。

6.4.1　ピアソンの積率相関係数の検定

ピアソンの相関係数では2つの変数の間に関連があるのか、それとも関連がないのか、がまず問題となります。つまり、相関係数が0であるか否かを判断したいのです。これは、母集団で母相関係数 ρ が0であるかどうかを検定することを意味します（**無相関検定**）。そこで、母相関係数が0であるという帰無仮説のもとで、手元の標本の相関係数が得られる確率をもとめ、その値が有意水準に達しなければ帰無仮説を棄却して母相関係数は有意に0とは異なる、つまり、有意な関連があると結論することにします。

母相関係数が0のときの相関係数 r の標本分布は正規分布で近似できることから、検定のためには r をもとに次のように t 値を計算して、その分布を利用します。

$$t = \frac{r}{\sqrt{\dfrac{1-r^2}{n-2}}}$$

ここで t 分布の自由度 df は、n 組のデータの場合、次の式でもとめます。

$$df = n - 2$$

例6.4

50名の学生に2つの心理検査を実施した結果、その相関係数は $r = 0.38$ でした。この2つの検査には関連があるといえるでしょうか。有意水準5%で検定してください。

ピアソンの相関係数で検定する

1. まず、t 値と自由度をもとめる。

$$t = \frac{0.38}{\sqrt{\frac{1-0.38^2}{50-2}}} = 2.85$$

$$df = 50 - 2 = 48$$

2. t 分布表（⇨ p.306）から自由度48に対応する両側検定で有意水準5%の臨界値をもとめる。表では自由度40のとき2.021、自由度60のとき2.000の値が示されている。この場合、自由度48に対応する臨界値は2.000より大きく2.021より小さいわけだが、基準をむやみに低くして不当に有意であるという判定を避けるために、2.021を代用しておこう。それでもデータから得られた t 値2.85が臨界値を超えていることにまちがいはない。

3. $r = 0.38$、$t(48) = 2.85$、$p < .05$
として、有意な相関が認められた、と結論する。

6.4.2 相関係数の検定と評価

検定の結果から母相関係数 ρ は0とは有意に異なる、という結論が得られた場合でも、その関連が心理学的に意味があるかどうかは慎重に考えなければなりません。たとえば、1000名の学生に2つの検査を実施して、$r = 0.10$ という相関係数が得られた場合、例6.4 と同じように検定をおこなってみると、

$$r = 0.10,\ t(998) = 3.18,\ p < .01$$

という統計的な結論が得られます。つまり、統計的には有意な相関が認められるのです。しかし、これは n が大きかったことによる結果だと思われます。n が大きくなれば、t 分布の特性から、統計的には有意な結果は出やすくなるからです。

たとえ統計的に有意に 0 とは異なるとしても、$r = 0.10$ では心理学的には積極的に相関関係があると認めることはできません。このように統計的な有意性と心理学的な意味は区別して考える必要があるのです。

Try 5

ピアソンの積率相関係数 r の検定について、以下の各文章が適切かどうか○か×で答えなさい。

① 無相関検定の帰無仮説は、「母集団の相関係数 $\rho=0$ である」ことである。
② $r=0.10$ で無相関検定の結果、帰無仮説が棄却されたので、強い相関関係があると結論した。

6.5 度数についての検定
推測統計の手法

　ここでは間隔尺度で平均値や相関係数をもとめる場合からしばらく離れて、もう一度、名義尺度や順序尺度に戻っていくつかの代表的な推測統計の手法を解説します。名義尺度や順序尺度では、平均値の検定でおこなったような母集団の平均値や分散などの母数（パラメータ）を推定するという手順をふむことはありません。母数の推定をふくむ検定法を**パラメトリック検定**とよび、これに対して分散などの母数の推定をおこなわない検定法を**ノンパラメトリック検定**とよびます。この節では、まず名義尺度データの処理、つまり、度数データを検定する方法として χ^2（カイ2乗）検定を取り上げます。これは、A、B、C評価のようなカテゴリカルな順序尺度データ（⇨第2章 p.19 および第4章 p.128）でも使われます。

6.5.1　χ^2（カイ2乗）分布を利用する①：独立性の検定

クロス集計表を作る

　名義尺度のデータがどのようなものか、もう一度例をあげてみましょう。表 6.5.1a は 10 名の男女に朝食を食べたかどうかたずねた結果です（仮想データ）。質問に対する回答は、「はい」「いいえ」のいずれかです。つまり、名義尺度データが得られているわけです。心理学では実験や検査にくわえて、しばしばこのような質問法によって具体的な行動について調査し、これをデー

表 6.5.1a 「朝食を食べたか」という質問に対する答え

調査対象者番号	性別	回答
1	女	はい
2	男	はい
3	女	いいえ
4	女	はい
5	男	いいえ
6	男	いいえ
7	女	いいえ
8	男	いいえ
9	男	いいえ
10	女	はい

タとして考察をすすめることがあります。この例のような摂食行動も基本的な日常行動の1つで、最近の摂食障害の実情や生活全般の基礎的事実を知るためにも意味があります。

表6.5.1bはこの調査を100名の対象者におこなったものです（仮想データ）。性別と回答の組み合わせ（表の細胞あるいはセルといいます）に加えて、表の右端と下部にはそれぞれ女性と男性の度数、「はい」と「いいえ」の度数が集計されています。これらを**周辺度数**とよびます。また、右下には女性と男性の総数、つまり全回答数（総度数）がもとめられています。「はい」と「いいえ」の回答数をあわせたものと、女性と男性の総数が一致することを確認しましょう。

表6.5.1b　性別と回答のクロス集計表(2)

性別	はい	いいえ	周辺度数
女	40	20	60
男	10	30	40
周辺度数	50	50	100

ここで検討したいことは、性別と回答に何か関係があるかどうか、つまり、それらの間に**連関**があるかどうかです（⇨ p.133）。それではこれらの間に連関がない、とはどういうことでしょうか。表6.5.1cは性別と回答に連関がない場合の一例です。女性で「はい」と答えたひとは女性全体の4分の3（60名のうちの45名）で、男性でも男性全体の4分の3（40名のうちの30名）です。つまり、女性でも男性でもその4分の3が朝食を食べたわけですから、性別は朝食を食べたかどうかと連関がないのです。このような場合、性別と回答は**独立**である、ともいいます。

表6.5.1c　性別と回答のクロス集計表(3)（連関がない場合）

性別	はい	いいえ	周辺度数
女	45	15	60
男	30	10	40
周辺度数	75	25	100

独立性の検定

そこで、性別と回答に関連があるかどうかを統計的に検定するには、両者が独立であることを仮定して（帰無仮説）、そのもとで得られる統計量を考え、前節の平均値の検定のときにおこなったように、その統計量が出現する確率が小さければ帰無仮説を棄却して性別と回答が連関があると結論することにします。表 6.5.1b に戻って、このデータで性別と回答に連関があるかどうか、つまり両者が独立という帰無仮説を棄却できるかどうか、実際に検定してみましょう。

上に述べた理由から、ここでおこなう検定は**独立性の検定**とよばれます。検定のために利用する統計量は独立である場合からの「ずれ」をもとに考えることにします。そこでまず表 6.5.1b で、もし性別と回答が独立ならば、どのような値（度数）が各セルで予想されるか、を考えてみましょう。この場合の度数を**期待度数**（expected frequency）とよびます。これに対して実際に得られた度数（表 6.5.1b の各セルの値）を**観測度数**（observed frequency）といいます。表 6.5.1d は、表 6.5.1b をもとに各セルの期待度数をもとめたものです。期待度数は E、観測度数は O であらわされています。

表 6.5.1d 表 6.5.1c のデータの期待度数

		はい	いいえ	周辺度数
女	観測度数 O	40	20	60
	期待度数 E	30	30	
男	観測度数 O	10	30	40
	期待度数 E	20	20	
周辺度数		50	50	100

たとえば、女性で「はい」の組み合わせのセルでは、女性の総度数 60 を周辺度数の比で配分した値、つまり、

$$女性の総度数 \times \frac{「はい」の周辺度数}{周辺度数の総和} = 60 \times \frac{50}{100} = 30$$

を期待度数とします。同様に、女性の「いいえ」男性の「はい」「いいえ」は、

それぞれ、$60 \times \frac{50}{100} = 30$、$40 \times \frac{50}{100} = 20$、$40 \times \frac{50}{100} = 20$、となります。

各セルの期待度数をもとめた後は、各セルごとに観測度数が期待度数からどの程度ずれているのか、を計算します。そのために、観測度数 O から期待度数 E を引いて2乗して、ずれの大きさをもとめることにします。さらに、ずれの大きさを期待度数と比べて相対的な値にしましょう。つまり、各セルのずれをさらに、次のように修正します。たとえば、女性「はい」では、

$$\frac{(O-E)^2}{E} = \frac{(40-30)^2}{30} = \frac{100}{30} = 3.33$$

となります。さらに他のセルでも計算したうえで、それらをすべてのセルで足しあわせれば、独立な場合からの相対的なずれの総和がもとめられます。

$$\frac{(40-30)^2}{30} + \frac{(20-30)^2}{30} + \frac{(10-20)^2}{20} + \frac{(30-20)^2}{20} = 16.67$$

χ^2（カイ2乗）分布を利用する

上でもとめた独立な場合からのずれの総和は、χ^2（カイ2乗）分布とよばれる分布（確率分布）をなすことがわかっています。この分布を利用して、独立な場合からのずれの程度を評価してみましょう。

χ^2 分布は t 分布と同じように自由度 df によって分布のかたちが異なります。表6.5.1cのような2行2列のクロス集計表の場合、自由度の計算は行と列の数からそれぞれ1を引いたものをかけ合わせたものになります。

$$df = (2-1) \times (2-1) = 1$$

この自由度1の χ^2 分布から、

$$\chi^2 = 16.67$$

という値が出現する確率をもとめることができます。ここでは t 分布を使ったときと同じように、有意水準を先に決めておいて臨界値をもとめ、その臨界値よりもデータから得られた χ^2 値が大きければ、その値が出現する確率

が有意水準よりも低い（$p < \alpha$）と判断して、独立であるという帰無仮説を棄却します。つまり、行と列（性別と回答）に有意に連関があると判断します。

自由度1の場合で、有意水準1%のχ^2の臨界値を付表3（⇨ p.306）から探してみましょう。この表では各自由度に対応する有意水準1%と5%の臨界値が示されています。表から6.64が臨界値であることがわかりますから、データから得られた16.67は臨界値を超えています。したがって、次のように書いて、帰無仮説が棄却されることを示します。

$$\chi^2(1) = 16.67, \ p < .01$$

これで、「性別と回答に有意な連関がある」ことが認められました。

以上のような計算は、一般にk行、l列のクロス集計表でも同様におこなうことができます。つまり、すべてのセルについて観測度数と期待度数の差の2乗を期待度数で割り、それらをあわせればよいのです。このことを記号でまとめておきましょう。

$$\chi^2 = \Sigma \frac{(O-E)^2}{E}$$

なお、この場合、χ^2分布の自由度dfは、

$$df = (k-1) \times (l-1)$$

となります。

Try 6

表6.5.1dにおけるχ^2検定について、以下の各文章が適切かどうか○から×で答えなさい。

①女の期待度数が「はい」と「いいえ」で等しいのは、男・女の周辺度数が等しいからである。
②独立性の検定において、帰無仮説は「性別と回答に独立である」ことである。

6.5.2　χ^2(カイ2乗)分布を利用する②：適合度の検定

　独立性の検定は、心理学の研究では調査の集計などでしばしば使われる基本的な分析手法ですが、同様に、χ^2分布を利用する分析に適合度の検定があります。これは、観測された度数分布が、理論的な確率から予測される期待度数の分布に適合するかどうかを検定するものです。

例6.5

　ある心理検査得点の度数分布が得点の階級別に異なるかどうかを調べたところ、表 6.5.2a の観測度数 O のようであったとします。一方、これまでの研究からこの検査の各階級の度数の過去の比率が表のようにわかっていたとします。過去の比率を考慮したとき、特定の階級の度数が多いといえるでしょうか。つまり、今回の度数分布は過去の分布に適合しているでしょうか、それとも、過去の分布から期待される度数からずれているでしょうか。有意水準 5%で検定してください。

表 6.5.2a　検査得点の度数分布表(1)

得点階級	15−16	17−18	19−20	21−22	23−24	周辺度数
観測度数 O	4	13	12	11	10	50
過去の比率	0.08	0.15	0.30	0.30	0.17	1.00
期待度数 E	4	7.5	15	15	8.5	

適合度の検定手順

1. 過去の分布から期待されるそれぞれの階級の期待度数 E は簡単にもとめることができる。総度数 50 に各階級の過去の比率をかける。たとえば 15 点から 16 点では、以下のようになる。

$$E = 50 \times 0.08 = 4$$

2. これらの観測度数 O と期待度数 E をもとに、先の χ^2 値を計算し、棄却域に入れば、観測度数が期待度数に適合しているという帰無仮説を棄却して、観測度数が期待度数からずれていた、つまり、特定の階級で度数が多かったと結論する。

ここで、χ^2 分布を利用するには、期待度数が 5 以上であることが望ましいことに注意しよう。そこで、イェーツの修正を用いる代わりに表を作りなおして、15 点から 18 点までをまとめて集計し、期待度数が 5 以上になるようにしたものが表 6.5.2b である（⇨くわしい説明）。

表 6.5.2b　検査得点の度数分布表(2)

得点階級	15−18	19−20	21−22	23−24	周辺度数
観測度数 O	17	12	11	10	50
過去の比率	0.23	0.30	0.30	0.17	1.00
期待度数 E	11.5	15	15	8.5	

3. 表 6.5.2b で χ^2 値を計算してみよう。自由度は新たな階級数 4 から 1 を引いたものである。

$$\chi^2 = \Sigma \frac{(O-E)^2}{E}$$
$$= \frac{(17-11.5)^2}{11.5} + \frac{(12-15)^2}{15} + \frac{(11-15)^2}{15} + \frac{(10-8.5)^2}{8.5} = 4.56$$
$$df = 4 - 1 = 3$$

4. 有意水準 5% の χ^2 の臨界値は付表 3 から 7.82 だから、データから計算した χ^2 値は臨界値を超えなかった。したがって、帰無仮説は棄却できない。

$$\chi^2(3) = 4.56,\ p > .05$$

検査得点の度数分布は、過去の比率から期待される分布に**適合していた**といえる。

(く・わ・し・い・説・明)

〈期待度数 E が小さいとき〉

ここで説明した χ^2 分布を用いた検定は、もとのデータが「男」「女」や「はい」「いいえ」のような離散変数の場合に χ^2 の確率分布という連続変数の分布を適用したものです。そのため、度数の値が小さいときには、適用することに無理があるといわれています。期待度数が 5 未満のセルが 1 つでもある場合は、次のように修正をした χ^2 値をもとめることが推奨されています。これを**イェーツの修正**とよびます。

$$\chi^2 = \sum \frac{(|O-E|-0.5)^2}{E}$$

期待数が少ない場合には、直接、そのような度数が出現する確率を計算することもあります（フィッシャーの直接法など）。ただ一般にクロス集計表で、もし期待度数が5未満のセルがある場合には、まず度数の少ない行や列をまとめてクロス集計表を作りなおし、分析をおこなうほうが望ましいといえます。

Point!
1. 名義尺度やカテゴリカルな順序尺度の変数では、一般に各変数のカテゴリーごとに度数を集計します。
2. これらの変数を組み合わせてクロス集計表を作ることがよくあります（分割表）。
3. 2つの変数の間に連関があるかどうかは、χ^2（カイ2乗）検定で検定します。
4. χ^2検定は分布の適合度の検定にも用いられます。

第6章の練習問題

次のデータは、若い女性と中年の女性にあるブランドA社の印象（好きか、嫌いか）をたずねた結果の人数（度数）をまとめたクロス集計表である（仮想）。年代によって好き嫌いに違いがあるか、すなわち好き嫌いと年代は関連しているか検定しなさい（有意水準5%）。

表　A社ブランドの印象

	好き	嫌い
若い女性	45	29
中年女性	25	33

Research 　　　　　　　　　　　　　　地下鉄内での援助行動

　心理学では、自然に近い状況で人間の行動を観察することがあります。ここで紹介する研究（ピリァヴィン他、1969）は、ニューヨークの地下鉄で実際に一般人の援助行動を観察したもので、実験者が設定したモデル（サクラ）に対して、援助行動が生じるかどうかを問題にしています。特に、モデルの人種（白人、黒人）や態度（杖をもっているか、酔っぱらいか）と、援助者の人種などの関連が分析されました。これらはいずれも名義尺度ですから、その連関を分析するためにそれらのカテゴリーを組み合わせたクロス集計表を作成して、それぞれの場合に観察された援助行動の反応数（度数）が数えられました。また、車内の人種別の人口分布から統計的に「期待」される援助の度数と、実際に観察された度数が「適合する」かどうかも分析されました。

　彼らの結果では、援助行動をおこなったひとの人種は、人口比から期待される度数と有意には異なりませんでした。つまり、特定の人種が援助行動をおこなうということはありませんでした。また、モデルの人種と援助者の人種の関係は、モデルが杖をついたひとの場合には連関がありませんでしたが、モデルが酔っぱらいの場合には同人種のひとの間に援助行動が見られ、異なる人種間では援助行動が見られない傾向があったとされています。

　ただし、この結果は統計的には有意ではありませんでした。これらの統計的な分析では主としてχ^2検定がおこなわれましたが、黒人のモデルの場合には度数が少なかったので、フィッシャーの直接法とよばれる方法で確率を直接、計算しています。

引用文献

Piliavin, I. M., Roden, J., & Piliavin, A. (1969). Good Samaritanism；an underground phenomenon? *Journal of Personality and Social Psychology*, Vol. 13, No.4, pp.289-299.

リチャードD. グロス　大山正・岡本栄一（監訳）(1993). ピリァビィン、ローデン、ピリァヴィン　良きサマリア人主義；隠れた現象なのだろうか　キースタディーズ心理学（上）新曜社

CHAPTER 7
t 検定

この章で学ぶこと
2つの平均値の間の有意差を検定する

　本章では、2つの平均値の間の差を検定する方法として、t 分布を用いた検定法（t 検定）について学びます。t 検定は、2つの異なる母集団の平均値の間に差があるかどうかを標本の平均値をもとにして統計的に推測し、母集団についての結論を述べることを目的としています。

　t 検定においては、2つの標本に"対応のない場合（独立の場合）"と"対応のある場合（関連のある場合）"で計算方法が異なります。7.1 節では"対応のない場合"について、7.2 節では"対応のある場合"について解説します。また、7.3 節では、2つの平均値の間の有意差の有無に加え、その差が実際にどの程度かという差の大きさについても述べることができる、2つの平均値の差の信頼区間のもとめ方を学びます。

| CHAPTER 7　t 検定

7.0　2つの平均値の比較について考える
t 検定をはじめる前に

　第6章では、1つの平均値についての検定を学びました。ここでは、第6章で学んだ知識を活用しながら、2つの平均値の差の検定について学習します。具体的には、t 検定という方法を用いて、2つの平均値の差の検定をおこないます。t 検定は、2つの平均値の間の有意差を検定する方法として、よく用いられています。

　ここで取り上げる t 検定は、2つの異なる母集団の平均値 μ_1 と μ_2 の間に差があるかどうかを、限られたいくつかのデータ、すなわち標本の平均値をもとにして統計的に推測（検定）し、母集団についての結論を述べることを目的としています。

　t 検定をはじめる前に、t 検定の目的についてまちがえやすい点やわかりにくい点を説明しておきます。

7.0.1　2つの異なる母集団とは？

　ここでいう"2つの異なる母集団"とは、第5章で述べた母集団とはイメージとして少し異なります。第5章で述べた母集団は、被験者（標本）抽出における母集団という考え方で、たとえば、ある調査において日本人の青年に関する何らかの行動を調べることが目的ならば、母集団は日本人の青年すべてになるわけです。しかし、多くの場合には、日本人の青年すべて（母集団）について調査することは困難であるため、その想定した母集団（日本人の青年すべて）から標本（何名かの日本人の青年）を抽出して調査をおこなうわけです。

　一方、この章で取り上げる"2つの異なる母集団"とは、たとえば、ある薬の効果を調べるための実験で、"薬を与えた条件"と"薬を与えない条件"

という2つの条件があるとき、まさにこの"薬を与えた条件"と"薬を与えない条件"のことを"2つの異なる母集団"といいます。そして、実際のt検定では、"薬を与えた条件"のもとでの反応の集まりという1つの母集団から標本をn_1個もってきて、"薬を与えない条件"のもとでの反応の集まりというもう1つの母集団から標本をn_2個もってきて、それら2つの標本の平均値の間に統計的な有意差があるかを調べます。つまり、ここでいう"2つの異なる母集団"とは、測定値の背景にある反応の集合であるわけです。そして、"2つの異なる母集団"の平均値μ_1、μ_2とは、"薬を与えた条件下での反応"という母集団の平均値μ_1と、"薬を与えない条件下での反応"という母集団の平均値μ_2を指します。

7.0.2　t検定の目的

　t検定をふくめた統計的検定では、検定の目的や統計的仮説などにおいて、母集団と標本の話が入り混じり、実際には測定していない母集団についての平均値μ_1、μ_2等が出てくるので話がわかりにくいかもしれません。したがって、母集団と標本の話をもう一度整理しながら、t検定について説明します。

　ここでのt検定とは、収集したいくつかのデータ（標本）について、2つの条件別に算出した2つの平均値の間に統計的な有意差があるかどうかを調べる方法です。重要なのは、あくまでも、手元にあるのは限られたいくつかのデータ、すなわち標本である、ということです。そして、その標本を用いて平均値や散布度を算出し、t検定をおこないます。ただし、統計的検定の目的は、あくまでもその限られたデータ（標本）から得られた結果を一般化し、母集団についての結果や結論を述べることです。そのため、t検定の目的には、実際には測定していない母集団の平均値μ_1とμ_2の間の差についての結論を得る、ということが掲げられているわけです。

CHAPTER 7　t 検定

7.1　対応のない場合（独立の場合）
2つの平均値の差を検定する

　ここでは、"対応のない場合（独立の場合）"の t 検定について解説します。ここでいう"対応のない場合（独立の場合）"とは、たとえば、ある実験においてA条件とB条件という2つの条件があるとき、A条件の被験者とB条件の被験者がそれぞれまったく別の独立した（異なる）被験者である場合をいいます。したがって、A条件の被験者はこの実験においてA条件しかおこないませんし、B条件の被験者はB条件しかおこないません。

　このように、2つの標本の間に何らかの対応関係や関連がない場合を、対応のない場合（独立の場合）といいます。

7.1.1　t 検定の前提条件（t 検定において仮定されること）

　t 検定をおこなう際には、データが次のような仮定をみたす必要があります。

① 標本が母集団から無作為に抽出されること（⇨ 5.1 節）
② 母集団が正規分布していること
③ 2つの母集団の分散（母分散）が等しいこと

　③については、2つの母分散が等しいかどうかを統計的に調べる方法（F 検定）もあります（本書は入門レベルなので省略します）。ただし t 検定では、③についても、さらに②正規分布の仮定についても、それらの仮定がみたされていなくても、それほど影響はありません。これを、「t 検定はこれらの仮定（前提条件）に対して頑健である」、といいます。なお、7.2 節で説明する"対応のある場合（関連のある場合）"の t 検定では、③は仮定されていません。

　また、本書では扱いませんが、③2つの母分散が等しいことの仮定がみたされていない場合には、ウェルチの方法やコクラン・コックスの方法などを

用いて、2つの平均値の差の検定をおこなう場合もあります。これらの方法については、岩原（1965）、森・吉田（1990）などを参照してください。

7.1.2 統計的仮説と検定の方向

2つの平均値の有意差検定における統計的仮説は、以下の❶〜❸のいずれかになります。

対立仮説（研究仮説）が一定の方向をもつ場合（たとえば、「学習方法Aは学習方法Bより効果的であり、学習方法Aを実施した群は、テストにおいて、学習方法Bを実施した群より高得点を獲得できるだろう」）、検定は**片側検定**でおこないます。したがって、統計的仮説は以下の❷か❸のいずれかになります。

一方、対立仮説（研究仮説）がこのような方向性を仮定せず、単に「学習方法Aを実施した場合の得点と学習方法Bを実施した場合の得点は異なる」、ということを仮定する場合は、**両側検定**でおこないます。その場合の統計的仮説は❶になります。

統計的仮説については 6.1.1 項に、片側検定と両側検定については 6.1.4 項にくわしく書いてありますので、あわせて参照してください。

μ_1 を標本1の母集団の平均値（母平均）、μ_2 を標本2の母集団の平均値（母平均）とすると、仮説は以下のようになります。

❶ **両側検定**：「μ_1 と μ_2 は異なる」ということを対立仮説（研究仮説）として仮定する場合

$$帰無仮説\ H_0: \mu_1 = \mu_2$$
$$対立仮説\ H_1: \mu_1 \neq \mu_2$$

❷ **片側検定（1）**：「μ_1 が μ_2 より大きい」ということを対立仮説（研究仮説）として仮定する場合

$$帰無仮説\ H_0: \mu_1 \leq \mu_2$$
$$対立仮説\ H_1: \mu_1 > \mu_2$$

❸ **片側検定（2）**:「μ_1 が μ_2 より小さい」ということを対立仮説（研究仮説）として仮定する場合

帰無仮説 $H_0 : \mu_1 \geqq \mu_2$
対立仮説 $H_1 : \mu_1 < \mu_2$

❷と❸の片側検定の帰無仮説（$\mu_1 \leqq \mu_2$、$\mu_1 \geqq \mu_2$）の不等号について、テキストによっては≧が≥、≦が≤と書かれている場合がありますが、意味することはまったく同じです。

7.1.3　t 検定の手順と計算

ここで、t 検定の基本的な手順を次に示しておきます。対応のない場合と対応のある場合（7.2 節）で、適用する数式が異なる場合があるので、注意してください。t 分布表は付表 2 として巻末 306 ページに掲載してあります。

t 検定の手順

1.
① 帰無仮説（H_0）と対立仮説（H_1）をたてる
② 検定の方向（両側検定、片側検定）の決定

$H_0 : \mu_1 = \mu_2$、$H_1 : \mu_1 \neq \mu_2$ ならば　両側検定
$H_0 : \mu_1 \leqq \mu_2$、$H_1 : \mu_1 > \mu_2$ ならば　片側検定
$H_0 : \mu_1 \geqq \mu_2$、$H_1 : \mu_1 < \mu_2$ ならば　片側検定

▼

2.
有意水準の決定

1% または 5%

▼

3.
t 値の算出

対応のない場合：数式 7.1a または 7.1b または 7.1d による
対応のある場合：数式 7.2a による

▼

4.
自由度 df の算出

対応のない場合：数式 7.1c による（$df = n_1 + n_2 - 2$）
対応のある場合：数式 7.2b による（$df = n - 1$）

5. 算出された t 値と t 分布表の臨界値との比較をおこなう

t 値の絶対値 ≧ 臨界値　ならば　帰無仮説を棄却する
t 値の絶対値 < 臨界値　ならば　帰無仮説を棄却できない

t 値は、以下の数式によって算出することができます。

$$t = \frac{\bar{X}_1 - \bar{X}_2}{\sqrt{\dfrac{\sum\limits_{i}^{n_1}(X_{1i} - \bar{X}_1)^2 + \sum\limits_{i}^{n_2}(X_{2i} - \bar{X}_2)^2}{n_1 + n_2 - 2}\left(\dfrac{1}{n_1} + \dfrac{1}{n_2}\right)}} \tag{7.1a}$$

2つの標本の不偏分散 $\hat{\sigma}_1^2$、$\hat{\sigma}_2^2$ が計算してある場合は、以下の数式で算出することもできます。

$$t = \frac{\bar{X}_1 - \bar{X}_2}{\sqrt{\dfrac{(n_1-1)\hat{\sigma}_1^2 + (n_2-1)\hat{\sigma}_2^2}{n_1 + n_2 - 2}\left(\dfrac{1}{n_1} + \dfrac{1}{n_2}\right)}} \tag{7.1b}$$

自由度 df は数式 7.1c によって算出します。

$$df = n_1 + n_2 - 2 \tag{7.1c}$$

2つの標本のデータ数が等しい場合（$n_1 = n_2 = n$）は、以下の数式 7.1d を使うと計算が簡単です。

$$t = \frac{\bar{X}_1 - \bar{X}_2}{\sqrt{\dfrac{\hat{\sigma}_1^2 + \hat{\sigma}_2^2}{n}}} \tag{7.1d}$$

それでは、以下の例について、2つの平均値の間に統計的に有意差があるか、t 検定によって調べてみましょう。

例 7.1a

不安を軽減する作用があるといわれている薬の効果を調べるために、"薬を投与した場合の不安得点の平均値" と "薬を投与しない場合の不安得点の平均値" の

間に統計的に有意な差があるかどうか、t検定によって検定します。薬を投与する条件には無作為に抽出した 11 名をわりあて、薬を投与しない条件には同じく無作為に抽出した 10 名の被験者を配置しました。

ただし、薬を投与する条件と薬を投与しない条件の実験前の不安得点は等しいことが前提です。この前提がみたされないと、実験後の結果が、薬の効果によるものなのか、あるいははじめから被験者がもつ不安の程度のちがいのせいなのか、明らかではないからです。

この実験の結果は、表 7.1.3 に示しました。ただし、この実験は実際におこなったものではなく、仮想データです。また、不安得点の最大値は 50 点です。

> この例では"薬を投与しない条件"としましたが、このような実験では、薬を投与しない代わりに、統制群にプラセボ（偽薬）を投与する場合もあります。なぜなら、人間はたとえ何の効果もない薬であっても、"薬を飲む"という行動に心理的に影響をうけることがあるため、"薬を飲んだ"という状況を実験群と統制群で一定に保つようにするわけです。

表 7.1.3　薬を投与した場合の不安得点の点数（11 名）と薬を投与しない場合の不安得点の点数（10 名）

薬を投与した条件		薬を投与しない条件	
被験者	不安得点	被験者	不安得点
1	13	1	20
2	10	2	19
3	17	3	21
4	15	4	17
5	20	5	26
6	18	6	22
7	21	7	25
8	20	8	23
9	18	9	24
10	17	10	23
11	18		
$n_1=11$	$\bar{X}_1=17.00$ $\hat{\sigma}_1^2=10.60$	$n_2=10$	$\bar{X}_2=22.00$ $\hat{\sigma}_2^2=7.78$

※不安得点の最大値は 50 点です。

対応のない t 検定（片側検定）

1. 最初に、帰無仮説 H_0 と対立仮説 H_1 をたて、検定の方向を決める。

   この実験では、「（不安を軽減する作用のある）薬を投与した条件は、薬

を投与しない条件より、不安が軽減され、不安得点が低いだろう」ということを対立仮説（研究仮説）として仮定しているので、**片側検定**になる。2つの仮説は以下のとおり

$$帰無仮説\ H_0 : \mu_1 \geqq \mu_2$$
$$対立仮説\ H_1 : \mu_1 < \mu_2$$

2. 有意水準は1%とする。
3. t値を算出する。

    2つの標本のデータ数が異なるので（$n_1 \neq n_2$）、数式7.1aか7.1bのいずれかでt値を計算する。表7.1.3には、すでに2つの標本の平均値$\bar{X}_1$、$\bar{X}_2$と不偏分散$\hat{\sigma}_1^2$、$\hat{\sigma}_2^2$が算出してあるので、数式7.1bを使ってt値を算出してみよう。平均値や不偏分散の算出方法がわからない場合は、第3章を参照すること。ただし、不偏分散$\hat{\sigma}_1^2$、$\hat{\sigma}_2^2$については分母が$n-1$で計算してあるため、第3章で学習した標準偏差の算出方法（分母をNで計算）とは異なるので注意するように。$n-1$を使用した不偏分散の出し方については、5.2.3項を参照のこと。
    $\bar{X}_1 = 17.00$、$\bar{X}_2 = 22.00$、$\hat{\sigma}_1^2 = 10.60$、$\hat{\sigma}_2^2 = 7.78$、$n_1 = 11$、$n_2 = 10$なので、

$$t = \frac{\bar{X}_1 - \bar{X}_2}{\sqrt{\frac{(n_1-1)\hat{\sigma}_1^2 + (n_2-1)\hat{\sigma}_2^2}{n_1+n_2-2}\left(\frac{1}{n_1}+\frac{1}{n_2}\right)}}$$

$$= \frac{17-22}{\sqrt{\frac{(11-1)10.6+(10-1)7.78}{11+10-2}\left(\frac{1}{11}+\frac{1}{10}\right)}}$$

$$= \frac{-5}{\sqrt{\frac{176.02}{19}\left(\frac{21}{110}\right)}} = \frac{-5}{\sqrt{\frac{3696.42}{2090}}} = \frac{-5}{\sqrt{1.769}} = \frac{-5}{1.330} = -3.76$$

4. 自由度dfを算出する。

    数式7.1cから、$df = n_1 + n_2 - 2 = 11 + 10 - 2 = 19$
5. 算出されたt値とt分布表の臨界値との比較をおこなう。

    付表2で、$df = 19$の片側検定1%（.01）のところを見ると、臨界値は2.539となっている。もし、算出されたt値-3.76の絶対値、すなわち3.76がこの臨界値2.539以上ならば、帰無仮説を棄却できる。

> 今回は t 値の絶対値が臨界値以上なので、帰無仮説を棄却する。

判断の基準
t 値の絶対値 ≥ 2.539 ならば、帰無仮説 H_0 を棄却する。
t 値の絶対値 < 2.539 ならば、帰無仮説 H_0 を棄却できない。

結論
$t(19) = 3.76$, $p < .01$ （片側）

算出された t 値の絶対値 3.76 は、臨界値 2.539 以上なので、**帰無仮説を棄却できる**。すなわち、「薬を投与した条件の不安得点の平均値は、薬を投与しない条件の不安得点の平均値より有意に低く、不安を軽減する薬の効果があった」と 1% 水準でいうことができる。

例 7.1b
不安の程度に関する男女差を調べるために、母集団から無作為に抽出した男性 25 名と女性 25 名について不安検査をおこなったところ、以下のような結果が得られました（仮想データ）。"男性の不安得点の平均値"と"女性の不安得点の平均値"の間に統計的に有意な差があるかどうか、t 検定によって調べてみましょう。

男性：$\bar{X}_1 = 13.00$、$\hat{\sigma}_1^2 = 20.33$、$n_1 = 25$
女性：$\bar{X}_2 = 17.60$、$\hat{\sigma}_2^2 = 22.17$、$n_2 = 25$

対応のない t 検定（両側検定）
1. 今回は、一方がもう一方より大きい、または小さいということを仮定せず、単に「男性の不安得点と女性の不安得点は異なる」ということを対立仮説（研究仮説）として仮定するため、**両側検定**でおこなう。したがって、仮説は以下のとおり。

    帰無仮説 H_0：$\mu_1 = \mu_2$
    対立仮説 H_1：$\mu_1 \neq \mu_2$

2. 有意水準は 5% とする。
3. t 値の算出は、2 つの標本のデータ数が等しいので（$n_1 = n_2 = 25$）、数式 7.1d を使っておこなう。

$\bar{X}_1 = 13.00$、$\bar{X}_2 = 17.60$、$\hat{\sigma}_1^2 = 20.33$、$\hat{\sigma}_2^2 = 22.17$、$n_1 = n_2$

$$t = \frac{\bar{X}_1 - \bar{X}_2}{\sqrt{\dfrac{\hat{\sigma}_1^2 + \hat{\sigma}_2^2}{n}}} = \frac{13.00 - 17.60}{\sqrt{\dfrac{20.33 + 22.17}{25}}} = \frac{-4.60}{\sqrt{\dfrac{42.5}{25}}} = \frac{-4.60}{\sqrt{1.7}} = \frac{-4.60}{1.304} = -3.53$$

4. 自由度 $df = 2(n-1) = 2(25-1) = 48$

   ただし、例 7.1a のように、$df = n_1 + n_2 - 2 = 25 + 25 - 2 = 48$ でも同じ。

5. t 分布表から、今回は有意水準 5%（.05）の両側検定で、$df = 48$ の臨界値は……ない。この場合には、不当に帰無仮説を棄却してしまう可能性を低くするために、より厳しい臨界値を基準とする。すなわち、$df = 40$ の臨界値 2.021 を採用する（⇨ 6.2.2 項）。

判断の基準

t 値の絶対値 $\geq$ 2.021 ならば、帰無仮説 H_0 を棄却する。

t 値の絶対値 $<$ 2.021 ならば、帰無仮説 H_0 を棄却できない。

結論

$t(48) = 3.53$, $p < .05$　（両側）

算出された t 値の絶対値 3.53 は、臨界値 2.021 以上なので、**帰無仮説を棄却できる**。すなわち、「不安の程度には有意な男女差があった」と 5％水準でいうことができる。

Try 1

例 7.1b について、以下の各文章が適切かどうか○か×で答えなさい。

① もし、研究者が「男性よりも女性の得点のほうが高い」という対立仮説（研究仮説）をもっていた場合、帰無仮説は「$\mu_1 \geq \mu_2$」である。

② 片側検定をおこなう場合、臨界値は両側検定の場合よりも 0 に近くなる。

Point !

"対応がない（独立である）" とはどういうことか、考えてみましょう。

CHAPTER 7　t 検定

7.2 2つの平均値の差を検定する
対応のある場合（関連のある場合）

　7.1 節では、ある実験において A 条件と B 条件という 2 つの条件があるとき、A 条件と B 条件にはそれぞれまったく別の独立した被験者がわりあてられるような場合、すなわち"対応のない場合"についての 2 つの平均値の差の検定を学びました。

　ここでは、ある実験において A 条件と B 条件という 2 つの条件があるとき、A 条件と B 条件に同一の被験者がわりあてられるような場合、つまり、すべての被験者が A 条件と B 条件の両方をおこなうような場合をふくむ、"対応のある場合（関連のある場合）"についての 2 つの平均値の差の検定を学びます。

7.2.1　「対応のある場合」とは

　"対応のある場合（関連のある場合）"に該当するケースはいくつかありますが、ここでは心理学でよくあるものについてあげてみます。
(1) 実験において、A 条件と B 条件という 2 つの条件があるとき、**すべての被験者が A 条件と B 条件の両方をおこなう場合**です。心理学では、知覚心理学や認知心理学などの実験でしばしばこのような場合があります。

　　たとえば、ミューラー・リヤー錯視（⇨第 8 章 Research）の実験において、上昇系列と下降系列という 2 つの方法（調整条件）によって錯視量を測定するとき、すべての被験者が上昇系列と下降系列の両方の条件をおこなう場合です。

　　ただし、たとえば一方の条件を最初におこなったことが、次におこなうもう一方の条件の結果に影響を与えるような実験においては、その条件をおこなう順序が問題になります。なぜなら、得られた結果が条件の効果なのか、その条件をおこなった順序（条件 A → 条件 B、条件 B → 条件 A）

の効果なのか、判断できないからです。これを、**交絡**といいます。このような場合には、順序効果を相殺（カウンターバランス）するような方法（たとえば、被験者の半分をA条件からおこない、残り半分の被験者をB条件からおこなう等）をとるか、あるいは条件Aと条件Bにそれぞれ別の被験者をわりあてる"対応のない場合"で実験をおこなう必要があります。

(2) 実験結果に影響を与えると思われる要因について、「**被験者をマッチングする**」という場合があります。

たとえば、例7.1a は、この方法を適用するのに向いているでしょう。例7.1a では、不安を軽減する薬の効果を調べるために、"薬を投与した場合の不安得点の平均値"と"薬を投与しない場合の不安得点の平均値"の間の有意差の有無を t 検定によって調べました。この実験では、「被験者が潜在的にもっている不安の程度」が実験結果に影響を与えるため、実験の結果（2つの条件の間の平均値の差）が不安を軽減する薬の効果によるものであると結論するためには、実験をおこなう前の"薬を投与する条件の被験者"と"薬を投与しない条件の被験者"の不安得点は等しいことが前提でした。

例7.1a では、被験者を無作為に抽出することで、実験前の"薬を投与する条件の被験者"と"投与しない条件の被験者"の不安得点は等しい（「無作為抽出をおこなえば、等しくなるはずだ」という無作為抽出の原理による）、という前提をみたしていたわけです。

しかし、実際上は、無作為抽出がおこなわれても等しくならない場合もあるのです。そのような場合には、同程度の不安得点の被験者をあらかじめマッチングして対をつくり、薬を投与する条件と投与しない条件にそれぞれわりあて、"対応のある場合（関連のある場合）"の t 検定をおこなうほうが、薬の効果をより厳密に測定できるわけです。

(3) 同一の被験者について繰り返し測定し、繰り返し（反復）の効果や学習・練習の効果を調べたり、時間的経過に伴う発達的変化などを調べる場合があります。

たとえば、同じ生徒の小学1年生時の絵画の表現力の点数と小学2年生

時の絵画の表現力の点数を比較する場合や、ジグソーパズルを完成させる所要時間を1回目と2回目で比較する場合などが考えられます。

7.2.2　t値の計算（対応のある場合）とは

"対応のある場合（関連のある場合）"のt値は、数式7.2aによって算出します。$D = X_1 - X_2$、nは、対応のある場合では、データ対の数です。

$$t = \frac{\sum D}{\sqrt{\dfrac{n\sum D^2 - (\sum D)^2}{n-1}}} \quad (7.2a)$$

自由度dfは以下の数式7.2bで算出します。自由度dfの算出方法は、対応のない場合と異なりますので注意してください。

$$df = n - 1 \quad (7.2b)$$

それでは、以下の例について、"対応のある場合（関連のある場合）"のt検定をおこない、2つの平均値の間に有意な差があるか、調べてみましょう。

対応のある場合のt検定においても、統計的仮説（帰無仮説、対立仮説）のたて方や検定の方向の考え方などは、対応のない場合と同じです。しかし、自由度dfやt値の算出方法は異なりますので注意してください。検定の手順は（対応のない場合と同様に）202ページに示した「t検定の手順」を参照してください。

例7.2a

図7.2.2は、第8章のResearchで紹介する"ミューラー・リヤー錯視"の錯視図形です。この図形の標準刺激の長さ（左側の横線の長さ）と比較刺激の長さ（右側の横線の長さ）は物理的には同じですが、皆さんの目にはすでにちがう長さに見えていることと思います。これがまさに"錯視"という現象であり、心理学では古くから研究が続けられています。

錯視量の測定方法には、たとえば、図7.2.2の比較刺激の長さを変化させて、標準刺激と同じ長さに見えるように被験者自身が調整する「調整法」があります。調整法には、比較刺激の長さが標準刺激の長さより明らかに短く見える位置から

7.2 対応のある場合(関連のある場合)

少しずつ伸ばしていく**上昇系列**と、比較刺激の長さが標準刺激の長さより明らかに長く見える位置から少しずつ短くしていく**下降系列**があります。"錯視量"は、標準刺激と比較刺激の長さの差(標準刺激の長さ－比較刺激の長さ)によって得られます。

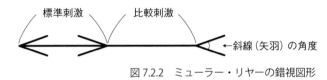

図 7.2.2　ミューラー・リヤーの錯視図形

ここでは、調整方法(上昇系列、下降系列)のちがいが錯視量に影響を与えるかどうか、すなわち、"上昇系列の錯視量の平均値"と"下降系列の錯視量の平均値"の間に有意な差が認められるかどうかを、t 検定によって調べてみましょう。この例では、斜線(矢羽)の角度は 30 度とし、無作為に抽出された 12 名の被験者すべてが、「上昇系列」と「下降系列」の 2 つの条件を、それぞれ 1 回ずつおこなうこととします。

下の表 7.2.2a には、実験結果(上昇系列の錯視量と下降系列の錯視量)と t 値の算出に必要な ΣD および ΣD^2 の値を示してあります。

表 7.2.2a　上昇系列と下降系列の錯視量(単位:ミリ)および D の値

被験者	錯視量 上昇系列 X_1	錯視量 下降系列 X_2	$D = X_1 - X_2$	D^2
1	15	16	−1	1
2	18	16	2	4
3	17	15	2	4
4	15	14	1	1
5	16	18	−2	4
6	14	13	1	1
7	20	19	1	1
8	21	21	0	0
9	15	14	1	1
10	21	21	0	0
11	15	15	0	0
12	17	16	1	1
$n = 12$	$\bar{X}_1 = 17.0$	$\bar{X}_2 = 16.5$	$\Sigma D = 6$	$\Sigma D^2 = 18$

対応のある t 検定（両側検定）

1. 今回は、一方の条件が他方の条件より大きい、または小さいということを対立仮説（研究仮説）として仮定せず、「上昇系列の錯視量と下降系列の錯視量は異なる」ということを対立仮説（研究仮説）として仮定するため、**両側検定**でおこなう。したがって、仮説は以下のとおり。

$$帰無仮説\ H_0：\mu_1 = \mu_2$$
$$対立仮説\ H_1：\mu_1 \neq \mu_2$$

2. t 値は、数式 7.2a によって算出する。
 $\Sigma D = 6$、$\Sigma D^2 = 18$、$n = 12$ なので、

$$t = \frac{\Sigma D}{\sqrt{\frac{n\Sigma D^2 - (\Sigma D)^2}{n-1}}} = \frac{6}{\sqrt{\frac{12(18)-(6)^2}{12-1}}} = \frac{6}{\sqrt{\frac{216-36}{11}}}$$

$$= \frac{6}{\sqrt{\frac{180}{11}}} = \frac{6}{\sqrt{16.364}} = \frac{6}{4.045} = 1.48$$

3. 自由度 df の算出は数式 7.2b による。$n = 12$ なので、

$$df = n - 1 = 12 - 1 = 11$$

4. t 分布表から、両側検定 5%（.05）、$df = 11$ の臨界値は 2.201。算出された t 値 1.48 は、臨界値 2.201 より小さいので、帰無仮説を棄却することはできない。

判断の基準

t 値 $\geq$ 2.201 ならば、帰無仮説 H_0 を棄却する。
t 値 $<$ 2.201 ならば、帰無仮説 H_0 を棄却できない。

結論

$t\,(11) = 1.48,\ p > .05$　（両側）

算出された t 値 1.48 は臨界値より小さいので、**帰無仮説を棄却することはできない**。すなわち、"上昇系列の錯視量の平均値" と "下降系列の錯視量の平均値" の間には統計的に有意な差が認められなかった、と結論する。

ただし、これは、**統計的な有意差が認められなかった**ということであり、「差がなかった」ということではないので、その点に注意すること。

7.2 対応のある場合（関連のある場合）

例7.2b

ここでは、例7.1a と類似の例を用いて解説します。不安を軽減する作用のある薬の効果を調べるために、"薬を投与した場合の不安得点の平均値"と"薬を投与しない場合の不安得点の平均値"の間に統計的に有意な差が認められるかどうかを、t 検定によって調べます。ただし、薬を投与する条件と薬を投与しない条件の実験前の不安得点は等しいことが前提です。ここでは、先に述べた **(2) 被験者をマッチングする方法**（⇨ p.209）によって、不安得点が等しくなるように同程度の不安得点の被験者をマッチングして対をつくり、薬を投与する条件と投与しない条件にわりあてます（2 つの条件の実験前の不安得点は表 7.2.2b 参照）。被験者は各条件 10 名ずつの合計 20 名ですが、n はデータ対の数なので、$n = 10$ となります。

> この例では、話をわかりやすくするために、実験前の不安得点がまったく同じひとをマッチングして対をつくり、薬を投与した条件と投与しない条件にわりあてました。しかし、現実には、まったく同じ点数のひとを見つけるのは非常に難しいため、実際には幅をもたせて、不安得点 20 点のひとと 22 点のひとを対にする、といった方法がとられます。

表 7.2.2b には、各条件についての実験前の不安得点と実験後の不安得点、t 値の算出に必要な ΣD および ΣD^2 の値を示してあります。

表 7.2.2b 薬を投与した条件と投与しない条件の実験前と実験後の不安得点および D の値

対	薬を投与した条件		薬を投与しない条件		$D = X_1 - X_2$	D^2
	実験前 不安得点	実験後 不安得点 X_1	実験前 不安得点	実験後 不安得点 X_2		
1	20	13	20	20	−7	49
2	19	10	19	19	−9	81
3	21	17	21	21	−4	16
4	17	15	17	17	−2	4
5	26	20	26	26	−6	36
6	22	18	22	22	−4	16
7	25	21	25	25	−4	16
8	23	20	23	23	−3	9
9	24	18	24	24	−6	36
10	23	17	23	23	−6	36
$n=10$	$\bar{X} = 22$	$\bar{X}_1 = 16.90$	$\bar{X} = 22$	$\bar{X}_2 = 22.00$	$\Sigma D = -51$	$\Sigma D^2 = 299$

※不安得点の最大値は 50 点です。

CHAPTER 7　t検定

対応のあるt検定（片側検定）

1. 今回は、「不安を軽減する作用のある薬を投与した条件は、薬を投与していない条件より不安が軽減され、不安得点が低いだろう」ということを対立仮説（研究仮説）として仮定しているので、**片側検定**になる。仮説は以下のとおり。

$$帰無仮説\ H_0 : \mu_1 \geqq \mu_2$$
$$対立仮説\ H_1 : \mu_1 < \mu_2$$

2. t値は、数式7.2aによって算出する。
$\Sigma D = -51$、$\Sigma D^2 = 299$、$n = 10$なので、

$$t = \frac{\sum D}{\sqrt{\frac{n\sum D^2 - (\sum D)^2}{n-1}}} = \frac{-51}{\sqrt{\frac{10(299)-(-51)^2}{10-1}}} = \frac{-51}{\sqrt{\frac{2990-2601}{9}}}$$

$$= \frac{-51}{\sqrt{\frac{389}{9}}} = \frac{-51}{\sqrt{43.222}} = \frac{-51}{6.574} = -7.76$$

3. 自由度dfの算出は、数式7.2bによる。$n = 10$なので、
$$df = n - 1 = 10 - 1 = 9$$

4. t分布表から、片側検定1％（.01）、$df = 9$の臨界値は、2.821。算出されたt値-7.76の絶対値7.76は臨界値以上なので、帰無仮説を棄却し、対立仮説を採択する。

判断の基準

t値の絶対値 $\geqq 2.821$ ならば、帰無仮説H_0を棄却する。
t値の絶対値 < 2.821 ならば、帰無仮説H_0を棄却できない。

結論

$t(9) = 7.76$, $p < .01$　（片側）

算出されたt値の絶対値7.76は、臨界値2.821以上なので、**帰無仮説を棄却し、対立仮説を採択する**。すなわち、「不安を軽減する作用のある薬を投与した条件の不安得点の平均値は、薬を投与しなかった条件の不安得点の平均値より有意に低く、不安を軽減する薬の効果があった」と1％水準でいうことができる。

7.2 対応のある場合（関連のある場合）

7.1 節の対応のない場合では、例7.1a のように、2 つの標本の大きさが異なる場合がありました。しかし、対応のある場合では、2 つの標本の大きさは必ず一致します。なぜなら、2 つの標本の間に対応関係（関連）があるからです。たとえば、ある実験においてすべての被験者が条件 A と条件 B の両方をおこなう場合で考えてみると、被験者 C さんは A 条件と B 条件をおこなったが、被験者 E さんは A 条件しかやらなかった、ということはありえないからです。仮にもしそういう状況があったとしたら、それは対応がある場合ではなくなります。

Try 2

例7.2b について、以下の各文章が適切かどうか○か×で答えなさい。

① 対応のある t 検定がおこなわれたのは、2 つの条件で同じ被験者が 1 回ずつ合計 2 回測定されたからである。

② もし、「薬を投与した条件が、投与しない条件よりも検査得点が低くなる」という対立仮説（研究仮説）ではなく、「2 条件で検査得点が異なるであろう」という対立仮説を立てたならば、両側検定をおこなうことになる。

Point !

1. "対応のある場合（関連のある場合）"とはどのような場合か、考えてみましょう。
2. 対応のある場合（関連のある場合）では、n はデータ対の数です。
3. 対応のある場合（関連のある場合）の自由度 df の算出方法は、対応のない場合と異なります。

7.3 2つの平均値の差の信頼区間
差の大きさはどのくらいか

6.3節において、1つの平均値の信頼区間について解説しました。ここでは、2つの平均値の差の信頼区間について解説します。最初に、2つの平均値の差の信頼区間を出すことで、具体的にどのようなことがわかるかを t 検定と比較して簡潔に説明します。「t 検定」は、2つの平均値の間の有意差の有無を調べる方法でした。それに対し、「2つの平均値の差の信頼区間」は、2つの平均値の間の有意差の有無に加え、その差の大きさについても具体的に数値で述べることができます。

信頼区間についての概要はすでに説明したとおりなので、ここでは2つの平均値の差の信頼区間の出し方について説明することとします。2つの平均値の差の信頼区間の出し方は、"対応のない場合"と"対応のある場合"で異なります。

7.3.1 "対応のない場合"の2つの平均値の差の信頼区間

対応のない場合(独立の場合)の2つの平均値の差 $\mu_1 - \mu_2$ の信頼区間は、以下の数式 7.3a によって算出できます。

$$(\bar{X}_1 - \bar{X}_2) - t_\alpha \hat{\sigma}_{\bar{X}_1 - \bar{X}_2} \leqq \mu_1 - \mu_2 \leqq (\bar{X}_1 - \bar{X}_2) + t_\alpha \hat{\sigma}_{\bar{X}_1 - \bar{X}_2} \tag{7.3a}$$

数式 7.3a の記号の意味は、t_α が該当する自由度 $df = n_1 + n_2 - 2$ の臨界値です。この場合の臨界値は、t 分布表の両側検定の値を用います。

$\hat{\sigma}_{\bar{X}_1 - \bar{X}_2}$ は、以下の数式 7.3b によって得られます。

$$\hat{\sigma}_{\bar{X}_1 - \bar{X}_2} = \sqrt{\frac{(n_1-1)\hat{\sigma}_1^2 + (n_2-1)\hat{\sigma}_2^2}{n_1 + n_2 - 2}\left(\frac{1}{n_1} + \frac{1}{n_2}\right)} \tag{7.3b}$$

7.3 2つの平均値の差の信頼区間

それでは、7.1節であげた 例7.1a のデータ（⇨表7.1.3 p.204）を用いて、2つの平均値の差の95%信頼区間を出してみましょう。

対応のない場合の信頼区間

1. 最初に、数式7.3bによって、$\hat{\sigma}_{\bar{X}_1-\bar{X}_2}$ の値を算出する。

   表7.1.3から、$n_1=11$、$n_2=10$、$\hat{\sigma}_1^2=10.60$、$\hat{\sigma}_2^2=7.78$ なので、

$$\hat{\sigma}_{\bar{X}_1-\bar{X}_2} = \sqrt{\frac{(n_1-1)\hat{\sigma}_1^2+(n_2-1)\hat{\sigma}_2^2}{n_1+n_2-2}\left(\frac{1}{n_1}+\frac{1}{n_2}\right)}$$

$$= \sqrt{\frac{(11-1)10.60+(10-1)7.78}{11+10-2}\left(\frac{1}{11}+\frac{1}{10}\right)}$$

$$= \sqrt{\frac{(10)10.60+(9)7.78}{19}\left(\frac{10}{110}+\frac{11}{110}\right)}$$

$$= \sqrt{\frac{106.00+70.02}{19}\left(\frac{21}{110}\right)} = \sqrt{\frac{176.02}{19}\left(\frac{21}{110}\right)}$$

$$= \sqrt{\frac{3696.42}{2090}} = \sqrt{1.769} = 1.330$$

2. 次に、数式7.3aによって、2つの平均値の差の95%信頼区間を出す。
   $\bar{X}_1=17.00$、$\bar{X}_2=22.00$、t_α（臨界値）= 2.093（両側検定5%、自由度 $df=n_1+n_2-2=11+10-2=19$ で見て）、$\hat{\sigma}_{\bar{X}_1-\bar{X}_2}=1.330$ なので、

$$(\bar{X}_1-\bar{X}_2) - t_\alpha \hat{\sigma}_{\bar{X}_1-\bar{X}_2} \leq \mu_1-\mu_2 \leq (\bar{X}_1-\bar{X}_2) + t_\alpha \hat{\sigma}_{\bar{X}_1-\bar{X}_2} \tag{7.3a}$$

$$(17.00-22.00)-2.093(1.330) \leq \mu_1-\mu_2 \leq (17.00-22.00)+2.093(1.330)$$
$$-5.00-2.784 \leq \mu_1-\mu_2 \leq -5.00+2.784$$
$$-7.784 \leq \mu_1-\mu_2 \leq -2.216$$

判断の基準（有意差の有無の判断）

2つの平均値の差の信頼区間では、信頼区間が0をはさむか、はさまないか、つまり信頼区間に0がふくまれるかどうかで、有意差があるかどうかを判断する。すなわち、

「0をはさむとき」：有意差なし
「0をはさまないとき」：有意差あり

　この「0をはさむ、はさまない」という意味は少しわかりにくいので、図7.3.1を用いて説明しよう。図7.3.1は、例7.1a のデータについて算出された2つの平均値の差の95％信頼区間（$-7.784 \leq \mu_1 - \mu_2 \leq -2.216$）を数直線上にプロットしたものである。図からもわかるように、算出された信頼区間は、数直線上の0をはさんでいない。したがってこの場合には、"有意差あり"と判断する。

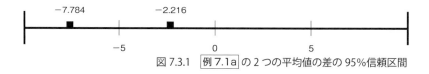

図7.3.1　 例7.1a の2つの平均値の差の95％信頼区間

結論

　2つの平均値の差の95％信頼区間は、0をはさまないので（すなわち、2つの平均値の差 $\mu_1 - \mu_2$ が0よりも小さい、いいかえれば「差がある」ということ）、薬を投与した条件の不安得点の平均値と薬を投与していない条件の不安得点の平均値の間には有意差があるといえる。あるいは、別の言い方をすれば、2つの平均値の差（$\mu_1 - \mu_2$）に0がふくまれることが5％以下なので、薬を投与した条件の不安得点の平均値と投与していない条件の不安得点の平均値の間には有意差がある、ということができる。さらに、その（真の）平均値の差の大きさが2.216から7.784である可能性が非常に高い、ということができる。

　このように、信頼区間を出すことで、単に有意差の有無だけではなく、その差の大きさについても数値で明言することができるわけです。さらに、その確率（95％など）まで述べることができるので、信頼区間を出すことは大変有効で、意味のあることです。

7.3.2 "対応のある場合"の2つの平均値の差の信頼区間

対応のある場合（関連のある場合）の2つの平均値の差 $\mu_1 - \mu_2$ の信頼区間は、以下の数式 7.3c によって算出できます。

$$\bar{D} - t_\alpha(\hat{\sigma}_{\bar{D}}) \leq \mu_D \leq \bar{D} + t_\alpha(\hat{\sigma}_{\bar{D}}) \tag{7.3c}$$

数式 7.3c の記号の意味は、$\bar{D} = \dfrac{\sum D}{n} = \bar{X}_1 - \bar{X}_2$、$t_\alpha$ が該当する自由度 $df = n-1$ の臨界値です。この場合の臨界値は、t 分布表の**両側検定**の値を用います。$\hat{\sigma}_{\bar{D}}$ は、以下の数式 7.3d によって算出できます。

$$\hat{\sigma}_{\bar{D}} = \dfrac{\sqrt{n\sum D^2 - (\sum D)^2}}{\sqrt{n^2(n-1)}} \tag{7.3d}$$

それでは、7.2 節の 例 7.2a のデータ（⇒表 7.2.1a）について、2つの平均値の差の 99%信頼区間を出してみましょう。

対応のある場合の信頼区間

1. 最初に、数式 7.3d を使って、$\hat{\sigma}_{\bar{D}}$ を算出する。
   表 7.2.1a から、$n = 12$、$\Sigma D^2 = 18$、$\Sigma D = 6$ なので、

   $$\hat{\sigma}_{\bar{D}} = \dfrac{\sqrt{n\sum D^2 - (\sum D)^2}}{\sqrt{n^2(n-1)}} = \dfrac{\sqrt{12(18) - (6)^2}}{\sqrt{(12)^2(12-1)}} = \dfrac{\sqrt{216-36}}{\sqrt{144(11)}}$$

   $$= \dfrac{\sqrt{180}}{\sqrt{1584}} = \dfrac{13.416}{39.799} = 0.337$$

2. 次に、数式 7.3c によって、99%信頼区間を出す。
   $\bar{D} = \dfrac{\Sigma D}{n} = \bar{X}_1 - \bar{X}_2 = 17.0 - 16.5 = 0.5$、$t_\alpha$（臨界値）$= 3.106$（両側検定 1%、自由度 $df = n-1 = 12-1 = 11$ で見て）、$\hat{\sigma}_{\bar{D}} = 0.337$ なので、

   $$\bar{D} - t_\alpha(\hat{\sigma}_{\bar{D}}) \leq \mu_D \leq \bar{D} + t_\alpha(\hat{\sigma}_{\bar{D}}) \tag{7.3c}$$

   $0.5 - 3.106\,(0.337) \leq \mu_D \leq 0.5 + 3.106\,(0.337)$
   $0.5 - 1.047 \leq \mu_D \leq 0.5 + 1.047$
   $-0.547 \leq \mu_D \leq 1.547$

CHAPTER 7　t 検定

判断の基準

有意差の有無の判断の基準は、"対応のない場合"と同じである。すなわち、
「0 をはさむとき」：有意差なし
「0 をはさまないとき」：有意差あり

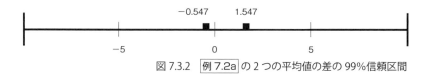

図 7.3.2　例 7.2a の 2 つの平均値の差の 99%信頼区間

結論

図 7.3.2 からも明らかなように、2 つの平均値の差の 99％信頼区間は、<u>0 をはさむ</u>。したがって、上昇系列の錯視量の平均値と下降系列の錯視量の平均値の間には、1％水準で有意差があるとはいえない、ということを結論する。

> **Point！**
> 1. 2 つの平均値の差の信頼区間を出すことは、差がどの程度かということを表現できるので、有効です。
> 2. 信頼区間を出す際は、"対応のない場合"と"対応のある場合"で、自由度 df の計算が異なることに注意しましょう。
> 3. 2 つの平均値の差の信頼区間では、0 をはさむか、はさまないかで、2 つの平均値の間の有意差の有無を判断します。

第7章の練習問題

(1) 次のデータは、2つのダイエット方法を無作為に選んだ6人ずつ12人に実施した後の体重の減少（g）を記録したものである。それぞれの方法の結果を整理して、その効果に違いがあるか、5％の有意水準で検定しなさい。

表　2つのダイエット法の結果（体重の減少量 g）

方法 A	方法 B
200	250
150	500
300	360
220	490
170	600
340	570

(2) ある心理療法の効果を調べるために、5人の被験者にその療法を実施する前と後で同じ検査を実施して検査得点が上がるかどうかを測定した結果が下の表である。事前から事後へ検査得点が上昇したかどうかを有意水準5％で検定しなさい。

表　心理療法実施前後の検査得点

被験者	事前	事後
1	12	13
2	14	20
3	11	13
4	19	24
5	15	17

第7章では、2つの平均値の間の有意差を検定する方法として、「t 検定」について学びました。ここでは、データの分析において t 検定が用いられた研究例について紹介します。

Research　　　　　　　　　　　　　　　　　　　　　知覚的防衛

　私たちが言葉を認知（理解）するには一定の時間がかかります。つまり、あまり短い時間では認知することができません。心理学では、認知することができる最も短い提示時間を「認知閾（にんちいき）」といいます。長い提示時間ではじめて認知が可能な場合、つまり、認知しにくい場合に「認知閾が高い」と言います。このような閾には、刺激が感じられる最小の強度である刺激閾や、2つの刺激が区別できる最小の差である弁別閾などがあります。

　マクギニース（1949）は、人間の感情を強く刺激する情動語（いわゆるタブー語）と、通常使われている、情動的には中性の語の認知閾を測定して比較しました。16名の実験参加者（観察者）に中性語とタブー語を1つずつランダムに提示し、それぞれの語に対する平均の認知閾を比較したのです。

　統計的には「対応（関連）のある t 検定」がおこなわれました。その結果、タブー語の認知閾は中性語のそれよりも有意に高かったのです（$t = 3.96$, $df = 15$, $p < .01$）。つまり、タブー語は中性語よりも認知されにくかったわけです。この結果から、マクギニースは、情動語が認知される前に情動的な抑圧がはたらいたと主張し、これを"知覚的防衛"とよびました。

　この研究は、その後さまざまな批判をよびおこしました。たとえば、タブー語はそもそも世の中で使用される頻度が低いので、認知しにくい可能性はないか。また、観察者はそのことばを認知する以前に、どのようにしてそのことばを選択して「防衛」するのか。私たちは意識せずに見るものを選択するのかもしれません。このような知覚は、一般に"閾下知覚"とよばれています。

引用文献

McGinnies, E. (1949). Emotionality and perceptual defense. Psychological Review, 56, pp.244-251.

リチャード D. グロス　大山正・岡本栄一（監訳）(1993)．マクギニース　情動性と知覚的防衛　キースタディーズ心理学（上）新曜社

CHAPTER 8
分散分析

この章で学ぶこと
複数の平均値をまとめて比較する

　本章では、多数の平均値を比較して、それらの間に統計的な差があるかどうかを検討する方法として、分散分析という手法を学びます。分析にかけられる検査得点のような測定値（⇨「従属変数」p.227）に対して、実験などをはじめる際に研究者によって取り上げられた条件（以後、「水準」とよびます）、たとえば治療法 A、B、C（⇨「独立変数」p.227）などがどのような影響を与えていたか、それらの水準の間で結果としての測定値にちがいがあったか、が比較されます。ここでは、治療法のような変数を要因（factor）とよびます。

　まず、分析の対象となる要因が 1 つで、その要因がいくつかの水準に分かれている場合を学びます。これを一元配置といいます（8.1 節）。次に、複数の要因を組み合わせて実験をおこなう場合について学びます。これを要因計画とよんでいます（8.2 節）。

8.1 一元配置 — 多くの平均値を一度に比較する

前章では、2つの平均値を比較して、それらの間に統計的に有意な差があるといえるかどうかを検定する方法を学びました。ここでは、3つ以上の平均値を比較することを考えてみましょう。

8.1.1 なぜ分散分析が必要なのだろうか

まず、なぜ新たに3つ以上の場合を区別しなければならないのでしょうか。それにはいくつか理由があります。

これまで学んだ t 検定を使って3つの平均値を比較することを考えてみましょう。この場合、3つの平均値から2つを選んで1組とし、各組について t 検定をおこなうことになります。3つの平均値から2つを組み合わせると全部で3組（$_3C_2$）あり、そのすべての場合について実施するので、t 検定を3回繰り返すことになります。このことは、単に手間が増えるだけの問題ではなく、統計的な誤り（⇨第一種の過誤 p.174）をおかす確率が増えていくという重大な問題をふくんでいます（⇨くわしい説明）。

分散分析（Analysis of Variance：ANOVA アノヴァとよばれます）は、ある要因によって3つ以上の平均値が影響をうけているかどうかについて、3つ以上の平均値を同時に検討する方法です。**要因**（factor）とは、測定値

(く・わ・し・い・説・明)

〈t 検定を繰り返すと〉
たとえば、3回 t 検定を繰り返す場合、1回の検定で第一種の過誤の確率を5％、すなわち、$\alpha = 0.05$ とすれば、そのすべてで一度も統計的な誤りをおかさない確率は、$(1-\alpha)$ の3乗、つまり、0.857になります。その結果、3回の検定で少なくとも1回誤りをおかす確率は、0.05ではなく、1−0.857 = 0.143 となり、14％にもなってしまいます。

に影響を与えると考えられる原因のことで、実験では実験者によって操作されます。そのうえ独立に設定されるため、要因は**独立変数**（independent variable）ともよばれます。これに対して、実験で測定される測定値は**従属変数**（dependent variable）とよばれます。実験は、独立変数と従属変数の間に因果関係、すなわち、原因と結果という関係があるかどうかを検証する方法です。

> **Try 1**
>
> 3つ以上の平均値の差を検定する際に、なぜ t 検定を繰り返すことに問題があるのか、その理由として適切なものを以下から選びなさい。
>
> ① t 検定は2つの平均値の差の検定だけに使われる。
> ② 第一種の過誤（α）の確率が大きくなる。
> ③ 第二種の過誤（β）の確率が大きくなる。

8.1.2 分散分析の考え方

分散分析の目的は、ある要因が測定値に影響を与えているかどうかを決めることです。その要因について、いくつかの**水準**（条件）が設定され、水準ごとに測定がおこなわれます。そして各水準の測定値の間にちがいが見られれば、その要因の**効果**（影響）があったと考えるわけです。

ここでは3つの心理療法の効果の大きさを比較検討する、という目的をたてた場合の仮想データをもとにして、分散分析の考え方を説明します。このような研究を計画する場合にまず考えるべきことは、どのようにデータを集めれば3つの水準が比較可能か、という点です。前章で2つの群の間で平均値の差を検定したときと同じように、次の3つが大前提となります。

◎**分散分析の大前提**
① 3つの水準が、この要因の効果以外には等しい条件下にあるとみなせること。
② 3つの水準を共通の尺度（ものさし）で測定できること。
③ その尺度が間隔尺度（または比例尺度）とみなせること。

CHAPTER 8 分散分析

　統計的にはさらにいくつかの前提のもとで分散分析をおこなうことになります。データの分布が正規分布であるとみなせること、水準間でデータの散らばりの大きさ（分散）に大きなちがいがないこと、などです。

　実際に例にそって具体的な測定を考えてみましょう。心理療法の3つの方法を比較する場合、それが比較可能であるためには、そもそも等しい（差のない）条件下で3つの方法を実施しなければなりません。ここではまず、もっとも単純と思われる方法を紹介します。それは、統計的にランダム（無作為）に異なる被験者を3つの水準にわりあてる方法で、これを**完全無作為化計画**といいます。

　ここで取り上げているデータは心理療法という1つの要因の効果を検討するものですから、1要因分散分析、あるいは**一元配置分散分析**（one-way ANOVA）とよばれます。

例8.1

　表8.1.2は3つの心理療法A、B、Cを5名ずつに実施した結果のデータです。要因は心理療法1つ、水準は心理療法A、B、Cの3つです。したがって、1要因3水準で、このとき水準数は3であるといいます。各水準のデータ数、この場合は被験者数 n は5になります。被験者は全体では15名で、ランダムに5名ずつ3水準に配置されたことに注意してください。表8.1.2では各水準のローデータと平均値、さらに全データの平均値が示されています。

表8.1.2　一元配置分散分析の例

	心理療法A	心理療法B	心理療法C	
	24	28	39	
	30	32	35	
	28	31	41	
	31	33	34	
	25	36	40	
平均値	27.6	32.0	37.8	32.5
標準偏差	3.1	2.9	3.1	

表8.1.2の独立変数と従属変数は何か答えなさい。

(1) 独立変数は何か　　（①心理療法　②検査得点　③被験者数）
(2) 従属変数は何か　　（①心理療法　②検査得点　③被験者数）

まず、これをグラフに表現してみましょう。図8.1.2aは、各水準の平均値 $\bar{X}_A$、$\bar{X}_B$、$\bar{X}_C$ です。これに全体の平均 $\bar{X}_T$ をあわせて表示すると、各平均値と特定の1つの測定値 X の間に次のような関係があることがわかります。

（ある値と全体平均の差）＝（その水準の平均値と全体平均の差）
　　　　　　　　　　＋（ある値とその水準の平均値の差）

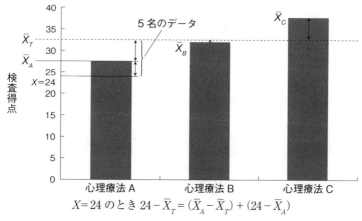

$X=24$ のとき $24-\bar{X}_T=(\bar{X}_A-\bar{X}_T)+(24-\bar{X}_A)$

図8.1.2a　検査得点における心理療法A、B、Cの効果

つまり、全体平均からある測定値までの偏差は、全体平均からその水準の平均値までの偏差に、水準内でのその測定値の偏差を加えたものになります。さらにここでは、今述べた2つの各偏差を2乗したものの間にも足し算が成り立ちます。

> **〈フィッシャーの3原則〉**
> 表8.1.2のように、一つの水準について一回だけの測定ではなく、複数回の測定をおこなうことが一般的です。これを反復の原則といいます。ここでは5人の被験者について測定を繰り返しているわけです。さらに、5人の被験者は無作為に各水準に割り当てられています。これを無作為の原則といいます。また後に (表8.2.5) 取り上げるように、各被験者が全ての水準の実験に参加し、ただし無作為な順序で各水準を実施することを局所管理の原則といいます。この3つの原則は、フィッシャーの3原則とよばれます。フィッシャー (R.A. Fisher) は推測統計学の基礎をつくった人で、分散分析で要因の効果を検定するために統計量 F (後述) は、彼の頭文字をとったものです。

したがって、すべての測定値についてこれらの偏差の2乗を足し合わせると、やはり各測定値の偏差の2乗和 (SS: sum of square) は、全体平均と各水準の偏差の2乗和と、水準の中での偏差の2乗和をあわせたものとなります。前者を SS_B、後者を SS_w、そして各測定値の偏差の2乗和を SS_T とよぶことにします。B、w、T はそれぞれ、Between (水準の間)、within (水準の中)、Total (全体) の略です。以上から、

$$SS_T = SS_B + SS_w$$

が成り立ちます。SS_T を**全体平方和**、SS_B を**群間平方和**、SS_w を**群内平方和**とよびます。全体平方和はデータ全体の散らばりに対応し、群間平方和は水準の間の散らばり、群内平方和は群内の散らばりを対応しますから、上の式はデータの散らばり全体を、群間の散らばりと群内の散らばりに分けることができることを意味しています (図8.1.2b)。

図8.1.2b データ全体の散らばりの分割

分散分析の目的は水準間のちがいを評価することです（図8.1.2c）。つまり、水準の間に測定値のちがいがあると結論することができるかどうか、という点に関心があるのです。

それでは、どのような場合に、水準間に差があると結論できるでしょうか。まず、①各水準の平均値が隔たっているときに、それらの間に差があるといえそうです。ただし、②水準内での測定値の散らばりが小さいこと、が必要です。なぜならば、もし水準内でデータの散らばりが大きければ、2つあるいは3つの水準の測定値の分布は結果的に重なってしまう可能性があるからです。つまり、水準内の測定値の散らばりが大きければ、水準間に差があるとはいえません。逆に、水準内の測定値の散らばりが小さければ、水準間に差があると認めることができるかもしれません（図8.1.2d）。したがって、①水準間の隔たりと②水準内の散らばりは相対的に評価しなければならないことになります。

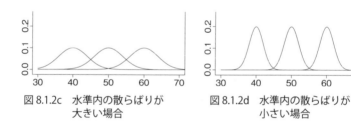

図8.1.2c　水準内の散らばりが大きい場合

図8.1.2d　水準内の散らばりが小さい場合

水準間の平均値の隔たりはSS_Bをもとにしてもとめることができます。また、水準内の測定値の散らばりはSS_wから算出できます。したがってSS_BとSS_wを、たとえば$\frac{SS_B}{SS_w}$のように比にすることで相対的に評価することができると考えられます。ただし、ここでSS_B, SS_wは水準の数が増えればそれだけ大きな値になってしまいます。そこでSS_BとSS_wをそれぞれ水準数とデータ数を考慮して修正する必要があります。したがってそれぞれの平方和をその自由度（⇨ p.177）で割ることにします。各SSを自由度で割ったものは、**平均平方**（MS : mean square）とよばれます。つまり、

$$MS_B = \frac{SS_B}{水準数 - 1}$$

$$MS_w = \frac{SS_w}{水準数 \times (1\ 水準のデータ数 - 1)}$$

によって平均平方をもとめ、その比によって水準間の平均値の隔たりを評価することになります。

$$F = \frac{MS_B}{MS_W}$$

これが、分散分析における F 統計量とよばれるもので、統計的検定に利用されます。

8.1.3 分散分析の計算

それでは表 8.1.2 を用いて SS_B と SS_w、F 値を具体的にもとめてみましょう。

分散分析の計算(1)

1. SS_B は各水準で水準の平均値と全体平均の差(偏差)をもとめて 2 乗したものをデータの数だけ用意し、それをすべての水準でまとめればよい。なお、ここでは計算結果を小数第 2 位まで省略して示す。

    $SS_B = 5 \times (27.6 - 32.5)^2 + 5 \times (32.0 - 32.5)^2 + 5 \times (37.8 - 32.5)^2$
    $= 261.75$

    SS_w を計算するには、SS_T、SS_B、SS_w の間に

    $$SS_T = SS_B + SS_w$$

    という関係があったことを利用しよう。つまり、先にもとめやすい SS_T をもとめて、そこから今もとめたばかりの SS_B を差し引けば、SS_w が残るというわけだ。SS_T は、1 つひとつのデータが全体平均からどれだけ離れているか(偏差)をもとめて 2 乗し、それらをすべて足し合わせればよいので、考え方は単純である。

$$SS_T = (24-32.5)^2 + (30-32.5)^2 + \cdots + (40-32.5)^2$$
$$= 371.75$$

したがって、

$$SS_w = SS_T - SS_B = 371.75 - 261.75 = 110.00$$

2. さらに、各平方和から平均平方をもとめると、

$$MS_B = \frac{SS_B}{(3-1)} = \frac{261.75}{2} = 130.87$$

$$MS_w = \frac{SS_w}{3(5-1)} = \frac{110.00}{12} = 9.17$$

3. 検定に使用する F 値は、

$$F(2,12) = \frac{MS_B}{MS_w} = \frac{130.87}{9.17} = 14.27$$

ここで、F 値には自由度を添えて表記しておこう。

さて、この F 値をもとに、目的である平均値の差の統計的な検定をおこないます。例8.1 の帰無仮説 H_0 は「3つの水準の平均値が母集団で等しい」、というものです。この仮説のもとで、この F 値（より大きい値）が出現する確率 p をもとめて、それによって帰無仮説をうけいれるか、棄却するかを決定します。確率 p が基準（有意水準）よりも小さければ、帰無仮説を棄却します。

有意水準を5％として検定をおこないます。仮説の検定に用いる基準となる F 値（臨界値）は、巻末の付表5「F 分布表（臨界値）」（⇨ p.308）に掲載されています。F 分布表の読み方としては次のような注意が必要です。まず、F 値は、その計算から2つの自由度によって決まります。つまり、F 値の計算に必要な MS_B（分子）と MS_w（分母）をもとめる際の自由度です。それぞれ分子の自由度 df_1、分母の自由度 df_2 と付表5では示されています。例8.1 では分子の自由度は2（$df_1 = 2$）、分母の自由度は12（$df_2 = 12$）ですから、表の中でそれぞれの自由度が示す位置の F 値 3.89 を読み取ります。次に、この値（臨界値）と今回のデータから計算した F 値を比較し、デー

タからのF値が臨界値よりも大きいかどうかを判断します。データからのF値は14.27でしたから、明らかに臨界値3.89より大きいといえます。データからのF値が5%の臨界値より「大きい」ということは、そのようなF値（以上の値）が出現する理論的な確率は5%よりも「小さい」と判断することができます。

分散分析のまとめ

以上の結果を表にまとめましょう（表8.1.3）。これを**分散分析表**といいます。この表には群間、群内、全体にわけて、左から平方和（SS）、自由度（df）、平均平方（MS）、そしてFの値を記入します。F値の横には慣習で、5%水準で有意ならば＊をつけ、1%水準ならば＊＊をつけます。

表8.1.3　例8.1の分散分析表

要因	SS	df	MS	F
群間 B	261.75	2	130.87	14.27*
群内 w	110.00	12	9.17	
全体 T	371.75	14		

＊ $p < .05$

データから$F(2,12) = 14.27$が得られました。5%の臨界値は3.89です。したがって、$p < .05$と結論され、有意水準よりも低いので帰無仮説を棄却します。つまり、3つの水準の平均値が等しい、という仮説は棄却され、心理療法の効果は有意でした。

$$F(2,12) = 14.27, \ p < .05$$

Try 3

例8.1の実験でおこなわれた分散分析の帰無仮説は何か。

①母集団の平均値が等しい　②母集団の平均値が異なる
③標本の平均値が等しい　　④標本の平均値が異なる

8.1.4 効果の大きさを評価する:効果量

ここでは分散分析によって心理療法の効果が5%の有意水準で統計的に認められました。さて、たとえば1%の有意水準で心理療法の効果が認められたデータがあったとします。この結果のほうが心理療法が有効であることを示しているでしょうか。実はこのように考えることは、しばしば見られる誤りです (p.179、6.2.3項)。

有意水準が低いことと、その要因の本来の効果の大きさ、すなわち**効果量** (effect size、⇨第6章) とは関係ありません。このような事情は t 検定のときも同じです。

t 検定のときと同じように分散分析でも効果量をあらわすことが工夫されています。次のように η^2 (イータ2乗) を定義して、効果量として用います (⇨くわしい説明)。

$$\text{ある要因の効果量 } \eta^2 = \frac{\text{要因 (群間) の平方和}}{\text{全体平方和}}$$

例8.1 では、心理療法の効果量は次のようになります。

$$\eta^2 = \frac{SS_B}{SS_T} = \frac{261.75}{371.75} = 0.704$$

(く・わ・し・い・説・明)

〈効果量の指標〉

η^2 と似たものに η_p^2 (偏イータ2乗) があります。これは、その要因の平方和を、他の要因の変動 (2要因以上の場合には他の要因による変動と後に述べる交互作用による変動) を除いた平方和 (つまり、その要因による変動+誤差変動) で割るものです。1要因の場合は η^2 に一致します。

これらの効果の大きさの指標はそれぞれ根拠のあるものですが、η_p^2 がしばしば論文では使われています。SPSS という統計ソフトでも η_p^2 を算出します。

8.1.5 個々の平均値をさらに比較したい：多重比較

例8.1 では、3つの心理療法の効果が等しい、という仮説は否定されましたが、どの療法がどの療法よりも効果的か、ということについては具体的に結論を出すことができません。

テューキー法

そこで、3つの水準の平均値のうちどの水準の間に統計的に意味のある差があるといえるのか、を検定する方法を考えてみます。ここで取り上げる方法は、**多重比較**（multiple comparison）とよばれるもので、さまざまな計算方法が提案されていますが、以下では最近使用されることが多い**テューキー（Tukey）法**を中心に解説します。

テューキー法では、次のような統計量 q を計算して検定に利用します。これを**スチューデント化された範囲**とよびます。

$$q = \frac{\text{比較する水準間の平均値の差の大きさ}}{\sqrt{\dfrac{\text{分散分析の}MS_w}{n}}}$$

具体的に 例8.1 で、心理療法 A と C にこの方法をあてはめると、

$$q = \frac{|27.6 - 37.8|}{\sqrt{\dfrac{9.17}{5}}} = 7.53$$

が得られます。そこで、有意水準を5％とした場合、対応する q の臨界値がわかれば、上で計算した q 値 7.53 を比較して、帰無仮説を棄却するかどうか決定することができます。ここでの帰無仮説は、「母集団において2つの水準の平均値が等しい」ことです。

付表6「テューキー法で用いる q の表（臨界値）」（⇨ p.310）はテューキー法で用いる q の表です。q は、比較する全体の平均値の数と水準のデータ数 n によって決まります。したがって、今回の例では平均値の数3と、データ数5から、自由度が「水準数×（データ数 -1）」、つまり $3 \times (5-1) = 12$ となるので、表の中から臨界値 3.77 を見つけ出します。

HSD の利用

このように個々の平均値の組み合わせについて q を計算していけばよいのですが、組み合わせが多くなれば計算は煩雑になります。そこで、一度に済ませる方法が工夫されています。HSD（honestly significant difference）とよばれる差をもとめて、それよりも大きな差のある組み合わせについては、統計的に有意な差があると結論する方法です。

例 8.1 で臨界値の q 値を $q_{\alpha,k,df}$ と表現します。臨界値は、有意水準 α、水準の数 k、MS_w の自由度 df で決まるからです。そこで

$$HSD = q_{\alpha,k,df} \sqrt{\frac{\text{分散分析の } MS_w}{n}}$$

と定義して、これよりも大きな差のある平均値の組み合わせに有意な差があると結論するわけです。例 8.1 の場合で計算してみましょう。

テューキー法で HSD を使う

1. 有意水準 α は 0.05、比較する平均値の数 k は 3、MS_w の自由度 df は 12 となる。
2. q の表から、検定に用いる臨界値 q をさがす。ここでは 3.77 である。
3. 分散分析表（表 8.1.3）から、$MS_w = 9.17$ を探し、さらに各水準のデータの数 $n = 5$ を確認する。
4. HSD の式に以上を代入する。

$$HSD = 3.77 \sqrt{\frac{9.17}{5}} = 5.11$$

5. HSD の値と、平均値の差を比較する。比較する平均値の組み合わせを表 8.1.6a のように整理する。水準 A と B の平均値の差の大きさは |27.6 − 32.0| = 4.4 で、HSD よりも小さいので、有意な差があるとは言えない。A と C の差の大きさは 10.2、B と C の差の大きさは 5.8 であり、いずれも HSD よりも大きいので有意な差があると結論する。

表8.1.6a 多重比較のまとめ （各水準の平均値の差）

		A 27.6	B 32.0	C 37.8
A	27.6	-	4.4	10.2*
B	32.0		-	5.8*
C	37.8			-

* $p < .05$

以上から、「水準AとC、および水準BとCの間に有意な差が認められた（$p < .05$）」と言えました。

以上がテューキー法による多重比較の考え方ですが、この方法以外にも、多重比較のための多くの方法が提案されてきました。

ボンフェローニ法

ボンフェローニ法と、その欠点を改良したホルムの方法は、q や HSD のように検定のために新しい統計量を考えるわけではありません。同じ例題を使ってボンフェローニ法で多重比較をおこなってみましょう。

まず、比較する平均値の組み合わせを考慮して、有意水準を厳しく設定しなおします。これは、検定を繰り返すと、有意ではない時に有意であると結論してしまう第一種の過誤 α が大きくなってしまう（p.226 ⇨ くわしい説明）からです。ここでは三つの平均値から二つを取り出す組み合わせ $_3C_2$、つまり3で α を割って厳しい基準を決めておきます。次に、検定に必要な誤差の自由度を求め、さらに誤差の分散を求めます。これらはテューキー法と同じように分散分析で用いた MS_w とその自由度を使います。

その上で、検定のために統計量 t を次の式で求めます。水準AとBについて検定するならば、それぞれの平均値 $\bar{X}_A$ $\bar{X}_B$ 被験者数 n_A n_B を用いて、

$$t = \frac{|\bar{X}_A - \bar{X}_B|}{\sqrt{MS_w \left(\frac{1}{n_A} + \frac{1}{n_B}\right)}}$$

の値を求めて検定をおこないます。

例8.1 を用いた実際の計算と結果はくわしい説明に示します。

　ボンフェローニ法やホルムの方法は、平均値の検定のようなパラメトリック検定だけではなく、度数の検定のようなノンパラメトリック検定にも用いることができる一般的な方法です。また、次章でとりあげるような、水準間に相関（対応）があるデータにおいても問題なく用いることができる点でも一般性があります。

く・わ・し・い・説・明

〈ボンフェローニ法とホルムの方法について〉

例8.1 のデータを使って、ボンフェローニ法で検定をおこないます。

ボンフェローニ法の手順

1. 有意水準 $a = .05$ を、比較の回数 3 で割り $α' = α/3 = .05/3 = .017$ とする。
2. 表 8.1.3 から誤差（群内）の自由度と分散を用意する（$df = 12$, $MS_w = 9.17$）。
3. 式（p.238）を使って、比較する平均値のセットごとに、検定のための統計量 t を比較ごとに計算する。
　　　A と B：$t = 2.298$　　B と C：$t = 3.029$　　A と C：$t = 5.327$
4. 各 t 値から、その p 値を求める。ここではコンピュータを用いて計算した値を示す（エクセルでは、tdist () という関数で求めることができる）。
　　　A と B：$p = 0.040$　　B と C：$p = 0.010$　　A と C：$p < 0.001$
5. $α' = .017$ と各比較セットの p 値を比べて、p 値が $α'$ よりも小さいときに有意な差があったと結論する。
　ここでは A と B の比較では、p 値が $α = .05$ よりは小さいけれども $α' = .017$ よりも大きいことから、有意差を認めることができない。B と C、A と C では有意な差を認めることができた。なお、この検定結果はテューキー法による結果と一致しているが、場合によっては一致しないこともある。

　ボンフェローニ法は、有意水準を一律に厳しくするために、水準間に差があるにも関わらず「有意な差ではない」と結論してしまう第 2 種の過誤の可能性が大きいと指摘されています。言い換えれば、検定力が低いわけです（p.174　6.1.5 項）。そこで、この問題に対処するために、有意水準を一律に厳しく下げる（$α'$ 一定）のではなく、p 値の小さい組み合わせから順に検定し、比較の進行にともなって、$α' = α/3$　（A と C）、から $α' = α/2$　（B と C），$α' = α$　（A と B）　というように変化させて、検定力をあげる方法がホルムの方法です。この例では、ホルムの方法を使うと A と B の間にも有意な差を認めることができます。p 値が $α' = α = .05$ より小さいからです。つまり、検定力が上がったのです。

なお、ここで述べた多重比較は、分散分析で要因の有意な効果が認められた場合に、その後の検定（**下位検定**）として個々の水準の平均値を比較するためにおこなわれました。このような比較は**事後比較**（post hoc comparisons）あるいは、ア・ポステリオリな比較（a posteriori comparison）などともよばれ、事前の分散分析で有意な効果が認められた要因についてのみおこなわれるものです。このような事後的比較とは別に、あらかじめ特定の水準の比較をおこなうことを目的として、一定の水準のもとで「事前比較」（pre-planned comparison）（あるいは「ア・プリオリな比較」（a priori comparison））がおこなわれることがあります。

以上が3つ以上の平均値の差を検定する場合の基本的な方法です。1つの要因が3つ以上の水準で操作されて、それぞれの水準の平均値を比較する方法として、分散分析と多重比較を紹介しました。この方法が、実は2つの平均値の差の検定にも用いることができることにふれておきます。つまり、2つの平均値の差の検定にF分布（分散分析）を用いることもできるのです。これはtとFの間に次のような関係があるからです。

$$t^2(df) = F(1, df)$$

Try 4　一要因の実験計画で多重比較がおこなわれる理由として、以下の各文章は正しいか、答えなさい。

① t検定の単純な繰り返しでは第一種の過誤の確率が大きくなる。
② 分散分析では2つの水準の比較はできない。
③ 分散分析の帰無仮説は、すべての水準の標本の平均値が等しいことだけである。
④ 分散分析の帰無仮説が棄却されても、3水準以上の場合には2つ水準の組み合わせについて結論を出すことができない。

8.1 一元配置

> **Point!**
> 3つ以上の平均値を同時に比較する。
>
>
>
> 分散分析（ANOVA）ですべての水準の平均値が等しいこと（帰無仮説）を棄却できるか調べましょう。

第8章の練習問題

一要因3水準（A,B,C）の実験計画で得られたデータについて分散分析をおこなった結果、つぎの分散分析表が得られた。

表

要因	平方和 SS	自由度 df	平均平方 MS	F
群間 B	430.33	①	215.17	③
群内 w	201.79	27	②	
全体 T	632.12	29		

(1) 表の空欄①②③を埋めなさい。

(2) 帰無仮説 H_0 として適切なものはどれか。

　　① $\mu_A = \mu_B$　　② $\mu_A \neq \mu_B \neq \mu_C$　　③ $\mu_A = \mu_B = \mu_C$

(3) 有意水準を5%として、F の臨界値をもとめなさい。

(4) 分散分析の結果の記述として、もっとも適切なものを選びなさい。

　　①要因の効果は有意であった（$p > .05$）。

　　②要因の効果は有意ではなかった（$p > .05$）。

　　③要因の効果は有意であった（$p < .05$）。

　　④要因の効果は有意ではなかった（$p < .05$）。

8.2 要因計画 2つ以上の要因を組み合わせる

8.1 節では、1つの要因を取り上げて、その効果を調べる方法を学びました。ここでは、2つ以上の要因を組み合わせて、それらの効果を統計的に検討する方法を学びます。心理学の対象である行動やその背景にあるこころのはたらきが、単純な1つの要因ではなく、複数の要因の影響という視点から理解されることが多いからです。このような観点から研究をおこなう場合には、それら複数の要因をどのように組み合わせるか、被験者をどのように配置するか、がポイントになります。これを**要因計画**といいます。

まず、1人の被験者に2つの要因の組み合わせを1回だけ実施する計画について解説します。これは**被験者間計画**（between-subjects design）の最も簡単な例です。その後で、1人の被験者が1つの要因のすべての水準を経験する例を考えます。こちらは**被験者内計画**（within-subjects design）とよばれます。

8.2.1 複数の要因を組み合わせると

まず、1要因の場合と比べながら、2つの要因を組み合わせる例を考えることにしましょう。この節でも具体的な研究例をもとに説明していきます。

例 8.2

表 8.2.1（仮想データ）は、教育心理学の分野で、教え方と生徒の特性の関係を調べる場合にしばしば考えられる研究の一例です。1要因の分散分析の場合と異なって、表の縦と横にそれぞれの要因を配置して、各水準の組み合わせを整理します。表 8.2.1 では、教授法として3種類を比較しようとしています。また、生徒の特性として不安の高い群と低い群の2つの群を設定しています。

表 8.2.1 教授法と生徒の特性の影響

	教授法 1	教授法 2	教授法 3
高不安群	24	34	33
	31	41	27
	32	35	35
	28	31	40
	26	27	36
低不安群	45	35	31
	41	38	25
	53	40	28
	46	33	27
	50	37	30

	教授法 1	教授法 2	教授法 3
高不安群	28.2	33.6	34.2
低不安群	47.0	36.6	28.2

　このような研究の目的は、教え方そのものに効果の高低があるよりも、学習者の特性によって最適な教え方があるのではないか、という考え方を検証しようとするものです。したがって、異なる学習者の特性と教授法を組み合わせて実験し、その効果を分析することになります。このような実験計画で前提となるのは、それぞれの水準にわりあてられる被験者が、実験を実施する前には等しい学力水準であることが保証されることです。このため 例8.2 では、被験者を無作為に 5 人ずつ各水準にわりあてています。したがってこれは、二元配置（2 要因）の完全無作為化計画とよぶことができます。

　図 8.2.1 は各水準の平均値を示したものです。横軸には 3 つの教授法がとられ、縦軸には教授法を実施した後のテスト得点がとられています。棒グラフは高不安群と低不安群に分けて作られています。まず、全体的な傾向を見ることにしましょう。高不安群では教授法 1 よりも教授法 2 と 3 で成績が高いように見えます。これに対して低不安群では教授法 1 で最も成績が高く、教授法 2、3 となるにつれて成績が下がっているように図からは考えられます。つまり、得点が高いほど教授法が効果的であったすると、その効果は学

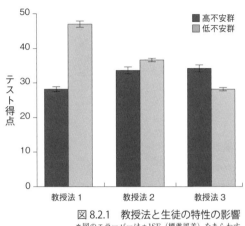

図 8.2.1 教授法と生徒の特性の影響
＊図のエラーバーは ±1SE（標準誤差）をあらわす。

習者の不安の程度という特性によって異なっている可能性があるわけです。このように 2 つの要因の間に相互に影響しあう関係が見つかることがあります。これを**交互作用**（interaction）とよび、2 要因以上の分散分析では、大変重要な問題となります。交互作用に対して、それぞれの要因が単独で測定値におよぼす影響を、**主効果**（main effect）とよびます。

図 8.2.1 について、以下の問に答えなさい。

(1) この実験で独立変数は何か、以下から選びなさい。
　　①教授法　　　　　②生徒の特性　　　　③テスト得点
(2) 従属変数は何か、以下から選びなさい。
　　①教授法　　　　　②生徒の特性　　　　③テスト得点
(3) 教授法 1 はどのような生徒に効果的と考えられるか、適切な記述を選びなさい。
　　①不安の高い生徒　　②不安の低い生徒　　③すべての生徒

8.2.2　2要因分散分析（被験者間計画）の考え方

　このような全体的な傾向を分散分析によって統計的に検証することにします。まず、1要因のときと同じように、全体のデータの散らばりがいくつかの成分に分けられることが基礎になります。まず1要因の場合、

$$\text{全体の平方和 } SS_T = \text{水準間の平方和 } SS_B + \text{水準内の平方和 } SS_w$$

という関係がありました（⇨ p.230）。1要因のときの計算で、水準内の平方和 SS_w をもとに平均平方和 MS_w を算出し、これを分母にして F 値をもとめたことを思い出しましょう。この考え方は、水準内でのデータの変動を一種の誤差（error）とみなして、これをもとに水準間の平均値の差を評価していたのです。

　2要因の場合も同じように、2要因の各水準を組み合わせた1つの条件内のデータの変動は誤差として扱われます。また、各要因によるデータの変動を平方和としてもとめる点も同じです。したがって、2つの要因を要因A、要因Bとすると、データの変動をあらわす平方和については、以下のような関係が成り立ちます。ここでは、交互作用による変動をあらわす平方和を新たに区別することがポイントになります。これを $SS_{A \times B}$ とあらわし、また、条件内の誤差の平方和を SS_e として、その意味をはっきりさせておきましょう。

$$\begin{aligned}\text{全体の平方和 } SS_T = &\ \text{要因Aによる変動の平方和 } SS_A \\ &+ \text{要因Bによる変動の平方和 } SS_B \\ &+ \text{交互作用による変動の平方和 } SS_{A \times B} \\ &+ \text{誤差の平方和 } SS_e\end{aligned}$$

8.2.3　2要因分散分析（被験者間計画）の計算例

各平方和を計算する場合、1要因のときにおこなったように平均値をもとに計算することでその意味はわかりやすくなるのですが、ここでは、次のように計算式を変形しておこなうことをおすすめします。例8.2 で具体的に説明しましょう。

2要因分散分析の手順

1. まず、全データについて個々のデータを2乗して加える。

   全2乗和 $S = 24^2 + 31^2 + \cdots + 27^2 + 30^2 = 37569$

2. 次に、計算をわかりやすくするために、表8.2.3aを作る。これは水準ごとに5人分のデータを合計し、さらにそれらを各要因の水準ごとに合計したものを表の横と下に追加したものである。

   表8.2.3a　表8.2.1をもとにした集計表（1）

	教授法1	教授法2	教授法3	合計
高不安群	141	168	171	480
低不安群	235	183	141	559
合計	376	351	312	1039

3. 上の表を見ながら、不安の程度を要因A、教授法を要因Bとして次のものを計算して準備する。

   ◎要因Aの予備計算：各水準の和を2乗してデータ数で割ったものの総和

   $$A = \frac{480^2}{5 \times 3} + \frac{559^2}{5 \times 3} = 36192.07$$

   同様に、要因Bと交互作用ABについても計算する。

   ◎要因Bの予備計算

   $$B = \frac{376^2}{5 \times 2} + \frac{351^2}{5 \times 2} + \frac{312^2}{5 \times 2} = 36192.1$$

   ◎交互作用ABについての予備計算

   $$AB = \frac{141^2}{5} + \frac{235^2}{5} + \frac{168^2}{5} + \cdots + \frac{141^2}{5} = 37188.2$$

4. さらに、修正項として、全体和の２乗をデータ数で割っておく。

$$X = \frac{1039^2}{5 \times 2 \times 3} = 35984.03$$

5. 以上の計算から、次のように平方和をもとめることができる。

$SS_A = A - X = 208.03$
$SS_B = B - X = 208.07$
$SS_{A \times B} = AB - X - SS_A - SS_B = AB - A - B + X = 788.07$
$SS_e = S - AB = 380.80$
$SS_T = S - X = 1584.97$

6. 各変動因の自由度をもとめる。

df_A ＝要因Ａの水準数－１＝２－１＝１
df_B ＝要因Ｂの水準数－１＝３－１＝２
df_{AB} ＝（要因Ａの水準数２－１）×（要因Ｂの水準数３－１）
　　　＝１×２＝２
df_e ＝（Ａの水準数２×Ｂの水準数３）×（１条件のデータ数５－１）
　　　＝２×３×４＝２４

となる。ただし、

df_e ＝（全体の自由度Ｎ－１）－df_A－df_B－df_{AB}
　　　＝２９－１－２－２＝２４

という関係を知っておくと便利である。

7. したがって、必要な平均平方、Ｆ値は次のようになる。なお、ここでは各変動因のＦ値をもとめる際の分母の平均平方は、すべて誤差の平均平方 MS_e になる。

各式 $MS = \dfrac{SS}{df}$

$MS_A = \dfrac{SS_A}{df_A} = 208.03$

$MS_B = \dfrac{SS_B}{df_B} = 104.03$

$MS_{A \times B} = \dfrac{SS_{A \times B}}{df_{A \times B}} = 394.03$

$$MS_e = \frac{SS_e}{df_e} = 15.87$$

$$F_A = \frac{MS_A}{MS_e} = \frac{208.03}{15.87} = 13.11$$

$$F_B = \frac{MS_B}{MS_e} = \frac{104.03}{15.87} = 6.56$$

$$F_{A \times B} = \frac{MS_{A \times B}}{MS_e} = \frac{394.03}{15.87} = 24.83$$

8. 有意水準にしたがって、各変動因の効果が有意かどうかを決定する。今回は有意水準を1%としておく。まず変動因ごとに、F値をもとめたときの分子と分母のMSの自由度を確認して、それらの自由度に対応する臨界値を付表5のF分布表（p.308）からもとめる。たとえば、要因Aの場合、分子の自由度が1、分母の自由度が24だから、付表5から7.82が臨界値であることが読み取れる。データから得られたF値は13.11だから、臨界値を超えて棄却域に入っている。つまり、帰無仮説が棄却されて、要因Aの主効果は有意であるといえる。

   同様に、要因B、交互作用についても臨界値をもとめ、それぞれの変動因の効果が有意であるかどうかを決定する。

9. この結果を分散分析表にまとめると表8.2.3bのようになる。分散分析表では、有意であった変動因のF値の横に＊（アスタリスク）をつけることがある。＊は$p < .05$、＊＊は$p < .01$をあらわすのが慣習で、それを表の下に明示する。また、結果を文章で表現すれば、「不安の程度の主効果（$F(1,24) = 13.11$, $p < .01$）、教授法の主効果（$F(2,24) = 6.56$, $p < .01$）、不安と教授法の交互作用（$F(2,24) = 24.83$, $p < .01$）はいずれも有意であった」となる。

表 8.2.3b 表 8.2.1についての分散分析表

変動要因	平方和 SS	自由度 df	平均平方 MS	F
不安	208.03	1	208.03	13.111＊＊
教授法	208.07	2	104.03	6.556＊＊
不安×教授法	788.07	2	394.03	24.834＊＊
誤差	380.8	24	15.87	
全体	1584.97	29		

＊＊ $p < .01$

8.2.4 分散分析の後で

1要因の場合と同じように、2要因においても個々の平均値を比較する場合には多重比較がおこなわれることがあります。ここでは、一般的な場合として要因AとBの2要因計画で、主効果のみが有意であった場合と交互作用が有意であった場合に分けて、多重比較の考え方を説明します。

まず、要因Aの主効果が有意であった場合、要因Bを込みにして、つまり要因Bの水準をすべていっしょにまとめて要因Aの水準ごとの平均値をもとめます。表8.2.4は先の例で要因Bを込みにした要因Aの各水準の平均値が表の右端に表示されています。この平均値の差が要因Aの主効果をあらわしているわけです。この例のように平均値が2つしかない場合には、主効果の有無が、すなわち平均値の有意差の有無をあらわしていますから、それ以上の多重比較は必要ありません。しかし、一般には3つ以上の平均値が並ぶこともありますから、それらの平均値を多重比較で比較することになります。具体的には1要因のときと同じテューキー法を利用することができます。

表8.2.4 表8.2.1をもとにした集計表(2)

	教授法1	教授法2	教授法3	平均値
高不安群	28.2	33.6	34.2	32.0
低不安群	47.0	36.6	28.2	37.3
平均値	37.6	35.1	31.2	34.6

次に要因Bの主効果が有意であれば、要因Aをこみにして要因Bの各水準の平均値を比較します。表8.2.4の下部に各平均値を表示しました。ここでは平均値が3つありますから、実際にテューキー法など(8.1.5項、p.236)を適用して多重比較をおこなうことができます。

交互作用が有意でない場合は以上の比較で充分ですが、交互作用が有意であるときは、要因Aの効果を要因Bの各水準ごとに比較すること、すなわち、不安の効果を教授法ごとに比較することや、要因Bの効果を要因Aの水準ごとに比較することが必要です。これらの効果を**単純主効果**(simple main effect)、あるいは単に**単純効果**とよびます。また、それにともなって、たとえば高不安群における教授法1と2の比較といった多重比較も必要になります。いずれの場合も、ここまで述べた分散分析と多重比較の方法を応用することになります。

> **Try 6**
>
> 表8.2.3b において2要因の分散分析の結果、交互作用が有意であることに注意して、次の結論が正しいかどうか、○か×で答えなさい。
>
> ①不安の程度が高いと成績は上昇しない。
> ②交互作用が有意になったのは、高不安群の教授法1のテスト得点が低かったからである。
> ③教授法の効果を明らかにするためには、高不安群と低不安群別に、教授法の単純主効果を検定し、有意ならばさらに多重比較をおこなう必要がある。

8.2.5　1人の被験者を繰り返し測定すると：被験者内計画

　ここまでは、1人の被験者に1回の測定を実施する**被験者間計画**について説明してきました。これに対して、心理学では1人の被験者に対して繰り返し測定がおこなわれることがしばしばあります。具体的に例をあげれば、次の2つのような場合です。

(1) 1つの実験において複数の水準を同じ被験者に実施する場合。たとえば、錯視の測定で複数の刺激の水準で同一被験者を測定するなど。
(2) 検査やテストで、同じ被験者に対して2回以上の測定を一定期間をおいて実施する場合。前章で対応のある2つの平均値の差を検定した例の、より一般的な場合です。

　複数回の検査やテストを実施する場合には、その間の変化の有無を検討することに研究の目的があります。一方、実験などで1人の被験者に複数の水準を実施する場合には、より少ない被験者で実験をおこなうことができるという実際的なメリットのほかに、被験者の個人差を要因として分離すること

で、実験の目的である要因の効果をより明らかにできるという長所があります。ここではこの点にふれながら、1人の被験者が繰り返し測定をうける**被験者内計画**について説明します。

表 8.2.5 は錯視の実験を想定した仮想データです（⇨本章 Research）。この実験は、ミューラー・リヤー錯視とよばれる錯視の実験で、線分の長さが物理的な長さと異なって見えるという錯視の程度を測定するものです。斜線と横線の角度が錯視の程度に影響を与えることが知られています。ここでは実験の水準として斜線の角度を3段階に操作しました。1人の被験者はこの3水準すべてにおいて実験に参加しています。被験者数は全体で5人です。1人の被験者は3回測定されているわけですが、ここでは各被験者はランダムな順序で3水準を実施した、と考えてください。

表 8.2.5　1要因被験者内計画の実験例（刺激の水準：角度（°）と生じた錯視量（mm））

被験者番号	角度			合計
	30°	45°	60°	
1	15	12	10	37
2	14	12	11	37
3	21	14	12	47
4	23	18	14	55
5	17	13	11	41
合計	90	69	58	217
平均値	18.0	13.8	11.6	

表 8.2.5 をみると、表の上に要因としての角度があり、表の左には被験者が配置されています。この表の形は、角度をひとつ要因（3水準）、被験者をもうひとつの要因（5水準）とする2要因の実験計画とみることもできます（ただし、各水準に組み合わせには1つのデータしかありません）。角度の要因で設定された水準は、これまでの心理学的研究から、これらに水準の結果の間に差が生じることが期待できるような特定の値（30°、45°、60°）が選ばれています。このように水準が設定されているとき、角度の要因は**固定効果要因**（fixed-effect factor）（あるいは、**固定要因**）である、といいます。これに対して、被験者の要因では、5つの水準（被験者）は無作為（ランダム）

に選ばれたものです。特定の被験者の間に差が生じることは予測されていません。このような場合、被験者の要因は**変量効果要因**(random-effect factor)(あるいは、**変量要因**)とよばれます。実際の研究では固定効果要因の効果は統計的に検定されますが、変量要因の効果を検定することは目的にしないこともあります。

　被験者内計画で実験をおこなう際に注意しなければならない点について考えてみましょう。表8.2.5で各被験者はランダムな順序で3つの水準の測定をうけているのはなぜでしょうか。それは、複数回測定を繰り返した場合、前の測定が後の測定にさまざまな影響を与えることが知られているからです。測定に習熟するために生じる練習効果、実験を繰り返すことによる疲労効果などは心理学では特に問題となります。それは、仮に各水準の間に測定値で差が見られても、それが操作された要因の効果なのか、それともそのような順序で測定した結果(順序効果)なのか、を分離できないからです。

　一般に、実験で検証するために操作される要因を**独立変数**(independent variable)とよぶのに対して、それ以外で測定値に影響を与える変数を**剰余変数**(extraneous variable)とよんで区別します。実験で独立変数と測定値(**従属変数**:dependent variable)の間の因果関係を明らかにするためには、剰余変数の影響をいかに統制するかが重要になるわけです。上にあげた順序効果などはしばしば問題となる剰余変数の1つです。そこで被験者ごとに、45°→30°→60°、60°→30°→45°、…というようにランダムな順序で実験を実施します。最後にすべての被験者データを角度条件別に集計すれば、さまざまな練習効果の程度のもとで1つの角度条件が実験されていますから、練習効果が相殺されて測定値にあらわれなくなるのです。

8.2.6　1要因被験者内計画の計算例

　1要因被験者内計画の分散分析の計算が、完全無作為化計画と異なるのは、被験者ごとの計算をおこなう点です。つまり、表8.2.5で被験者ごとに横方

向に計算して平均値をもとめることからはじめます。

まず、その考え方は、次のように表現できます。

$$\text{全体平方和 } SS_T = \text{水準間での平方和 } SS_B$$
$$+ \text{個人差についての平方和 } SS_{sub}$$
$$+ \text{残りの平方和 } SS_e$$

この式は、1要因被験者間計画のときの水準内の平方和 SS_w を、被験者の個人差の平方和 SS_{sub} とそれ以外の残りの平方和 SS_e に分割した、と考えられます。この誤差項 SS_e は、被験者間計画の SS_w よりも必ず小さくなることに注意しましょう。

被験者内計画の計算

1. 実際の計算例で各平方和をもとめてみよう。2要因の場合にならって、表8.2.5およびその下と横に用意した合計値を参考にして、全データの2乗和 S、角度要因についての合計 B、被験者要因についての合計 sub を準備する。

$$S = 15^2 + 12^2 + \cdots + 11^2 = 3339$$

$$B = \frac{90^2}{5} + \frac{69^2}{5} + \frac{58^2}{5} = 3245$$

$$sub = \frac{37^2}{3} + \cdots + \frac{41^2}{3} = 3217.7$$

修正項 X を準備して、各 SS を計算する。

$$X = \frac{\text{総合計}^2}{\text{水準数} \times \text{被験者数}} = \frac{217^2}{3 \times 5} = 3139.3$$

$$SS_T = S - X = 199.7$$
$$SS_B = B - X = 105.7$$
$$SS_{sub} = sub - X = 78.4$$
$$SS_e = SS_T - SS_B - SS_{sub} = 15.6$$

2. この後は、これまでの分散分析と同じように、各平方和から自由度をもとに母分散の不変推定値である平均平方 MS をもとめる。それぞれの自由度は、

$$df_B = \text{要因Bの水準数} 3 - 1 = 2$$

df_{sub} = 被験者数 $-1 = 5-1 = 4$

df_e =(全体の自由度 $N-1$)$-df_B-df_{sub}$ = $14-2-4 = 8$

としてもとめる。なお、誤差項は実験要因(角度)と被験者要因の交互作用と考えることができから、誤差の自由度は、

df_e =(Bの水準数 $3-1$)×(被験者数 $5-1$)$= 2 \times 4 = 8$

としてもとめることもできる。

3. したがって各平均平方 MS は以下のようになる。

$$MS_B = \frac{SS_B}{df_B} = 52.87$$

$$MS_{sub} = \frac{SS_{sub}}{df_{sub}} = 19.60$$

$$MS_e = \frac{SS_e}{df_e} = 1.95$$

実験の目的である、角度の効果を検証するために F 値をもとめる。

$$F = \frac{MS_B}{MS_e} = 27.11$$

4. 分子の自由度が(水準数-1)$= 2$、分母の自由度が(水準数-1)×(被験者数-1)$= 8$ だから、これをもとに F 分布表から有意水準 1%の臨界値 8.65 を探し、上の F 値と比較する。

5. その結果、臨界値よりも計算した F 値が大きいので、その確率 p は 1%より小さいことになる。

$$F(2,8) = 27.11, \ p < .01$$

つまり、角度の効果が認められたことになる。

6. 被験者要因は、変量要因であるから検定をしない。以上を分散分析表にまとめたものが表 8.2.6a である。

表 8.2.6a 表 8.2.5 の分散分析表

変動要因	平方和 SS	自由度 df	平均平方 MS	F
角度	105.7	2	52.87	27.11**
被験者	78.4	4	19.60	
誤差	15.6	8	1.95	
全体	199.7			

** $p < .01$

第8章では1要因被験者間計画、すなわち完全無作為化計画からはじめて、2要因の被験者間計画、1要因の被験者内計画を取り上げてきました。心理学ではこのほかにも、2要因の被験者内計画、被験者内要因と被験者間要因を組み合わせる混合計画、さらには3要因計画などが実際に使用されます。

> **Point!**
> 1. 2つ以上の要因を組み合わせた分散分析では、それらの要因の主効果と交互作用が問題となります。
> 2. 被験者間計画と被験者内計画を区別しましょう。

第8章の練習問題

下の表は、2種類のパーソナリティ特性（A）と、3種類の心理療法（B）を組み合わせて、それらの効果を検討するために、各水準に無作為に5人を割り当て、療法実施後に測定したものである。測定値が大きいほど心理療法の効果が大きかったとして、つぎの課題に答えなさい。

表

	B1	B2	B3
A1	5	10	13
	4	8	12
	4	8	11
	2	7	10
	1	6	9
A2	5	7	7
	4	6	6
	2	5	5
	2	4	4
	1	2	3

（1）各要因の水準別の平均値と標準偏差および標準誤差をもとめ、簡潔に図示しなさい。

（2）要因A、要因Bの主効果、AとBの交互作用を検定し、分散分析表にまとめなさい。

分散分析は、心理学の研究において最も多く用いられる統計手法の1つです。ここでは、心理学の基礎教育でもしばしば教材として取り上げられる錯視量の測定を題材として、分散分析がどのように使われるかを紹介します。

Research　　　　　　　　　　　ミューラー・リヤー錯視

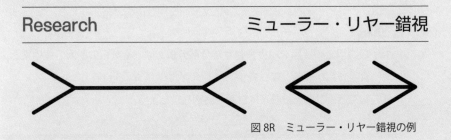

図 8R　ミューラー・リヤー錯視の例

　図 8R はミューラー・リヤー錯視とよばれる代表的な幾何学的錯視の実験材料です。左右の横線の長さは、物理的には同一であるにもかかわらず、人間の眼には異なる長さに見えます。このような長さや大きさ、あるいは方向などの錯視は、さまざまな錯視図形で観察することができます。

　心理学ではこれらの錯視は単なる「錯覚」ではなく、現実世界ではじょうずにはたらいている「見る」というこころのはたらきが、平面上で「誤って」はたらいたために生じていると考えます。つまり、人間が見る主観の世界が必ずしも物理的な世界と一致しないことは、こころの一般的なはたらきのためであって、それを分析することが、こころの世界がどのようにして成立しているかを明らかにする手がかりを提供してくれる、と考えるわけです。

　そこで、このような錯視を数量的に測定するために、たとえば左図の横線の長さを変化させて、右図の横線の長さと同じ長さに「見える」ように、観察者（被験者）に調整してもらう方法があります。これを**調整法**といいます。調整法によって、観察者にとって右図の横線の長さと知覚的に等しい左図の横線の長さをもとめることができます。これを**主観的等価点**（PSE：Point of Subjective Equality）といい、たとえばこれと右図の横線の長さの差を錯視の程度の指標（錯視量）と定義することができます。このような測定方法は、ほかにも工夫されていて、それらは**精神物理学的測定法**とよばれます。

さて、ミューラー・リヤー錯視の場合、この錯視が成立する原因はどこにあるのでしょうか。実は、さまざまな説が提案されてきたにもかかわらず、いまだに議論が続けられているのが現状です。このような議論や学説は、どのような条件でどの程度の錯視が観察されるかを、組織的な実験をとおして測定することによって検討されています。

　たとえば、図形の横線に付加されている2本の斜線の長さとその角度のちがいによって、錯視の程度は異なるでしょうか。このような刺激の特性と主観的な錯視量の間の法則性を明らかにすることは、基礎的な資料として、錯視の科学的な解明に重要であると考えられています。そこで、斜線の長さとその角度という2つの要因を取り上げて、それらを独立変数として実験的にいくつかの水準で操作し、その結果、観察される錯視量（従属変数）が規則的に変化するかを検討することになります。島田（1952）はこのような研究を整理して紹介しています。

引用文献
　島田一男（1952）．ミュラー・リヤー錯視に関する文献の整理　心理学研究, 23 (2), pp.111-123.

CHAPTER 9
多変量解析

この章で学ぶこと

3つ以上の変数の間の関係を分析する

この章では、第4章で取り上げた2つの変数の間の相関係数をもとにして、3つ以上の変数の間の関係を分析する手法を取り上げます。まず、2つの変数の背後に第3の変数が隠れている場合を例として、第3の変数の影響を統計的に統制する方法（偏相関）を説明します。これをふまえて、3つ以上の変数の間に、因果関係が仮定され、ある変数を他のいくつかの変数から予測する方法（重回帰分析）を紹介します。さらに、3つ以上の変数の背景に隠れた原因（因子）を探る方法（因子分析）の概要を説明します。

この章で取り上げるこれらの手法は、多数の変数から成り立つ複雑な心理現象を説明するために実際にしばしば使用されます。実際の研究では、多くのデータをコンピュータで処理することも必要になります。そこで研究や教育で実際に使われるコンピュータの利用例を用いながら解説します。学生の皆さんが、近い将来自らコンピュータを利用しながら、自分で収集したデータを分析する際に役に立つように、全体の処理の流れと具体的な手順を説明します。

CHAPTER 9 多変量解析

9.1 3つ以上の変数の関係を理解する
多変量の分析

　この章では、3つ以上の変数の関係を分析する方法を学びます。このような分析は、一般に多変量解析と呼ばれます。まず、3つの変数の分析を取り上げて、それらにどのような「関係」が考えられるのかを取り上げます。その後で、1つの変数が他の2つ以上の変数によって決定される、つまり因果関係が考えられる場合の分析として重回帰分析を説明します。最後に、3つ以上の変数をまとめて、それらの背景に潜在的な変数（因子）を仮定する分析として、因子分析を取り上げることにします。

9.1.1　　　　　　　　　　　　　　　　　　　　偏相関

　3つの変数の関係を考える例として、まず勉強時間（X）、成績（Y）の2つの変数のデータが手元にあるとします（表9.1.1aのXとY）。この2つの変数だけを手がかりに両者の関係を分析したところ、相関係数（ピアソンの積率相関係数）が−0.51でした。これはいったい何を意味しているでしょうか。相関係数がマイナスですから、XとYは「Xが増加すれば、Yは直線的に減少する」ことを示しています。つまり、「勉強時間が増えれば、成績が悪くなる」ことを示しているわけです。これは、私たちの常識からすると、たいへんおかしなことと思われるかもしれません。

　しかし、このようなことは実際にデータとしてあり得るのです。それでは、このことを知った親が、「成績をあげるためには勉強時間を減らすべきだ」と言うとしたら、それは科学的に正しいのでしょうか。これは、前に述べたように、まず相関関係と因果関係を混同している点で誤りである（p.106「相関関係と因果関係」）可能性があります。つまりXが必ずしもYの原因であるとは限らないのです。

表 9.1.1a 勉強時間、成績、勉強のスキルの仮想データ

学生	勉強時間 X	成績 Y	勉強のスキル Z
1	2	60	70
2	3	70	70
3	1	60	80
4	1	70	90
5	3	40	50
6	2	50	80
7	4	40	30
8	4	50	60
9	3	70	60
10	2	80	80
11	0	50	60
12	3	40	50
13	2	50	60
14	4	40	10
15	5	30	30

それでは、X と Y の関係を理解し、さらに Y の原因、つまり成績を規定する原因を分析するにはどうしたらよいでしょうか。方法は2つあります。

(1) 実験によって原因と考えられる変数を操作して変化させて、その結果 Y（成績）が影響されるかどうかを検証する。
(2) 統計的方法によって原因を分析する。

実験の考え方については、第7章と第8章で紹介しました。ここでは統計的な分析によって因果関係に迫る方法を考えます。

勉強時間と成績のほかに、第3の変数として「勉強のしかた」を考えてみます。心理学では、このような勉強のしかたを「勉強のスキル」とよびます。表9.1.1a の Z は、各学生の勉強のスキルを測定したものです。そして、X、Y、Z の間の相関係数（ピアソンの積率相関係数）をもとめたものが表9.1.1b です。成績 Y と勉強のスキル Z の間には0.76という強い正の相関（p.98）があります。また、勉強時間 X と勉強のスキル Z の間には -0.72 という強い負の相関があります。つまり、勉強のスキルが上達すれば成績が上がり、一方で勉強時間は短縮することがわかります。

CHAPTER 9 多変量解析

表9.1.1b　XYZの間の相関係数 r

	X	Y	Z
X		−0.51	−0.72
Y			0.76
Z			

　さて、もし勉強のスキルZの影響がなかったら、勉強時間Xと成績Yの間の関係はどのようになるでしょうか。はじめにみたXとYの相関係数−0.51には、ほかの変数Zの影響も反映されていた可能性があります。そこで、Zの影響を除いたXとYの相関を分析してみましょう。この相関のことを、Zの影響を除いたXとYの**偏相関**といい、$r_{XY.Z}$のように書きます。$r_{XY.Z}$をもとめるには、X、Y、Zの間の相関係数を使います（式9.1）。r_{XY}はXとYの間の相関係数で、今まで取り上げてきた2つの変数の相関係数を、ここでは添字をつけてあらわしています。同様にXとZ、YとZの相関係数も表現しています。実際に、この例のそれぞれの相関係数（表9.1.1b）を偏相関係数の式に代入してみると式の最後にあるように0.06となります。ほとんど0になりました。

$$r_{xy.z} = \frac{r_{xy} - r_{xz} r_{yz}}{\sqrt{1-r_{xz}^2}\sqrt{1-r_{yz}^2}} = 0.06 \tag{9.1}$$

　それでは、偏相関係数が0になるということは何を意味しているのでしょうか。また、はじめにXとYの間で計算された−0.51（r_{XY}）という相関係数はどう考えればよいのでしょうか。実は、r_{XY}の値は「見かけ」の相関で、**疑似相関**とよばれるものです。この例では、r_{XY}を計算する時に本来影響のあるZの存在を無視したので、見かけだけの相関をもとめてしまったのです。もちろん、計算そのものには誤りはなかったのですが、相関関係を分析する際には、それらの変数の背後にある関係を理論的に考え、他の変数の影響まで考慮に入れることが大切なのです。ここでは、Zの影響を考慮した結果、XとYの本来の相関はほぼ0であることがわかったのです。つまり、XとYの間に相関関係は認められず、XとYがZによって決定されていたという**因果関係**のほうが適切であろうと考えられるわけです。

9.1 多変量の分析

(く・わ・し・い・説・明)

> 〈因果関係の3条件〉
> 最終的に変数 Z と変数 X、Y の間に因果関係が認められるためには、相関関係が認められるだけでは不充分で、さらに次の2つの条件が必要です。(1) Z が X や Y よりも時間的に先行していること、(2) Z 以外の変数が X と Y に影響を与えていないこと。これらの条件をはっきりとさせるためには、本文で述べたように、Z を統制した上で実験で X を操作して Y の変化を測定することが有効です。

ここでは、変数 X と Y の関係を、第3の変数 Z を考慮に入れて分析する方法を紹介しました。上の例では、Z の影響を除いた時の X と Y の相関(偏相関)が0に近くなりましたが、逆に X と Y に見かけの相関係数が0に近い値でも、Z の影響を考慮して偏相関係をもとめると高い値になってしまうこともあるでしょう。この場合には、X と Y の間の隠れていた因果関係が偏相関によって明らかになったといえるのです。

Try 1

変数 X、Y、Z について、以下の文章がそれぞれ適切かどうか、○か×で答えなさい。

① X と Y の相関係数と、Z の影響を除いたときの X と Y の相関係数が同じになることはない。
② Z の影響を除く前後で、X と Y の相関係数が0.1から0.9に変化した。これは Z によって、X と Y がとも影響を受けていた可能性を示している。

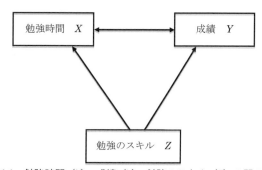

図 9.1.1　勉強時間（X）、成績（Y）、勉強のスキル（Z）の間の関係

9.2 ある変数を複数の変数から予測・説明する
重回帰分析

9.2.1 多変量データと多変量解析

　本題に入る前に、ここで扱う**多変量データ**と**多変量解析**について解説しておきます。各測定対象（被験者、大学や会社などの団体等）について、**変数（測定値）が複数ある場合のデータを多変量データ**といいます。

表 9.2.1a　各コンビニの売上と商品数およびおにぎりの美味しさ（量的変数のみ）

コンビニ	売上高（億円）	品数	おにぎりの美味しさ（点数）
ザボン	9000	4300	92
リューシン	7600	3500	91
フェミニンマルクト	5400	2600	76
ビックゴー	3500	1800	65

　多変量データには、大きく分けて3つの構成があります。①全ての変数（測定値）が量的変数で構成されているデータ（表 9.2.1a）、②全ての変数が質的変数で構成されているデータ（表 9.2.1b）、③量的変数と質的変数の混合データ（表 9.2.1c）です。表 9.2.1a のデータをみると、各コンビニについて、売上高、品揃えの豊富さとして品数、コンビニの主力商品であるおにぎりの美味しさ（100点満点中、何点か）という3つの変数（測定値）があります。このように、各測定対象に関する複数の測定値（変数）、すなわち多変量データを使って、変数間の関連性を分析する手法を**多変量解析**といいます。

　変数間の関連性とは、たとえば"おにぎりが美味しいコンビニほど、また、品数の多いコンビニほど、売上も大きい"といったことです。なお、多変量解析と一言でいっても、いくつも種類があります。それについては、渡部洋（1992）の事例編 0 章＜多変量解析法の概観＞を参照してください。多くの多変量解析の中からどの方法を適用したらよいかは、①分析の目的、②デー

タの尺度レベル（質的変数 or 量的変数）によって異なります。ここでは、予測・説明を目的とする重回帰分析について学びます。

表 9.2.1b 大学生の飲酒習慣と母親および父親の飲酒習慣との関連
（質的変数のみ）

大学生	性別	本人の飲酒習慣	母親の飲酒習慣	父親の飲酒習慣
1	男	1	1	2
2	女	3	3	3
3	男	1	2	3
4	女	1	1	1
5	男	3	3	1

あり：1、過去にあったが今はない：2、なし：3

表 9.2.1c 高校生の1日あたりのスマホ使用時間と勉強時間および進学希望の関係（量的変数と質的変数の混合）

生徒	スマホ使用時間	勉強時間	進学希望の有無
1	6	0	なし
2	4	2	なし
3	3	1	なし
4	1	4	あり
5	2	3	あり

9.2.2 重回帰分析とは

重回帰分析は、全ての変数（測定値）が量的変数であり、なおかつ予測・説明を目的とする場合に用いる多変量解析の手法です。詳しく述べると、重回帰分析とは、**変数間の相関係数（ピアソンの積率相関係数）をもとにして、ある事柄を、いくつかの要因から説明・予測したい場合に用いる手法です**。その際、説明したい事柄を**基準変数**、基準変数を説明・予測するために使う要因のことを**説明変数**といって、区別をつけます。たとえば、肺がんの発症リスク（基準変数）の増減（変動）を、喫煙量（説明変数1）と喫煙年数（説明変数2）という2つの説明変数によって説明・予測する、といった具合です。

重回帰式（予測式）

繰り返しますが、重回帰分析では、説明・予測したい事柄を「基準変数」、基準変数を説明するために用いる変数を「説明変数」と呼びます。そして、基準変数と説明変数の関係は、基準変数を Y、説明変数を X とすると、

$$Y = a + bX$$

＊a は定数、b は偏回帰係数（各説明変数にかかる重み）

という一次関数で表わされます。この一次関数のことを、**重回帰式**または予測に使えるということで**予測式**といいます。なお、$Y = a + bX$ というのは基本形であり、説明変数の数に応じて変わっていきます。たとえば、説明変数が2つならば $Y = a + b_1X_1 + b_2X_2$、説明変数が3つになれば $Y = a + b_1X_1 + b_2X_2 + b_3X$ というふうに、bX の部分が説明変数の数だけ増えていきます。

この重回帰式からわかるように、重回帰分析では、基準変数 Y と説明変数 X がピアソンの相関関係（一次関数関係：X が一定の割合で増加するとき、Y も一定の割合で増加または減少する）をもつことが前提になります。すなわち、重回帰分析では、基準変数 Y と説明変数 X の間の相関関係の強さをもとにして、各説明変数が、基準変数にどのくらい影響を与えているかを決めているわけです。その影響力にあたる部分が、重回帰式の b というところです。言い方を変えれば、重回帰分析とは、各説明変数の重み（基準変数への影響力）を決める作業であるわけです。

ちなみに、基準変数 Y と説明変数 X の関係が一次関数によって記述されるので、予測が成り立つわけです。たとえば、X と Y の間に、$Y = 2 + 3X$ という関数関係があるとき、X の値がわかれば、Y の値も自然と決まります。つまり、X の値のみから、Y の値を予測できるということで、予測に使えるという仕組みです（⇨くわしい説明）。

また、あくまでも予測値なので、実測値とのズレ（誤差）は生じます。しかし、多少のズレはあっても、そのズレの程度が小さければ、予測を行える方が便利です。肺がんの発症リスクが全くわからないよりは、多少の誤差は

あっても、喫煙量や喫煙年数から発症リスクを予測できれば、「煙草をやめよう」「本数を減らそう」というふうに生活習慣をあらためることができます。ただし、もちろん、予測値と実測値のズレは小さい方がいいわけです。したがって、重回帰分析では、**予測値と実測値の差の２乗和が最少になるように、重回帰式のａとｂの値を決める計算方法**がとられています。それを**最小２乗法**といいます。最小２乗法については、本書の４章4.1.3項に詳しい説明があります。

重回帰分析のモデル

重回帰分析において、基準変数を複数の説明変数によって説明しようとする時、その説明変数の組み合わせ（結合）を１つの**モデル**と考えます。はじめにモデルを仮定したうえで、そのモデルによる説明率や有意性を分析する、というのが正当な手順です。モデルには、ここで取り上げる**線形結合モデル**に加えて、曲線のモデルなど少し複雑なものもあります。しかし、本書は入門レベルなので、そこまで難しいことは不要です。現段階では、説明変数の組み合わせによる線形結合モデルを考え、例えば説明変数が３つなら「３変数モデル」と考えればよいでしょう。

（　く・わ・し・い・説・明　）

〈重回帰分析と相関係数の関係〉

基準変数と説明変数の関係が 一次関数：$Y = a + bX$ で記述されるということは、基準変数 Y と説明変数 X の間に、一次関数をあてはめているということ。一次関数関係の強さは、ピアソンの積率相関係数によって評価されるため、基準変数 Y と説明変数 X の間の相関係数が小さいと、一次関数をあてはめることに無理がある、ということになる。したがって、重回帰分析をおこなっても、良い結果は望めない。逆に、基準変数 Y と説明変数 X の間の相関係数が大きいと、両者の間に強い一次関数関係が認められ、その説明変数は基準変数に影響を与えている可能性が考えられる。すなわち、基準変数を説明・予測する説明変数として、有効である可能性が示唆される。

9.2.3 重回帰分析の実行

今回は、SPSS という統計ソフトを使って重回帰分析をおこない、その結果を示しながら結果の説明をおこないます。なお、R や表計算ソフト Excel でも、重回帰分析をおこなうことができます。

表 9.2.3a は、関東圏の大学の学園祭における来場者数、各大学の設立年数、偏差値、最寄駅からの時間（徒歩）、学園祭で出店された模擬店の数、有名人の数（トークショー、ライブや講演など、芸能人や著名人によって行われたイベントについて、来学した有名人の数で表している。複数名で構成されたグループは1とカウント）、公開授業の数、企画数（研究発表などのアカデミックな展示やサークル・部活による発表）を集計した仮想データです。このデータを使って、学園祭の来場者数を予測する重回帰式（予測式）を立ててみましょう。わかりやすく言うと、学園祭の来場者数（Y）を、大学の設立年数（X_1）、偏差値（X_2）、最寄駅からの時間（X_3）、模擬店の数（X_4）、有名人の数（X_5）、公開授業の数（X_6）、企画数（X_7）という7つの要因（変数）によってどの程度（何％）説明・予測できるかを検討するということです。それでは実際にやってみましょう。

はじめに、説明変数について少し説明を加えておきます。大学の設立年数（X_1）は、大学の歴史を表し、知名度の目安になるかもしれません。設立年数の長い大学ほど、よく知られており、結果として来場者数に影響を与える可能性が考えられます。また、偏差値（X_2）に関しては、同じ大学でも学部によって異なるため、全学部の平均をデータとしています。来場者は、わざわざ学園祭に行くなら、レベルの高い大学をのぞいてみたいと思うかもしれません。あるいは、トップクラスの大学に憧れを抱く高校生や受験生も多いでしょう。そういった動機が、来場につながることが考えられます。最寄駅からの徒歩時間（X_3）は、利便性に関わります。どうせ行くなら、徒歩ですぐに行ける近くの大学がよいと考える人も少なくありません。公開授業の数（X_6）や企画数（X_7）といった説明変数は、大学の学園祭ならではのものであり、大学特有のアカデミックな経験ができる貴重な機会です。し

表 9.2.3a 大学の学園祭の来場者数、大学の設立年数、偏差値、最寄駅からの時間、模擬店の数、有名人の数、公開授業の数、企画数のデータ

大学名	来場者数 Y	設立年数 X_1	偏差値 X_2	最寄駅からの時間(分) X_3	模擬店の数 X_4	有名人の数 X_5	公開授業の数 X_6	企画数 X_7
H	44000	95	59.2	10	80	7	8	125
C	50000	95	62.5	15	200	14	12	200
A	110000	90	54.8	15	98	0	15	250
S	16000	12	54.5	10	60	5	6	70
E	10000	66	48.0	13	42	3	3	40
W	160000	95	67.5	5	100	18	17	200
B	100000	95	70.5	8	100	3	4	150
O	6500	65	48.3	12	50	4	3	50
N	1500	66	51.0	8	16	2	2	25
T	164000	138	75.0	7	200	1	26	220
J	1300	19	43.0	23	18	1	0	20
I	13000	62	67.0	22	75	0	0	120
G	40000	66	60.3	0.5	100	7	6	130
Y	2200	22	47.5	17	34	3	1	30
M	50000	95	62.9	5	80	2	4	110
K	200000	95	68.7	7	90	3	18	300

がって、公開授業や企画数の多い少ないが、来場者の動機に影響を与えることが推測されます。こうしたことを考慮したうえで、説明変数を考えることが大切です。

重回帰分析の方法

重回帰分析の方法はいくつかあります。細かい方法の違いは、表 9.2.3b を参照してください。参考までに、方法選択の1つの基準を挙げておきます。まず、説明変数には効果の有るものと無いものがあります。自分がどんなに有効だと考えていても、分析の結果、効果が無かったということがあります。

一般的には、効果のある説明変数のみを使ってモデルを構成しますが、研究者によっては、効果の有無にかかわらず、全ての説明変数を使ってモデルを構成したいという場合があります。それなりの根拠があって、説明変数としているからです。そのような場合には、（効果の有無にかかわらず）全ての説明変数を使って重回帰式を立てる**強制投入法**がよいでしょう。

一方、効果のある説明変数のみを使いたいという場合には、**強制投入法以外の方法**を選択してください。なお、出力されてくるモデルの数が方法によ

って異なりますので、その点も考慮しておいてください。今回は、**変数増加法**を用いて重回帰分析をおこないます。

表 9.2.3b 重回帰分析の方法

方法	概要
変数増加法	有効な説明変数から順番に重回帰式に取り入れていく方法。 はじめに、最も予測に有効な説明変数（基準変数との相関係数が最大のもの）を取り入れる。 次に、残りの説明変数の中で最も予測に有効な説明変数を投入する。 説明変数を投入して説明率が上昇する間は、この操作を繰り返す。
変数減少法	はじめに、全ての説明変数を含む重回帰式を作る。 次に、その中から最も予測に有効でない説明変数を除去する。 この操作を繰り返し、徐々に効果のない説明変数を減らしていく方法。
強制投入法	研究者が仮定した説明変数を全て使って重回帰式を立てる方法。 説明変数の効果の有無にかかわらず、全ての説明変数を用いる。

9.2.4　重回帰分析の結果の検討

相関行列

SPSSで重回帰分析をおこなうと、**相関行列**（ピアソンの積率相関）が出力されてきます（表9.2.4a）。これは①基準変数と説明変数の相関、②説明変数間の相関を計算したものです。はじめに、それぞれの相関係数を確認しておきましょう。ポイントを以下に示します。

表 9.2.4a 変数間の相関行列（SPSSの結果）

	来場者数Y	設立年数	偏差値	最寄駅からの時間	模擬店の数	有名人の数	公開授業の数	企画数
来場者数Y	1.000	.710	.744	-.451	.579	.215	.877	.895
設立年数	.710	1.000	.753	-.477	.725	.173	.715	.717
偏差値	.744	.753	1.000	-.457	.732	.210	.632	.750
最寄駅からの時間	-.451	-.477	-.457	1.000	-.269	-.319	-.404	-.316
模擬店の数	.579	.725	.732	-.269	1.000	.360	.744	.720
有名人の数	.215	.173	.210	-.319	.360	1.000	.280	.231
公開授業の数	.877	.715	.632	-.404	.744	.280	1.000	.837
企画数	.895	.717	.750	-.316	.720	.231	.837	1.000

①基準変数と説明変数の相関

　基準変数と説明変数の相関が高ければ、両者の間に共変関係がみられるということなので、説明変数として有効な可能性が高いといえます。逆に、相関が低いと、説明変数として有効でない可能性が考えられます。今回のデータでは、来場者数 Y と公開授業の数 X_6、来場者数 Y と企画数 X_7 の間に強い相関が認められます。したがって、公開授業の数 X_6 や企画数 X_7 は、説明変数として有効である可能性が高いといえます。一方、最寄駅からの時間 X_3、模擬店の数 X_4、有名人の数 X_5 については比較的低い相関値なので、これらの変数は説明変数として有効でないことが予測されます。また、大学の設立年数 X_1 や偏差値 X_2 については、比較的強い相関を示しているので、結果がどうなるか楽しみなところです。

②説明変数間の相関

　説明変数間の相関は、**多重共線性の問題をチェックするために確認します**。説明変数間の相関が高く、なおかつそれらの説明変数が基準変数とも高い相関を示す時、多重共線性の問題が疑われます。多重共線性の問題が生じると、一方の説明変数の影響力（効果）が小さく推定されてしまい、正確な結果が得られなくなってしまいます。したがって、説明変数間に高い相関（**0.8 以上が目安**）を示すものがないか、必ずチェックしてください。万が一、説明変数間に高い相関がみられる場合は、いずれか一方の説明変数を除去する、あるいは 2 つの変数を 1 つにまとめるなどの対応を検討します。

　今回のデータでは、公開授業の数 X_6 と企画数 X_7 の間で 0.84 という高い相関を示しています。なおかつ、これらの説明変数は基準変数とも高い相関を示しているので、注意が必要です。ただし、多重共線性の問題をチェックするための指標は相関係数以外にもありますので（VIF、許容度など）、最終的にはそれらを合わせて総合的に検討することとします。VIF と許容度については、後述します。

モデルの説明率(重決定係数)

　今回は変数増加法で重回帰分析をおこなっているので、説明変数として有効でなかったものについては、自動的に分析から除外されています。すなわち、大学の設立年数 X_1、偏差値 X_2、最寄駅からの時間 X_3、学園祭の模擬店の数 X_4、有名人の数 X_5 の5つの変数が、効果なしで分析から除外されています。それゆえ、説明変数として有効であった公開授業の数 X_6 と企画数 X_7 の2変数を使って、モデルが構成されています。

　表9.2.4bを参照すると、モデル1、モデル2という2つのモデルが出力されています。モデル1は、最も予測に有効な説明変数（X_7 企画数）を使った1変数のモデルです。モデル2は、X_7 企画数に加えて、2番目に予測に有効な説明変数（X_6 公開授業の数）を投入した2変数モデルです。なお、各モデルを構成する変数については、表の下部（a、bを参照）に記載されています。

　それぞれのモデルについて、重相関係数Rや調整済み決定係数（R2乗）などが出ています。R2乗については、4章の4.1.2項の「決定係数」のところで解説しました。いわゆる**説明率**というもので、基準変数 Y の変動が、説明変数 X の変動によってどの程度（何パーセント）説明されたかを表します。なお、SPSSの出力では、R2乗と調整済みR2乗が出ていますが、**調整済みR2乗**を参照してください。通常R2乗は、説明変数の数が増えると（予測にあまり役立たない変数でも）大きくなってしまうという欠点があるので、その影響を受けにくく調整したものが**自由度調整済みR2乗**です。調整済みR2乗に100を乗じて割合になおせば（調整済みR2乗×100）、説明率○○％になります。

　今回のように複数のモデルが出力されてきた場合は、通常、最も説明率の高いモデル（今回はモデル2）を選択します。ただし、最終的なモデル選択は、説明率のみで行うというより、他の指標、例えばモデルの適合度を表すAIC（赤池情報量規準）などを合わせて判断することが普通です。AICについては後述します。

　今回の結果をまとめると「学園祭の来場者数 Y の変動は、企画数 X_7 と公開

授業の数 X_6 を用いた2変数モデルによって、83.3%説明された」ということになります。

表9.2.4b　各モデルの重相関係数Rと調整済み重決定係数（SPSSの結果）

モデル	R	R2乗	調整済み R2乗	推定値の標準誤差
1	.895[a]	.801	.787	30425.800
2	.925[b]	.856	.833	26884.660

a. 予測値: (定数)、企画数。
b. 予測値: (定数)、企画数, 公開授業の数。

重回帰式の分散分析

重回帰分析では、得られた重回帰式（予測式）について分散分析をおこない、重回帰式の有意性を検定します。検定することは、得られた重回帰式が予測に役立つかどうか、です。分散分析の結果は、表9.2.4cの通りです。

帰無仮説 H_0：求めた重回帰式は、予測に役立たない

表9.2.4c　重回帰式の分散分析表（SPSSの結果）

モデル		平方和	自由度	平均平方	F値	有意確率
1	回帰	5.212E10	1	5.212E10	56.305	.000[a]
	残差	1.296E10	14	9.257E8		
	全体	6.508E10	15			
2	回帰	5.569E10	2	2.784E10	38.523	.000[b]
	残差	9.396E9	13	7.228E8		
	全体	6.508E10	15			

a. 予測値: (定数)、企画数。
b. 予測値: (定数)、企画数, 公開授業の数。
従属変数: 来場者数Y

求めた重回帰式は予測に役立たないという帰無仮説を検定しているので、分散分析において、有意確率が5%（0.05）より小さければ、帰無仮説を棄却できます。今求めた重回帰式の有意確率は、モデル1もモデル2も0.000なので、帰無仮説を棄却できます（モデル1：$F(1, 14) = 56.305, p < .01$、モデル2：$F(2, 13) = 38.523, p < .01$）。したがって、求めた重回帰式は「予測に役立つ」と言えます。

偏回帰係数の検定

　偏回帰係数とは、各説明変数の基準変数 Y への影響力の大きさをあらわす指標です。今回のデータで言えば、公開授業の数 X_6 と企画数 X_7 のどちらが、学園祭の来場者数 Y により大きな影響を与えているか？ということです。

　偏回帰係数の検定で検討することは、偏回帰係数の有意性、すなわち各説明変数の基準変数に対する影響力の有無です。偏回帰係数が有意である説明変数は、説明変数として有効であると言えます。一方、有意でない偏回帰係数は、説明変数として効果がない可能性が考えられるため、一般的に説明変数から除外します。つまり、説明変数を選択する際の 1 つの目安になるわけです。

　　　帰無仮説 H_0：偏回帰係数（基準変数への影響力）が 0 である

表 9.2.4d　偏回帰係数とその検定結果、標準偏回帰係数、VIF、許容度の値（SPSS の結果）

モデル		非標準化係数		標準化係数	t	有意確率	共線性の統計量	
		B	標準誤差	ベータ			許容度	VIF
1	(定数)	-25966.945	13810.869		-1.880	.081		
	企画数	678.417	90.411	.895	7.504	.000	1.000	1.000
2	(定数)	-20210.804	12475.747		-1.620	.129		
	企画数	406.772	146.107	.537	2.784	.015	.299	3.345
	公開授業の数	3696.464	1664.646	.428	2.221	.045	.299	3.345

従属変数：来場者数Y

　表 9.2.4d には、偏回帰係数の検定結果等々が示されています。いろいろな統計量が同表に掲載されているので見づらいですが、**非標準化係数 B ＝偏回帰係数**の値です。偏回帰係数が 0 であるという帰無仮説を検討しているので、有意でない場合、その説明変数は基準変数への影響力が 0 である可能性を否定できないということになります。

　今回は変数増加法で重回帰分析をおこなっているので、効果のない説明変数は自動的に取り除かれています。したがって、偏回帰係数の検定結果は、全て有意になっているはずです。表 9.2.4d の**有意確率**で確認してください。なお、強制投入法で重回帰分析をおこなった場合は、効果のある説明変数も ない説明変数も全て用いて重回帰式を立てるので、偏回帰係数の検定結果を吟味して、説明変数として残すか、あるいは捨てるかを自分で判断する必要

標準偏回帰係数

標準偏回帰係数とは、表9.2.4dで**標準化係数ベータ**の値です。標準偏回帰係数は、先に出てきた偏回帰係数と似ていますが、その違いについて説明します。偏回帰係数も標準偏回帰係数も、いずれも各説明変数の基準変数への影響の大きさを表します。ただし、**偏回帰係数**は、各説明変数の単位に依存した値であり、それぞれの測定単位に基づいて算出されています。例えば、喫煙量なら「たばこの本数」という単位、飲酒量ならば「ミリリットル（ml）」といった具合です。

一方、**標準偏回帰係数**は、データを全て標準化して、説明変数間で"共通の単位"になおした値です。したがって、説明変数間で基準変数への影響の大きさを比較する時は、同じ単位で比較可能な**標準偏回帰係数**を用います。なお、標準偏回帰係数で注目するポイントは、標準偏回帰係数の大きさと符号（正、負）です。

①標準偏回帰係数の大きさ

標準偏回帰係数の絶対値が大きいほど、基準変数 Y への寄与（影響）が大きいといえます。したがって、説明変数が複数ある場合は、標準偏回帰係数の絶対値を比較することで、基準変数への相対的な影響力がわかるわけです。なお、標準偏回帰係数の最大値は原則として1ですが、例外的に1を超える場合もあります。

②標準偏回帰係数の符号（正、負）

標準偏回帰係数の符号（プラス、マイナス）については、相関と同様に考えればOKです。標準偏回帰係数が**正の値**をとる時（例えば0.44）、その説明変数の程度が大きくなる程、基準変数 Y も大きくなります。一方、**負の値**をとる時（−0.44）、その説明変数の程度が小さくなる程、基準変数 Y は大きくなります。

［例］　肺がんの発症リスク（基準変数）について、説明変数1:過去の喫煙量（標

準偏回帰係数0.74)、説明変数2：禁煙後の年数（標準偏回帰係数 − 0.65）が得られたとします。この場合、各説明変数の解釈は、以下のようになります。
説明変数1「過去の喫煙量が多くなるほど、肺がんの発症リスクは高くなる」
説明変数2「禁煙後の年数が短いほど、肺がんの発症リスクは高くなる」

今回のデータでは、モデル2において、企画数 X_7 の標準偏回帰係数が0.537、公開授業の数 X_6 が 0.428 です。企画数 X_7 の標準偏回帰係数の方が大きいので、基準変数 Y（学園祭の来場者数）への影響力は、企画数 X_7 の方が大きいということになります。また、標準偏回帰係数の符号については、いずれもプラスであったので、「企画数が多くなるほど、学園祭の来場者数は多くなる」「公開授業の数が多くなるほど、学園祭の来場者数も多くなる」という結果になります。

多重共線性の指標

先の相関行列のところで、多重共線性の問題について解説しました。多重共線性の有無を判断する1つの目安として、説明変数間に 0.8 以上の高い相関を示すものがないか確認するよう話しました。さらに、相関係数以外の判断材料として、*VIF* と許容度についても触れました。

表9.2.4d では、多重共線性の有無をあらわす指標として、*VIF*（Variance Inflation Factor：分散拡大係数）と**許容度**が算出されています。それぞれ基準の範囲内におさまっているかを確認してください。特に、今回のデータでは、公開授業の数 X_6 と企画数 X_7 の間で 0.84 という高い相関がみられたので、*VIF* と許容度の値を総合的に考えて、多重共線性の有無について判断します。

一般的には、*VIF* **が 10 を超える場合**に、多重共線性が発生していると言われています。また、10 を超えない場合でも、値が高い場合には注意が必要です。*VIF* の大きさについては議論の余地があり、*VIF* が 5 を超える場合には多重共線性の発生を疑った方がよいという考え方もあります。なお、**望ましい値は 2 未満**です。

一方、許容度については、**許容度の小さい説明変数は多重共線性が疑われ**ます。*VIF* と許容度は逆数の関係にあるので、*VIF* が大きくなれば、許容

度は小さくなります。**許容度の望ましい値は 0.25 以上**です。また、0.2 以下は潜在的な問題あり、0.1 以下は重大な問題あり、となります。

今回のデータについては、VIF が 3.345、許容度が 0.299 です。VIF は望ましい値を超えているものの、問題になるような大きな値ではありません。一方、許容度については、望ましい値です。これらの結果と相関係数の値を総合的に判断して、多重共線性の問題は認められないと考えます。

重回帰式（予測式）を求める

重回帰式とは、先にも述べた通り、基準変数 Y と説明変数 X の関係を一次関数 $Y = a + bX$ で記述したものです。この重回帰式によって、実際に基準変数 Y の値（予測値）を求めることができます。重回帰式を求める手順は簡単で、重回帰式（$Y = a + bX + \cdots$）の a と b に、偏回帰係数の値を代入すれば OK です。

今回は、最終的に残った有効な説明変数が 2 つなので、企画数を X_1、公開授業の数を X_2 とすると、重回帰式は $Y = a + b_1 X_1 + b_2 X_2$ となります。ここに、表 9.2.4d の**偏回帰係数**（非標準化係数 B）の値を代入します。a には（定数）の値を、b_1 には X_1 企画数の偏回帰係数の値、b_2 には X_2 公開授業数の偏回帰係数の値を入れてください。それによって求めた重回帰式は以下のようになります。

$$\hat{Y} = -20210.804 + 406.772 X_1 + 3696.464 X_2$$

言葉で書くと、［学園祭の来場者数 = －20210.804 + 406.772 × 企画数 + 3696.464 × 公開授業の数］になります。この重回帰式の X のところに各説明変数の測定値を代入することで、学園祭の来場者数 $\hat{Y}$ を予測することができるわけです。なお、重回帰式の Y の頭には、予測値であることを表す＾（ハット）を付けてください。それによって、実測値と区別します。

予測値 $\hat{Y}$ を求める

重回帰式（予測式）は得られたものの、予測値と実測値の差（残差）があ

CHAPTER 9 多変量解析

表 9.2.4e　来場者数の実測値と予測値および残差

大学名	実測値 来場者数 Y	予測値	残差
H	44000	60207.41	−16207.41
C	50000	105501.20	−55501.20
A	110000	136929.20	−26929.20
S	16000	30442.02	−14442.02
E	10000	7149.47	2850.53
W	160000	123983.50	36016.50
B	100000	55590.85	44409.15
O	6500	11217.19	−4717.19
N	1500	−2648.58	4148.58
T	164000	165387.10	−1387.10
J	1300	−12075.40	13375.40
I	13000	28601.83	−15601.83
G	40000	54848.34	−14848.34
Y	2200	−4311.18	6511.18
M	50000	39319.97	10680.03
K	200000	168357.10	31642.90

まりにも大きいと、使い物になりません。ここでは、求めた重回帰式（$\hat{Y}$ $= -20210.804 + 406.772\,X_1 + 3696.464 X_2$）を使って、実際に**予測値** $\hat{Y}$ を求め、**実測値**と比較してみましょう。ついでに、実測値と予測値の差（残差）も出してみましょう。はじめに、重回帰式を使って予測値 $\hat{Y}$ を出します。次に、予測値 $\hat{Y}$ と実測値（基準変数 Y の値）の差をとって残差を出します（予測値−実測値）。なお、SPSS などの統計ソフトでは、簡単な設定で出力できます。

結果（表 9.2.4e）を見てみましょう。どんなもんでしょうか？ 数字の羅列をみているだけでは、評価がむずかしいですか？　そういう時は、**重回帰式のあてはまりの良さ**を表す統計量を出して、数量的に検討してみましょう。

これは**重相関係数 R** というもので、予測値と実測値の間の相関係数です。必ず正の値をとるという特徴があります。もし、求めた重回帰式が予測式として妥当なものであるならば、予測値と実測値のズレが小さく、予測値と実測値の間に高い相関が認められるはずです。ちなみに、予測値と実測値が完全に一致する時、重相関係数は 1 になります。

SPSS で重回帰分析をおこなった場合は、表 9.2.4b の R が重相関係数です

(p.273)。自分で計算する場合は、予測値と実測値の間の相関係数を出せばOK です。重相関係数 R の評価の目安は【1.0 〜 0.9 以上：（予測の精度が）非常に高い、0.9 未満〜 0.7 以上：やや高い、0.7 未満：高くない】となります。

今回の重相関係数は 0.925 なので、まずまずのあてはまりです。したがって、得られた重回帰式は、学園祭の来場者数を予測するための予測式として、高い精度を有していると考えられます。

モデルの適合度

今回のように、モデルが複数出力されてきた場合、それらを比較して、最適なモデルを 1 つ選択することが必要となります。その際、通常は、先に述べた説明率とモデルの適合度の両方を考慮して、モデルを選択します。モデルの適合度をあらわす指標は複数ありますが、中でも AIC (Akaike Information Criterion：赤池情報量規準) が有名です。AIC の値が小さいほど、モデルの適合度が高いといえます。すなわち、良いモデルだということです。複数のモデルの AIC を比較して、最も値の小さいモデルを選択するのが一般的です。AIC の計算は、次のページに示す数式 9.2.4 によります。N はデータ数、Se^2 は残差平方和、q は変数の数です。SPSS で出す場合は、シンタックスを使います。

表 9.2.4f には、AIC（赤池情報量規準）の他に、雨宮予測基準、Mallows 予測基準、Schwarz のベイズ基準なども出ていますが、全てモデルの適合度を表す指標です。いずれの指標も、評価方法は同じで、値が小さいほどあてはまりがよい（適合度が高い）と解釈します。

今回のデータをみると、2 変数モデルの AIC が 329.056、1 変数モデルの AIC が 332.201 です。両者を比較すると、2 変数モデルの AIC の方が小さいので、モデル 2 が最も適合度の高いモデルになります。なお、最終的なモデル選択は、先にも述べた通り、AIC と説明率の両方を考慮しないといけません。表 9.2.4b の説明率（調整済み R2 乗）をみると、やはりモデル 2 の方が高いので、いずれの指標においてもモデル 2 が最適であるといえます。

$$\text{AIC} = N \log \frac{Se^2}{N} + 2q \quad (9.2.4)$$

表9.2.4f 各モデルの適合度（AIC：赤池情報量規準など）（SPSSの結果）

モデル集計

モデル	R	R2乗	調整済みR2乗	推定値の標準誤差	選択基準			
					赤池情報基準	雨宮予測基準	Mallowsの予測基準	Schwarzのベイズ基準
1	.895[a]	.801	.787	30425.800	332.201	.256	16.411	333.746
2	.925[b]	.856	.833	26884.660	329.056	.211	10.598	331.373

a. 予測値：(定数)、企画数。
b. 予測値：(定数)、企画数, 公開授業の数。

9.2.5　パス図を描く（図にあらわす）

　パス図とは、変数と変数の間を矢印で結び、変数間の因果関係や相関関係を一見してわかるようにしたものです（図9.2.5）。多変量解析では、さまざまな統計量を解釈する必要があり、結果が煩雑になりがちです。そこで、パス図を描いて結果を要約・整理することで、理解しやすくなります。

　なお、パス図は適用する多変量解析の種類によって描き方や記入する統計量が異なります。今回は、重回帰分析の結果に関してパス図を作成する方法を解説します。なお、実際のパス図の作成は、ペイントソフト等を使っておこないます。それでは、著者がペイントソフトで作成したパス図（図9.2.5）を参考にしながら、話を進めます。ちなみに、パス図の"パス"というのは、変数間を結ぶ矢印のことです。

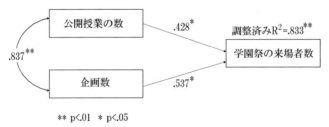

** p<.01　* p<.05

図9.2.5　学園祭の来場者数と公開授業の数、企画数の関係

　まず、パス図に載せる内容は、基準変数、説明変数（モデル構成に使ったもの）、標準偏回帰係数とその有意水準、調整済み決定係数（R2乗）とその有意水準です。

また、相関係数を記載することもあります。ポイントを述べると、基準変数と説明変数は四角で囲むこと。これは、実際に測定された変数であることを表します。また、説明変数については、最初に仮定したものではなくて、自分が最終的に選択したモデルの説明変数を記載します。今回は、公開授業の数と企画数の2変数モデルを最終的に選択したので、それらの変数がパス図に記載されています。なお、説明変数から基準変数に向かって伸びている**一方向の矢印（→）**は、**因果関係**（例えば、公開授業の数が、学園祭の来場者数の原因になっている）を表します。一方、説明変数間を結んでいる**双方向の矢印（↔）**は相関関係を表しますので、きちんと区別してください。

次に、標準偏回帰係数に関してですが、一方向の矢印のそばに記載されている .428 や .537 がその値です。図に記載する際は小数点前の 0 を省略すること。そして、値の右上には、偏回帰係数の検定結果（有意水準）をアスタリスクで示します。有意水準は、アスタリスク2つ（＊＊）が1％、1つ（＊）が5％水準で有意であることを表しています。なお、学問分野によっては0.1％水準（＊＊＊）を使うこともありますが、心理学では通常1％または5％水準を採用します。また、図の下部に、**アスタリスクの説明**も付けてください。

調整済み決定係数（R2乗）については、標準偏回帰係数の場合と同様に、小数点前の 0 を省略します。また、調整済み R2 乗の有意水準は、**重回帰式の分散分析の結果**（表 9.2.4c）を記入します。今回は有意確率が .000 なので、1％水準（＊＊）で記入しました。

表 9.2.5 パス図作成の際のチェックリスト

チェック項目
1. 基準変数が記載されているか（□で囲んであるか）
2. 説明変数（モデル構成に使用したもの）が全て記載されているか（□で囲んであるか）
3. 矢印の種類と方向は適切か
4. 各説明変数の矢印にそって、標準偏回帰係数（小数点前の 0 を省略）とその有意水準（＊＊ or ＊）が書かれているか
5. 調整済み R2 乗の値（小数点前の 0 を省略）とその有意水準（＊＊ or ＊）が書かれているか
6. 有意水準（アスタリスク＊）の説明が、図の下部に付いているか

以上で完成です。一見して、モデルの説明率や重回帰式の有意性、各説明変数の（基準変数への）影響力や影響のしかたがわかるようになっています。パス図は、まさに、重回帰分析において知りたい情報を1つの図に凝縮したものであるわけです。

9.2.6　結果のまとめ

　重回帰分析の主要な結果をまとめてみましょう。重回帰分析の結果はみるところが多く、慣れるまではまとめるのも一苦労です。したがって、はじめに、結果の概要を一覧にまとめておくとよいでしょう。参考のために、結果整理のためのテンプレート（図9.2.6a）を付けておきます。説明変数の数等は、必要に応じて自分で欄を増やすこと。

結果のポイントを書き出す

① 初めに仮定した7つの説明変数のうち、基準変数を説明するのに有効な説明変数は、企画数 X_1 と公開授業の数 X_2 の2つであった。
　重回帰分析をおこなうまでは、芸能人がどれくらい来るか（有名人の数）や、美味しいものを食べられる模擬店の豊富さなどが学園祭の来場者数に大きな影響を与えると予測したが、実際にはそうではなかった。来場者が求めているのは、あくまでも、大学の学園祭ならではのアカデミックな経験や展示、ハイレベルな部活動の発表・催し等であるということだろうか……。

② 有効な2つの説明変数のうち、企画数 X_1 は、学園祭の来場者数 Y を最も良く説明する変数であった。すなわち、企画数が増えるにしたがって、来場者数も増えるという関係が明らかになった。
　一方、公開授業の数 X_2 も学園祭の来場者数 Y に影響力をもち、公開授業の数が増えるにしたがって、来場者数も増えることがわかった。

③ 学園祭の来場者数 Y は、企画数 X_1 と公開授業の数 X_2 の2変数モデルによって、83.3%説明された。

<結果の整理>
基準変数 Y _____

有効な説明変数 _____ _____
　　　　　　　　_____ _____

効果のない説明変数 _____ _____
_____ _____ _____

モデルの説明率（調整済み R^2）　モデル1　　％　モデル2　　％　モデル3　　％
モデルの適合度（AIC）　モデル1_____　モデル2_____　モデル3_____
最終的に選択したモデル _____
モデルを構成する説明変数　X_1_____　X_2_____　X_3_____
モデル（求めた重回帰式）の有意性　$F(\ \ ,\ \ )=$_____ , $p<$.

標準偏回帰係数（ベータ）の値
【X_1　　　　】【X_2　　　　　】【X_3　　　　　　】
標準偏回帰係数（ベータ）の大きさと方向性（−、＋）の評価
＜説明変数1＞　大きさ_____
　　　　　　　　方向性_____
＜説明変数2＞　大きさ_____
　　　　　　　　方向性_____
＜説明変数3＞　大きさ_____
　　　　　　　　方向性_____
標準偏回帰係数の大きさの相対的順位
_____＞_____＞_____＞_____
偏回帰係数 B の値【定数　　　　　　】【X_1　　　　　　　　】
　　　　　　　　　【X_2　　　　　】【X_3　　　　　　　　】
重回帰式 $\hat{Y}=$ _____

多重共線性の有無_____
＊ VIF、許容度、説明変数間の相関係数を考慮して総合的に判断

図 9.2.6a　結果整理のためのテンプレート

④ 求めた重回帰式（$\hat{Y} = -20210.804 + 406.772X_1 + 3696.464X_2$）は、予測に有効であった（$F(2, 13) = 38.523, p < .01$）。予測の精度も非常に高かった（重相関係数 $R = 0.925$）。
⑤ 多重共線性の問題は認められなかった（VIF 3.345、許容度 0.299）。

結果を文章にまとめる

　論文やレポートでは、上記の結果を丁寧な文章でまとめることが求められます。参考までに、例を挙げておきます（図9.2.6b）。もちろん、研究の目的などによっても文章構成は異なってくるので、あくまでも一例です。練習のために、空欄をうめてみましょう。

　文章にまとめる際のポイントや記載事項を以下に並べます。

① 基準変数、説明変数が何かを明確にする
② 適用した重回帰分析の方法を明示
③ 各説明変数の効果：効果のあった変数、なかった変数について簡潔に述べる
④ モデル（重回帰式）の有意性を記載
⑤ モデルの説明率と調整済みR2乗（小数点前の0を省略）を記載
⑥ モデルの適合度（AICなど）を明記
⑦ 各説明変数について、標準偏回帰係数 β の大きさと方向（基準変数への影響の仕方）を述べる。また、説明変数間で、寄与率の高さを比較する
⑧ 偏回帰係数Bの値を書き、得られた重回帰式を明記

なお、④⑤⑥については、選択しなかったモデルについても書くことが必要です。複数のモデルを比較したうえで、最終的に1つのモデルを選択したからです。つまり、モデル選択のプロセスを明らかにするということです。

基準変数を　　　　　　（Y）、説明変数を　　　　　　　　（X_1）、　　　　　（X_2）、　　　　　（X_3）、　　　　　（X_4）、　　　　　（X_5）、　　　　　（X_6）　　　　　（X_7）として重回帰分析（　　　　　　　　重回帰分析の方法を記載）をおこない、7変数の線形結合モデルによって学園祭の来場者数を説明・予測できるかを検討した。その結果、大学の設立年数（X_1）、偏差値（X_2）、最寄駅からの時間（X_3）、模擬店の数（X_4）、有名人の数（X_5）は学園祭の来場者数に影響を与えず、分析から除かれた。そこで、残った2変数を新たに企画数（X_1）、公開授業の数（X_2）として、2変数モデル（企画数、公開授業の数）および1変数モデル（企画数）の2つのモデルを検討した。結果は、2変数モデルの説明力が最も高く（F（　　　,　　　）=　　　, $p <$　　　重回帰式の有意性検定の結果を記載）、調整済み決定係数は $R =$　　　であった。すなわち、学園祭の来場者数は、企画数、公開授業数の2変数を用いた線形結合モデルによって　　　％説明された。一方、1変数モデルの説明率は　　　％（$R^2 =$　　　）であった（F（　　　,　　　）=　　　, $p <$　　　）。また、モデルの適合度を示すAICは、2変数モデル　　　、1変数モデル　　　であり、2変数モデルが最も適合していると言えた。2つのモデルの説明率およびAICの値から、学園祭の来場者数を予測するためのモデルとして、企画数（X_1）と公開授業の数（X_2）からなる2変数モデルを採用することとした。なお、2変数モデルの標準偏回帰係数は、$\beta_1 =$　　　、$\beta_2 =$　　　であり、企画数は学園祭の来場者数を最もよく説明する変数であった。すなわち、企画数が多くなるほど、学園祭の来場者数も多くなることが明らかになった。また、公開授業の数についても、公開授業の数が増えるにしたがって、学園祭の来場者数が多くなる傾向が示された。また、偏回帰係数は、$a =$　　　（定数）、$b_1 =$　　　、$b_2 =$　　　であった。これらの結果から、学園祭の来場者数は、次の重回帰式で予測・説明されることが明らかになった（$\hat{Y} =$　　　　　　）。

＊多重共線性の有無についても、一言触れておけば親切

図9.2.6b　文章構成の例

9.2.7 重回帰分析をおこなうにあたって

最後に、重回帰分析をおこなうにあたり覚えておいてほしいことを、いくつか書きます。

(1) 重回帰分析で使用するデータ

重回帰分析は、実際に予測・説明したい基準変数の値（すなわち実測値）を使って、重回帰式（予測式）を求める手法であるということを覚えておいてください。例えば、今回の学園祭来場者数の予測であれば、実際に表9.2.3a の来場者数 Y のデータが得られた時にはじめて、予測式を求めることが可能になります。仮に来場者数 Y のところが空欄であったら、重回帰分析をおこなうことはできません。実際のデータを使って、それに適合するように重回帰式を求める手法が、重回帰分析です。そして、得られた重回帰式は、他の多くの学園祭の来場者数予測に利用されるわけです。

(2) 説明変数の選択

次は、基準変数を説明・予測するために、どのような説明変数を仮定したらよいかという問題です。一般的なテキストの例題では、基準変数を説明するための説明変数があらかじめ決まっており、結果をどのように解釈するかということに重点がおかれています。しかし、実際に自分で重回帰分析をおこなう際は、説明・予測したい事柄（基準変数）があったとしても、それを説明するための説明変数は準備されていません。自分で考えます。ただ無根拠に思いつきで決めても、良い結果は望めません。どんな説明変数が基準変数を説明するのに有効であるかをじっくり検討します。

この作業には、**先行研究**を参考にしてください。例えば、肺がんの発症リスク（基準変数）を予測・説明するための説明変数を考えるとします。まず肺がんに関する研究論文や本を調べ、肺がんの発症に影響を与える要因を検討します。その中で、例えば「肺がんの発症者には喫煙者が多い」とか「煙草のけむりには多くの発がん物質が含まれている」といったデータをみつけることができれば、肺がん発症に影響を与える要因の1つとして、喫煙を考えることができます。文献探索の過程で得られたデータが、根拠となるわけ

です。さらに、具体的な喫煙量や喫煙年数、喫煙者と非喫煙者の比較データなどを調べることで、肺がんと喫煙の関連がより明確になっていきます。このような文献探索・吟味の過程を経て、説明変数が決まっていくわけです。

(3) 説明変数の数

ここでは、基準変数を説明するための説明変数は、いくつぐらいが適切か？という問題について話します。結論からいうと、明快に何個という答えはありません。一般に、科学の世界では、**より少ない変数で物事を説明すること**を目指しています。できるだけシンプルで、明快な法則を探しているわけです。もちろん、多くの変数を導入すれば、それだけ説明できる割合は増えますが、逆に複雑すぎて、結局何も説明していないことになります。したがって、可能な限り少ない変数で、予測・説明をおこないます。なお、説明変数の数は、最初に決めておく必要はありません。実際に重回帰分析をおこなってみて、様々な説明変数の組み合わせによるモデルを比較検討して、決めるとよいでしょう。具体的には、各モデルの説明率や適合度（AIC）を比較検討します。

(4) モデルで説明できなかった部分の検討

今回、2つの説明変数によって構成されたモデルで、基準変数の変動が約83％説明されました。言いかえれば、説明できたのは83％で、残りの17％は説明できていないということになります。実際の研究では、残りの17％を説明する要因が何であるかの検討もおこないます。

例えば、今回のデータで言えば、大学の規模（学生数）や有名教員の数なども、来場者数に影響を与えるかもしれません。残りの部分の検討については、説明率があまり高くない場合、特に重要になります。基準変数に影響を与える要因を新たに考えて、それを説明変数として追加して、再度重回帰分析をおこなうこともあります。いずれにせよ、説明できなかった部分について、先行研究を引用して、論理的に考察することが必要です。心理学の研究では、人間の行動を対象とするため、影響を与える可能性があっても、倫理的な観点から検討不可能な要因もあります。詳細な考察が望まれます。

CHAPTER 9 多変量解析

> **Point !**
> 1. 重回帰分析は、ある事柄（基準変数）を、いくつかの要因（説明変数）から説明・予測したい時に用いる分析です。
> 2. 基準変数 Y とは、説明したい事柄や現象のこと。
>   説明変数 X とは、基準変数を説明するために使う変数（要因）のこと。
> 3. 重回帰分析が適用可能なデータは、間隔尺度以上です。
>   基準変数…量的変数
>   説明変数…量的変数
> 4. 重回帰分析は、基準変数 Y と説明変数 X がピアソンの相関関係をもつことが前提です。
> 5. 重回帰式の基本形は、$Y = a + bX$
> 6. 重回帰式の求め方は、$\hat{Y} = a + b_1 X_1 + b_2 X_2 \cdots$ の a と b に、偏回帰係数の値を代入します（a は定数、b は各説明変数の偏回帰係数）。
> 7. 重回帰式が予測に役立つかどうかは、分散分析によって検定します。
> 8. モデルの説明率は、自由度調整済み R^2 を参照しましょう。
> 9. 最良のモデルは、説明率が最も高く、かつ、AIC が最も小さいもの。
> 10. 各説明変数の影響力の大きさと影響の仕方は、標準偏回帰係数で判断しましょう。
> 11. 各説明変数の有効性は、偏回帰係数の検定で判断します。
> 12. 多重共線性の有無については、VIF、許容度、説明変数間の相関を総合的に検討しましょう。
> 13. 重回帰分析の特徴は、結果を数量的に示せることです。

重回帰分析についての以下の文章がそれぞれ適切かどうか、○か×で答えなさい。

① 予測したい変数を説明変数、予測のために使われる変数を基準変数とよぶ。
② 重回帰分析の結果、予測が全体としてどれだけ有効かを示す指標は標準偏回帰係数である。
③ 各変数が相対的にどれだけ基準変数に影響しているかを評価するためには、標準偏回帰係数を検討する。
④ 説明変数の間には、できるだけ高い相関があることが望ましい。
⑤ ある説明変数が有効であるかどうかを検定するには、t検定が用いられる。

9.3 因子分析 — 背後に潜む変数を仮定する

　心理学では、多くの変数の背後に、それらの変数の原因となる隠れた変数を考えることがあります。たとえば、英語や数学などの多くの試験の成績に共通する一般的な知能のような変数を仮定する場合です。実際、知能そのものは直接に観察することも、測定することも難しいと思われます。そこで、具体的なテストをさまざま実施して、その結果から、多くのテストに共通する知能を推定することになります。このような手続きは、知能だけではなく性格のように、やはり直接には観察できない心理学的な概念を探るためにも用いられます。そこで仮定されている変数は因子（factor）と呼ばれ、因子を求める代表的な統計的手法に因子分析（factor analysis）があります。

9.3.1 相関係数と因子分析

　ここでは、私たちがさまざまな色に対して感じる主観的なイメージを測定したデータから、その背景にある心理的な因子を探る方法として因子分析を用いた例を取り上げます。表 9.3.1a は 8 つの色（色紙）について感じるイメージを 19 人の被験者について測定した結果です。表の数値は、19 人がそれぞれの色について 7 段階で評定した結果の平均値です。評定は表の上の欄に示した 11 の尺度を使っておこなわれました。たとえば、「2 青」について、尺度 1 では「地味な」を（1）、「派手な」を（7）とし、どちらでもない場合を中間の（4）として評価しました。その結果、19 人の評定の平均値が 3.4 であったことがわかります。同様に、「3 緑」についての評定平均値は 2.7、「7 赤」の平均値は 6.3 であったことがわかります。このようにして、わたしたちが対象について感じる主観的なイメージを測定するための心理学的な方法を SD 法（Semantic Differential 法）といいます。

表 9.3.1a　SD 法による色の評定平均値　(7 段階評定：1 — 7)

	尺度1 地味な-派手な	尺度2 静かな-騒がしい	尺度3 明るい-暗い	尺度4 陽気な-陰気な	尺度5 動的な-静的な	尺度6 鈍い-鋭い
1 青紫	2.5	2.7	5.6	5.6	5.7	3.0
2 青	3.4	2.3	5.4	4.8	5.2	4.0
3 緑	2.7	2.5	4.5	4.7	5.3	2.6
4 黄緑	3.5	2.7	3.1	3.3	3.9	3.2
5 黄	3.8	5.2	1.9	2.3	4.6	5.2
6 橙	5.4	5.0	2.0	2.1	2.2	3.8
7 赤	6.3	5.6	2.2	2.9	2.1	4.7
8 赤紫	3.9	3.8	4.7	5.0	4.6	3.4

	尺度7 軽い-重い	尺度8 緊張した-ゆるんだ	尺度9 悪い-良い	尺度10 好きな-嫌いな	尺度11 汚い-美しい
1 青紫	5.7	2.7	4.2	3.1	4.8
2 青	5.5	3.2	5.1	2.5	5.4
3 緑	4.4	4.5	4.6	3.0	4.5
4 黄緑	3.0	5.2	5.2	2.7	4.9
5 黄	2.2	4.7	5.3	2.9	2.3
6 橙	2.8	4.9	5.4	2.8	5.2
7 赤	4.8	2.8	4.9	3.6	4.9
8 赤紫	4.9	3.8	3.9	4.2	4.2

　11の尺度全体の評定平均値の傾向をみると、尺度1「地味な-派手な」、尺度2「静かな-騒がしい」の評定は相互に似ていることがわかります。たとえば、「青」「緑」は2つの尺度とも低い平均値であるのに対して、「橙」や「赤」では2つの尺度とも高い平均値になっています。つまり、この2つの尺度は似ている特性を測定している可能性があるわけです。これに対して、尺度7「軽い-重い」の尺度の平均値は、尺度1、2とは傾向が違います。つまり尺度7は尺度1、2とは異なる特性を測定していると考えられるのです。

　そこで、このような尺度の間の関係を明らかにするために、尺度間の相関係数（ピアソンの積率相関係数）をもとめたものが、表9.3.1bです（⇨くわしい説明）。表の一行目を横にみていくと、尺度1と尺度2の間の相関係数は0.56と中程度の値であることがわかります。これに対して、尺度1と尺度7の相関係数は−0.15と低い値であることが示されています。なお、この表では尺度1同士の相関係数の欄には「―」とだけ入力されていますが、こ

れは同じ尺度同士で相関係数をもとめれば 1.00 になることが明らかですから計算されていないわけです。したがって、この表の左上から右下への対角線には「—」が記入されています。また、この対角線を挟んで、表の右上と左下の数値は線対称になっています。つまり、表の1行2列目は 0.56 で、2行1列目も 0.56 になっています。このような表を**相関行列**といいます。

表 9.3.1b　SD 法の 11 尺度間の相関（相関行列）

		1	2	3	4	5	6	7	8	9	10	11
尺度	1 地味な-派手な	—	0.56	−0.52	−0.52	−0.68	0.47	−0.15	−0.12	0.21	0.07	0.14
	2 静かな-騒がしい	0.56	—	−0.67	−0.61	−0.48	0.40	−0.43	0.07	0.15	0.13	−0.26
	3 明るい-暗い	−0.52	−0.67	—	0.80	0.49	−0.40	0.73	−0.36	−0.42	0.09	0.15
	4 陽気な-陰気な	−0.52	−0.61	0.80	—	0.49	−0.43	0.63	−0.27	−0.44	0.13	0.16
	5 動的な-静的な	−0.68	−0.48	0.49	0.49	—	−0.24	0.21	−0.14	−0.11	−0.01	−0.13
	6 鈍い-鋭い	0.47	0.40	−0.40	−0.43	−0.24	—	−0.21	−0.21	0.19	−0.06	−0.04
	7 軽い-重い	−0.15	−0.43	0.73	0.63	0.21	−0.21	—	−0.53	−0.34	0.13	0.21
	8 緊張した-ゆるんだ	−0.12	0.07	−0.36	−0.27	−0.14	−0.21	−0.53	—	0.10	−0.11	−0.18
	9 悪い-良い	0.21	0.15	−0.42	−0.44	−0.11	0.19	−0.34	0.10	—	−0.62	0.33
	10 好きな-嫌いな	0.07	0.13	0.09	0.13	−0.01	−0.06	0.13	−0.11	−0.62	—	−0.37
	11 汚い-美しい	0.14	−0.26	0.15	0.16	−0.13	−0.04	0.21	−0.18	0.33	−0.37	—

相関行列全体をながめてみると、興味深いことがわかります。11 の尺度は、それぞれ尺度 {1, 2, 3, 4, 5} {7, 8} {9, 10} がまとまっていて、たとえ

（　く・わ・し・い・説・明　）

〈SD 法のデータから相関係数を求める〉
　SD 法のデータから相関係数を計算する方法には、3つの方法があります。
①この例では、もともとのローデータは、色(8)×尺度(11)×被験者(19) のデータからなっているから、これを縦に色×被験者＝152 行、横に尺度 11 列をならべて、11 尺間の相関係数をもとめる。本節では、この方法で相関係数をもとめています。
②各被験者別に、色×尺度の表を考えて、相関係数をもとめる。その後で、全被験者の相関係数を総合する。
③色×尺度の条件ごとに、全被験者の評定平均値をもとめ、尺度間の相関係数をもとめる。
　なお最近では、色×尺度×被験者のデータのままで直接に因子分析をおこなう手法も開発されています。

ば尺度｛1、2、3、4、5｝は相互に相関係数の大きさが0.50程度で中程度の相関関係があることがわかります。同様に尺度｛7、8｝は相互に中程度の相関をもっていますが、これに対して尺度｛1、2、3、4、5｝｛7、8｝と尺度｛9、10｝の間の相関は強いとはいえません。このように11の尺度の間には相互に強い関係がある組み合わせと、比較的弱い関係の組み合わせがあることがわかります。

表9.3.1bの相関行列を見ながら、次の相関係数の値を答えなさい。

①尺度1と3　　②尺度1と5　　③尺度4と5
④尺度7と1　　⑤尺度8と9

さて、11の尺度の間の組み合わせの相関係数は、11の尺度から2つ尺度を組み合わせる数だけありますから、全体で55個になります。このようにたくさんの相関係数をながめて、それらの間の関係を理解することは容易ではありません。一方、上でみたように、55個の相関係数のなかには、特定の尺度の組み合わせにおいて高い値を示すものがあります。それらの高い相関係数を示す複数の尺度、たとえば尺度｛1、2、3、4、5｝の背景には、何か隠れた変数（原因）があるのかも知れません。ここでは、そのような原因を「因子（factor）」と呼ぶことにします。

9.3.2　因子分析の考え方

では、どのようにして因子を明らかにすることができるでしょうか。以下では、複雑な計算はできるだけ省いて、最終的に求められた因子の例をみてみましょう。途中の計算は、実際にはコンピュータなどを使うことになりますので、ここではその考え方と最終的な分析結果をみることにします。表9.3.2aは、因子分析の結果の一部です。基本的な考え方は、少数の因子によって11の各尺度がどのように決定されているか、を明らかにしようとする

ことです(図9.3.2)。それぞれの尺度の値は、尺度間に共通する因子(**共通因子**)と、その尺度に独自の因子(**独自因子**)の2つの因子によって決まっていると考えます。因子分析の目的は、この共通因子を探る当てることです。なお、分析を始める前にこの共通因子についてはっきりしたことがわからず、分析をすすめながら因子を探っていく因子分析を「**探索的因子分析**」とよびます。これに対して、これまでの研究などから、あらかじめ共通因子を仮定して、その因子を確かめるために因子分析をおこなうことは、「**確認的因子分析**」(あるいは、検証的因子分析)とよばれます。本節で取り上げる因子分析は探索的因子分析です。

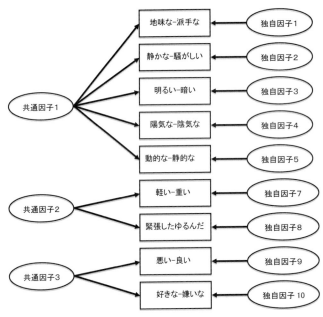

図9.3.2　因子分析における共通因子と独自因子

表 9.3.2 因子パタン（因子負荷量）

	共通因子			
	因子1	因子2	因子3	共通性
1 地味な-派手な	0.925	0.149	0.060	0.881
2 静かな-騒がしい	0.705	−0.314	−0.164	0.623
3 明るい-暗い	−0.671	0.651	−0.107	0.885
4 陽気な-陰気な	−0.666	0.546	−0.145	0.763
5 動的な-静的な	−0.651	0.069	−0.044	0.430
6 鈍い-鋭い	0.531	−0.026	0.066	0.287
7 軽い-重い	−0.271	0.823	−0.091	0.759
8 緊張した-ゆるんだ	−0.082	−0.613	0.021	0.383
9 悪い-良い	0.228	−0.259	0.775	0.720
10 好きな-嫌いな	0.078	0.121	−0.765	0.606
11 汚い-美しい	0.022	0.362	0.547	0.431
寄与	3.091	2.114	1.563	6.768
寄与率	28.1	19.2	14.2	
累積寄与率	28.1	47.3	61.5	

　表 9.3.2 には、各尺度が共通因子とどの程度関わっているのかが数値で表されており、これを**因子パタン**とよびます。ここでは、因子分析の結果、3つの共通因子が求められました。表の数値は**因子負荷量**とよばれ、各尺度がそれぞれの共通因子に関連している程度をあらわします。数値には正負があり、0 ならば関連がなく、大きさ（絶対値）が大きいほど関連が強いことをあらわします。

　たとえば、尺度1「地味な-派手な」は、共通因子1に強く関連している（0.925）のに対して、共通因子2と3にはほとんど関係がない（0.149、0.06）

(く・わ・し・い・説・明)

〈因子パタンと因子構造〉
　因子負荷量についての因子パタンとは別に、尺度と因子の間の相関係数をもとめることがあります。これを**因子構造**とよびます。一般に、因子負荷量と相関係数は異なりますが、共通因子間に相関がなく「直交」している場合に両者は一致します。本節の例は3つの因子に相関がなく直交していると仮定して分析をおこなっています。

ことがわかります。また、尺度7「軽い-重い」は、共通因子2と関連しており (0.823)、符号が正ですから、共通因子の値が大きくなれば尺度7の値が大きくなる傾向があることが示されています。

表9.3.2の右端の「共通性」という列には3つの共通因子によってそれぞれの尺度がどれだけ決定されているかが数値で示されています。各行（尺度）の共通性は、その尺度の3つの因子負荷量を2乗して足したものです。したがって、1からその値を引けば、独自因子の影響の大きさを知ることができます（図9.3.2参照）。

一方、表9.3.2の下から3行目には「寄与」という数値が表示されています。共通因子別にもとめられる寄与の値は、各因子が今回のデータ全体にどの程度の影響を与えて（寄与して）いるかをあらわしています。この値が大きいほど、全データに対して大きな影響をもっていたことを示します。寄与の値は、因子分析の計算過程では「固有値」として因子負荷量よりも先に求められるものですが、表9.3.2においては、各因子の因子負荷量を縦に2乗して足し合わせたものに一致します。

さらに、この寄与の値を尺度の数11でわって100をかけて％であらわしたものを**寄与率**といいます。因子1では寄与率は3.091÷11×100 = 28.1%となります。**累積寄与率**は、寄与率の高い因子から低い因子へと順に寄与率を足し合わせたもので、表9.3.2では最終的に3因子をあわせて61.5%となり、全データの約60%が3つの因子によって説明できたことをあらわしています。なお、3つの共通因子の寄与を合計した値 (6.768) は、11尺度の各共通性を合計したものに一致します。

表9.3.2の因子パタンをみながら、次の問に答えなさい。

(1) 尺度10がどの因子に深く関わっているか、選びなさい。
　　①因子1　②因子2　③因子3　④因子1と2　⑤因子1と3
(2) もっとも独自性因子の影響が大きい尺度を選びなさい。
　　①尺度3　②尺度6　③尺度9　④尺度11

9.3.3 因子の解釈

　ここまでの分析から、わたしたちが8つの色にうけるイメージの背景には、3つの（共通）因子があることがわかりました。その因子によってわたしたちのもつ色のイメージは決まるのです。それでは、その3つの因子とは具体的にどのようなものでしょうか。因子分析の結果は、その因子の具体的な内容について考える手がかりを与えてくれます。

　まず、因子1は「地味な（派手な）、静かな（騒がしい）、明るい（暗い）」という尺度に共通するものであるはずです。一方、これまでのSD法を用いたさまざまな心理学的研究において、この例と同じような因子が見つかってきました。このような因子は、わたしたちが対象についての何らかの活動性を感じることに関連していると考えられています（大山・滝本・岩澤、1993）。そこで、今回の因子分析では、因子1を「活動性因子」と解釈することにします。同様に、因子2は「軽い（重い）、緊張した（ゆるんだ）」に共通する因子で「力量性」、因子3は「悪い（良い）、好きな（嫌いな）」に共通する「評価性」と解釈することができます。このように、探索的因子分析の結果、因子パタンからその因子の具体的な内容を解釈することが可能となるのです。

　ここで、尺度1、2の因子負荷量が正の値であることに注意しておきましょう。これは、因子1の「活動性」が高くなれば、もとの尺度の値も高くなることをあらわしています。これに対して、尺度3では因子負荷量は負の値（−0.671）になっています。尺度3は、「暗い」方向に点数が大きくなるように符号化されていますので、活動性が高いほどこの尺度値は低くなることがわかります。

　このような（共通）因子によって11の尺度の値が決定されていたこと（図9.3.2）が明らかになりましたが、さらに、最初のデータ（表9.3.1a）までもどり8つの色がそれぞれ3つの因子とどのように関わっているのかを検討することができます。表9.3.3は8つの色と3つの因子の関係をあらわしています。表の数値は「**因子得点**」とよばれます（⇨ p.298 くわしい説明）。たと

えば「青紫」は、因子1「活動性」において低い得点 −0.870 になっています。一方、「赤」の因子1の因子得点は 1.419 と高い値で、活動性が高いことがわかります。また、「青」は因子2「力量性」において高い値を示すと同時に因子3「評価性」でも高い値であるのに対して、「赤紫」は「評価性」において低い値であること、つまり「好まれていないこと」が特徴的です。

表 9.3.3　因子得点

	因子1	因子2	因子3
1 青紫	−0.870	0.699	−0.117
2 青	−0.495	0.814	0.516
3 緑	−0.756	−0.098	0.030
4 黄緑	−0.300	−0.692	0.347
5 黄	0.267	−1.220	−0.216
6 橙	0.868	−0.555	0.256
7 赤	1.419	0.509	−0.150
8 赤紫	−0.133	0.542	−0.666

9.3.4　因子のもとめかた

実際に共通因子を計算でもとめる場合には、いくつかの手順があります。出発点は表 9.3.1a のような「測定された対象（ここでは、色）」×「変数（ここでは、尺度）」のローデータです。表の行に「被験者」のような対象者が直接に配置されることもあります。次に、表 9.3.1b の相関行列をつくります。さらに相関行列から、表 9.3.2 の因子パタンを計算します。最後に、必要に応じて表 9.3.3 の因子得点をもとめることもあります。

相関行列から因子パタンをもとめる作業を「因子の抽出」とよぶことがあ

(く・わ・し・い・説・明)

〈因子得点の計算〉
因子得点は、因子負荷量（表 9.3.2）と相関行列（表 9.3.1b）をもとに、因子得点係数をもとめ、さらに最初のデータを標準化したもの（変数ごとに平均を 0、分散を 1 に変換したもの）に掛け合わせて計算します。

ります。因子を抽出する計算方法にはいくつかの方法があり、いずれかを選ぶことになります。主因子法、最尤法などがありますが、本節の例では主因子法が使われています（⇨ p.299 くわしい説明）。抽出の過程では、先にふれた固有値という数値に対応して、変数に与える影響の大きい因子から順にもとめられます。その結果、たくさんの因子が抽出されてしまうこともあります。因子の抽出は、そもそも変数を説明するための最小限の共通因子をもとめるためにおこなうわけですから、いくつの因子を説明のために採用するかは、計算結果をみながら判断しなければなりません。一般に、(1) 固有値の値が1よりも小さい因子は採用しない、あるいは (2) 累積寄与率が一定の値（たとえば50％）を超えたところまでの因子を採用する、などの基準が用いられます。しかし、ここで取り上げているSD法については、これまでの心理学的研究で「評価性」「力量性」「活動性」の3つの因子が一般に見出されてきました。このように過去の研究から理論的に因子の数を仮定できる場合には、そのことも考慮に入れて総合的に因子の数を決めることもあります。

　さて、実は計算された因子パタンは、はじめは表9.3.2と同じものではありません。はじめに得られた因子パタンを**初期解**といいます。初期解はそのままでは先に述べた「因子の解釈」が困難であることがしばしばあるのです。そこで、解釈をしやすくするために「**因子の回転**」という作業を計算でおこないます。因子パタンを空間的な座標のように考えて、その空間で「回転」をおこなうわけです。たとえば、因子1をx軸、因子2をy軸のように考えれば、それぞれの因子の因子負荷量は、x軸、y軸上の値のようにみなすこ

(く・わ・し・い・説・明)

〈コンピュータを利用する〉
　この計算にはコンピュータを用いることが一般的ですから、自分がどのような計算のためのソフトウェアを使うのかを決める必要があります。代表的なソフトウェアには、SPSS、SAS、Rなどがあります。また、主因子法や最尤法などの因子の抽出方法にはそれぞれの特性があって、抽出方法によって因子パタンが異なることがあります。

とができます。座標の取り方は、はじめから決まっているものではありませんから、解釈しやすいように座標を設定してやろう、ということです。回転の結果、得られた因子パタンを**回転解**とよぶことがあります。

　それでは、「解釈しやすい」とはどういうことでしょうか。一般に、解釈がしやすいための条件として「**単純構造**」という考え方があります。この例では、「それぞれの因子には少数の変数（ここでは、尺度）のみは高い負荷をもち、同時に各変数（尺度）にはひとつの因子のみが高い負荷をもつ」ことを意味します。表9.3.2をみると、因子1に高い負荷をもっている尺度は1、2、3、4、5、6であることがわかります。他の変数の因子負荷量が0.3よりも小さいことを確かめてください。

尺度2はどの因子に高い負荷をもっているか答えなさい。

①因子1と2　②因子2と3　③因子1のみ　④因子3のみ

　最後に、単純構造をみたすための因子の回転にもいくつかの方法がありますので、代表的な回転の方法をあげておきます。まず、共通因子の間に相関を仮定するかどうかで、**直交回転**と**斜交回転**に分けることができます。直交回転は、共通因子の間に相関がない、つまり相関係数が0という制約条件（直交している、といいます）のもとで因子の回転をおこないます。斜交回転ではそのような制約条件は設けずに回転をおこないますので、回転の結果どのような相関関係があったかを因子の間の相関係数であらわしておくことが必要です。直交回転や斜交回転においても、それぞれでいくつかの方法を区別することができるのですが、代表的な直交回転には**バリマックス法**（⇨くわしい説明）があり、これに対して代表的な斜交回転には**プロマックス法**があります。

(く・わ・し・い・説・明)

〈バリマックス法〉
バリマックス法は、因子負荷量の2乗和を最大にするように因子の回転をおこなう方法です。

> **Point !**
> 1. 因子分析は、多くの変数の背後に原因となる変数（共通因子）を仮定します。
> 2. 因子負荷量は、共通因子と変数の間の関連の程度を表します。
> 3. 因子パタンは、共通因子と変数ごとの因子負荷量の関係を表にしたものです。
> 4. 因子の寄与（寄与率）は，各共通因子の全データに対する影響の大きさを表します。
> 5. 因子を解釈するために、因子の回転をおこないます。直交回転と斜交回転があります。
> 6. 因子得点は、各ケース（ローデータの各行）が各共通因子に関わる程度を表します。

引用・参考文献一覧

阿部満州・高石昇（1968）．日本版 MMPI 顕在性不安検査（MAS）使用手引　三京房

東洋（1989）．教育の心理学　有斐閣

Cohen, J. (1988). *Statistical power analysis for the behavioral sciences.* 2nd ed. Hillsdale, NJ：Lawrence Erlbaum.

岩原信九郎（1965）．新訂版　教育と心理のための推計学　日本文化科学社

McGinnies, E. (1949). Emotionality and perceptual defense. *Psychological Review*, 56, 244-251.
　（リチャード D. グロス　大山正・岡本栄一（監訳）（1993）．マクギニース　情動性と知覚的防衛　キースタディーズ心理学（上）新曜社）

三宅和夫（1990）．シリーズ人間の発達 5　子どもの個性　生後 2 年間を中心に　東京大学出版会

森敏昭・吉田寿夫（1990）．心理学のためのデータ解析テクニカルブック　北大路書房

Piliavin, I.M., Roden, J., & Piliavin, A. (1969). Good Samaritanism；an underground phenomenon? *Journal of Personality and Social Psychology*, 13, 4, 289-299.
　（リチャード D. グロス　大山正・岡本栄一（監訳）（1993）．ピリァビィン、ローデン、ピリァヴィン　良きサマリア人主義：隠れた現象なのだろうか　キースタディーズ心理学（上）新曜社）

Shepard, R., & Metzler, J. (1971). Mental rotation of three-dimensional objects. *Science*, 171 (3972), 701-703.

島田一男（1952）．ミュラー・リヤー錯視に関する文献の整理　心理学研究, 23 (2), 111-123.

山内光哉（1998）．心理・教育のための統計法〈第 2 版〉サイエンス社

渡部洋編（1992）．心理・教育のための多変量解析法入門（事例編）　福村出版

大山正・瀧本誓・岩澤秀紀（1993）．セマンティック・ディファレンシャル法を用いた共感覚性の研究―因子構造と因子得点の比較―　行動計量学, 20, 55-64.

統計数値表

付表1　標準正規分布表　　　p.304-305
付表2　t 分布表（臨界値）　　p.306
付表3　χ^2 分布表（臨界値）　p.306
付表4　マン‐ホイットニーの U 検定のための表（臨界値）　　p.307
付表5　F 分布表（臨界値）　　p.308-309
付表6　テューキー法で用いる q の表（臨界値）　　p.310-311

付表1 標準正規分布表

z	下側確率 −.500	上側確率	z	下側確率 −.500	上側確率	z	下側確率 −.500	上側確率
			0.46	.1772	.3228	1.01	.3438	.1562
			0.47	.1808	.3192	1.02	.3461	.1539
			0.48	.1844	.3156	1.03	.3485	.1515
			0.49	.1879	.3121	1.04	.3508	.1492
			0.50	.1915	.3085	1.05	.3531	.1469
						1.06	.3554	.1446
			0.51	.1950	.3050	1.07	.3577	.1423
			0.52	.1985	.3015	1.08	.3599	.1401
			0.53	.2019	.2981	1.09	.3621	.1379
0.00	.0000	.5000	0.54	.2054	.2946	1.10	.3643	.1357
			0.55	.2088	.2912			
0.01	.0040	.4960	0.56	.2123	.2877	1.11	.3665	.1335
0.02	.0080	.4920	0.57	.2157	.2843	1.12	.3686	.1314
0.03	.0120	.4880	0.58	.2190	.2810	1.13	.3708	.1292
0.04	.0160	.4840	0.59	.2224	.2776	1.14	.3729	.1271
0.05	.0199	.4801	0.60	.2257	.2743	1.15	.3749	.1251
0.06	.0239	.4761				1.16	.3770	.1230
0.07	.0279	.4721	0.61	.2291	.2709	1.17	.3790	.1210
0.08	.0319	.4681	0.62	.2324	.2676	1.18	.3810	.1190
0.09	.0359	.4641	0.63	.2357	.2643	1.19	.3830	.1170
0.10	.0398	.4602	0.64	.2389	.2611	1.20	.3849	.1151
			0.65	.2422	.2578			
0.11	.0438	.4562	0.66	.2454	.2546	1.21	.3869	.1131
0.12	.0478	.4522	0.67	.2486	.2514	1.22	.3888	.1112
0.13	.0517	.4483	0.68	.2517	.2483	1.23	.3907	.1093
0.14	.0557	.4443	0.69	.2549	.2451	1.24	.3925	.1075
0.15	.0596	.4404	0.70	.2580	.2420	1.25	.3944	.1056
0.16	.0636	.4364				1.26	.3962	.1038
0.17	.0675	.4325	0.71	.2611	.2389	1.27	.3980	.1020
0.18	.0714	.4286	0.72	.2642	.2358	1.28	.3997	.1003
0.19	.0753	.4247	0.73	.2673	.2327	1.29	.4015	.0985
0.20	.0793	.4207	0.74	.2704	.2296	1.30	.4032	.0968
			0.75	.2734	.2266			
0.21	.0832	.4168	0.76	.2764	.2236	1.31	.4049	.0951
0.22	.0871	.4129	0.77	.2794	.2206	1.32	.4066	.0934
0.23	.0910	.4090	0.78	.2823	.2177	1.33	.4082	.0918
0.24	.0948	.4052	0.79	.2852	.2148	1.34	.4099	.0901
0.25	.0987	.4013	0.80	.2881	.2119	1.35	.4115	.0885
0.26	.1026	.3974				1.36	.4131	.0869
0.27	.1064	.3936	0.81	.2910	.2090	1.37	.4147	.0853
0.28	.1103	.3897	0.82	.2939	.2061	1.38	.4162	.0838
0.29	.1141	.3859	0.83	.2967	.2033	1.39	.4177	.0823
0.30	.1179	.3821	0.84	.2995	.2005	1.40	.4192	.0808
			0.85	.3023	.1977			
0.31	.1217	.3783	0.86	.3051	.1949	1.41	.4207	.0793
0.32	.1255	.3745	0.87	.3078	.1922	1.42	.4222	.0778
0.33	.1293	.3707	0.88	.3106	.1894	1.43	.4236	.0764
0.34	.1331	.3669	0.89	.3133	.1867	1.44	.4251	.0749
0.35	.1368	.3632	0.90	.3159	.1841	1.45	.4265	.0735
0.36	.1406	.3594				1.46	.4279	.0721
0.37	.1443	.3557	0.91	.3186	.1814	1.47	.4292	.0708
0.38	.1480	.3520	0.92	.3212	.1788	1.48	.4306	.0694
0.39	.1517	.3483	0.93	.3238	.1762	1.49	.4319	.0681
0.40	.1554	.3446	0.94	.3264	.1736	1.50	.4332	.0668
			0.95	.3289	.1711			
0.41	.1591	.3409	0.96	.3315	.1685	1.51	.4345	.0655
0.42	.1628	.3372	0.97	.3340	.1660	1.52	.4357	.0643
0.43	.1664	.3336	0.98	.3365	.1635	1.53	.4370	.0630
0.44	.1700	.3300	0.99	.3389	.1611	1.54	.4382	.0618
0.45	.1736	.3264	1.00	.3413	.1587	1.55	.4394	.0606

付表1 標準正規分布表

z	下側確率 −.500	上側確率	z	下側確率 −.500	上側確率	z	下側確率 −.500	上側確率
1.56	.4406	.0594	2.11	.4826	.0174	2.66	.4961	.0039
1.57	.4418	.0582	2.12	.4830	.0170	2.67	.4962	.0038
1.58	.4429	.0571	2.13	.4834	.0166	2.68	.4963	.0037
1.59	.4441	.0559	2.14	.4838	.0162	2.69	.4964	.0036
1.60	.4452	.0548	2.15	.4842	.0158	2.70	.4965	.0035
			2.16	.4846	.0154			
1.61	.4463	.0537	2.17	.4850	.0150	2.71	.4966	.0034
1.62	.4474	.0526	2.18	.4854	.0146	2.72	.4967	.0033
1.63	.4484	.0516	2.19	.4857	.0143	2.73	.4968	.0032
1.64	.4495	.0505	2.20	.4861	.0139	2.74	.4969	.0031
1.65	.4505	.0495				2.75	.4970	.0030
1.66	.4515	.0485	2.21	.4864	.0136	2.76	.4971	.0029
1.67	.4525	.0475	2.22	.4868	.0132	2.77	.4972	.0028
1.68	.4535	.0465	2.23	.4871	.0129	2.78	.4973	.0027
1.69	.4545	.0455	2.24	.4875	.0125	2.79	.4974	.0026
1.70	.4554	.0446	2.25	.4878	.0122	2.80	.4974	.0026
			2.26	.4881	.0119			
1.71	.4564	.0436	2.27	.4884	.0116	2.81	.4975	.0025
1.72	.4573	.0427	2.28	.4887	.0113	2.82	.4976	.0024
1.73	.4582	.0418	2.29	.4890	.0110	2.83	.4977	.0023
1.74	.4591	.0409	2.30	.4893	.0107	2.84	.4977	.0023
1.75	.4599	.0401				2.85	.4978	.0022
1.76	.4608	.0392	2.31	.4896	.0104	2.86	.4979	.0021
1.77	.4616	.0384	2.32	.4898	.0102	2.87	.4979	.0021
1.78	.4625	.0375	2.33	.4901	.0099	2.88	.4980	.0020
1.79	.4633	.0367	2.34	.4904	.0096	2.89	.4981	.0019
1.80	.4641	.0359	2.35	.4906	.0094	2.90	.4981	.0019
			2.36	.4909	.0091			
1.81	.4649	.0351	2.37	.4911	.0089	2.91	.4982	.0018
1.82	.4656	.0344	2.38	.4913	.0087	2.92	.4982	.0018
1.83	.4664	.0336	2.39	.4916	.0084	2.93	.4983	.0017
1.84	.4671	.0329	2.40	.4918	.0082	2.94	.4984	.0016
1.85	.4678	.0322				2.95	.4984	.0016
1.86	.4686	.0314	2.41	.4920	.0080	2.96	.4985	.0015
1.87	.4693	.0307	2.42	.4922	.0078	2.97	.4985	.0015
1.88	.4699	.0301	2.43	.4925	.0075	2.98	.4986	.0014
1.89	.4706	.0294	2.44	.4927	.0073	2.99	.4986	.0014
1.90	.4713	.0287	2.45	.4929	.0071	3.00	.4987	.0013
			2.46	.4931	.0069			
1.91	.4719	.0281	2.47	.4932	.0068			
1.92	.4726	.0274	2.48	.4934	.0066			
1.93	.4732	.0268	2.49	.4936	.0064			
1.94	.4738	.0262	2.50	.4938	.0062			
1.95	.4744	.0256						
1.96	.4750	.0250	2.51	.4940	.0060			
1.97	.4756	.0244	2.52	.4941	.0059			
1.98	.4761	.0239	2.53	.4943	.0057			
1.99	.4767	.0233	2.54	.4945	.0055			
2.00	.4772	.0228	2.55	.4946	.0054			
			2.56	.4948	.0052			
2.01	.4778	.0222	2.57	.4949	.0051			
2.02	.4783	.0217	2.58	.4951	.0049			
2.03	.4788	.0212	2.59	.4952	.0048			
2.04	.4793	.0207	2.60	.4953	.0047			
2.05	.4798	.0202						
2.06	.4803	.0197	2.61	.4955	.0045			
2.07	.4808	.0192	2.62	.4956	.0044			
2.08	.4812	.0188	2.63	.4957	.0043			
2.09	.4817	.0183	2.64	.4959	.0041			
2.10	.4821	.0179	2.65	.4960	.0040			

付表2 t分布表(臨界値)

自由度	両側検定の有意水準 α		片側検定の有意水準 α	
	.01(1%)	.05(5%)	.01(1%)	.05(5%)
1	63.657	12.706	31.821	6.314
2	9.925	4.303	6.965	2.920
3	5.841	3.182	4.541	2.353
4	4.604	2.776	3.747	2.132
5	4.032	2.571	3.365	2.015
6	3.707	2.447	3.143	1.943
7	3.499	2.365	2.998	1.895
8	3.355	2.306	2.896	1.860
9	3.250	2.262	2.821	1.833
10	3.169	2.228	2.764	1.812
11	3.106	2.201	2.718	1.796
12	3.055	2.179	2.681	1.782
13	3.012	2.160	2.650	1.771
14	2.977	2.145	2.624	1.761
15	2.947	2.131	2.602	1.753
16	2.921	2.120	2.583	1.746
17	2.898	2.110	2.567	1.740
18	2.878	2.101	2.552	1.734
19	2.861	2.093	2.539	1.729
20	2.845	2.086	2.528	1.725
21	2.831	2.080	2.518	1.721
22	2.819	2.074	2.508	1.717
23	2.807	2.069	2.500	1.714
24	2.797	2.064	2.492	1.711
25	2.787	2.060	2.485	1.708
26	2.779	2.056	2.479	1.706
27	2.771	2.052	2.473	1.703
28	2.763	2.048	2.467	1.701
29	2.756	2.045	2.462	1.699
30	2.750	2.042	2.457	1.697
40	2.704	2.021	2.423	1.684
60	2.660	2.000	2.390	1.671
120	2.617	1.980	2.358	1.658
∞	2.576	1.960	2.326	1.645

付表3 χ^2分布表(臨界値)

自由度	有意水準 α	
	.01(1%)	.05(5%)
1	6.64	3.84
2	9.21	5.99
3	11.34	7.82
4	13.28	9.49
5	15.09	11.07
6	16.81	12.59
7	18.48	14.07
8	20.09	15.51
9	21.67	16.92
10	23.21	18.31
11	24.73	19.68
12	26.22	21.03
13	27.69	22.36
14	29.14	23.69
15	30.58	25.00
16	32.00	26.30
17	33.41	27.59
18	34.81	28.87
19	36.19	30.14
20	37.57	31.41
21	38.93	32.67
22	40.29	33.92
23	41.64	35.17
24	42.98	36.42
25	44.31	37.65
26	45.64	38.89
27	46.96	40.11
28	48.28	41.34
29	49.59	42.56
30	50.89	43.77

付表4 マン-ホイットニーの U 検定のための表（臨界値）

片側検定の有意水準 $\alpha = .025(2.5\%)$、両側検定の有意水準 $\alpha = .05(5\%)$

大きい標本の大きさ n \ 小さい標本の大きさ m	1	2	3	4	5	6	7	8	9	10	11	12	13	14	15	16	17	18	19	20
1	—																			
2	—	—																		
3	—	—	—																	
4	—	—	—	0																
5	—	—	0	1	2															
6	—	—	1	2	3	5														
7	—	—	1	3	5	6	8													
8	—	0	2	4	6	8	10	13												
9	—	0	2	4	7	10	12	15	17											
10	—	0	3	5	8	11	14	17	20	23										
11	—	0	3	6	9	13	16	19	23	26	30									
12	—	1	4	7	11	14	18	22	26	29	33	37								
13	—	1	4	8	12	16	20	24	28	33	37	41	45							
14	—	1	5	9	13	17	22	26	31	36	40	45	50	55						
15	—	1	5	10	14	19	24	29	34	39	44	49	54	59	64					
16	—	1	6	11	15	21	26	31	37	42	47	53	59	64	70	75				
17	—	2	6	11	17	22	28	34	39	45	51	57	63	69	75	81	87			
18	—	2	7	12	18	24	30	36	42	48	55	61	67	74	80	86	93	99		
19	—	2	7	13	19	25	32	38	45	52	58	65	72	78	85	92	99	106	113	
20	—	2	8	14	20	27	34	41	48	55	62	69	76	83	90	98	105	112	119	127

片側検定の有意水準 $\alpha = .05(5\%)$、両側検定の有意水準 $\alpha = .10(10\%)$

大きい標本の大きさ n \ 小さい標本の大きさ m	1	2	3	4	5	6	7	8	9	10	11	12	13	14	15	16	17	18	19	20
1	—																			
2	—	—																		
3	—	—	0																	
4	—	—	0	1																
5	—	0	1	2	4															
6	—	0	2	3	5	7														
7	—	0	2	4	6	8	11													
8	—	1	3	5	8	10	13	15												
9	—	1	4	6	9	12	15	18	21											
10	—	1	4	7	11	14	17	20	24	27										
11	—	1	5	8	12	16	19	23	27	31	34									
12	—	2	5	9	13	17	21	26	30	34	38	42								
13	—	2	6	10	15	19	24	28	33	37	42	47	51							
14	—	3	7	11	16	21	26	31	36	41	46	51	56	61						
15	—	3	7	12	18	23	28	33	39	44	50	55	61	66	72					
16	—	3	8	14	19	25	30	36	42	48	54	60	65	71	77	83				
17	—	3	9	15	20	26	33	39	45	51	57	64	70	77	83	89	96			
18	—	4	9	16	22	28	35	41	48	55	61	68	75	82	88	95	102	109		
19	0	4	10	17	23	30	37	44	51	58	65	72	80	87	94	101	109	116	123	
20	0	4	11	18	25	32	39	47	54	62	69	77	84	92	100	107	115	123	130	138

統計数値表

付表5 F 分布表(臨界値)

有意水準 $\alpha = .01$ (1%)

df_2 \ df_1	1	2	3	4	5	6	7	8	9	10
1	4052.18	4999.50	5403.35	5624.58	5763.65	5858.99	5928.36	5981.07	6022.47	6055.85
2	98.50	99.00	99.17	99.25	99.30	99.33	99.36	99.37	99.39	99.40
3	34.12	30.82	29.46	28.71	28.24	27.91	27.67	27.49	27.35	27.23
4	21.20	18.00	16.69	15.98	15.52	15.21	14.98	14.80	14.66	14.55
5	16.26	13.27	12.06	11.39	10.97	10.67	10.46	10.29	10.16	10.05
6	13.75	10.92	9.78	9.15	8.75	8.47	8.26	8.10	7.98	7.87
7	12.25	9.55	8.45	7.85	7.46	7.19	6.99	6.84	6.72	6.62
8	11.26	8.65	7.59	7.01	6.63	6.37	6.18	6.03	5.91	5.81
9	10.56	8.02	6.99	6.42	6.06	5.80	5.61	5.47	5.35	5.26
10	10.04	7.56	6.55	5.99	5.64	5.39	5.20	5.06	4.94	4.85
11	9.65	7.21	6.22	5.67	5.32	5.07	4.89	4.74	4.63	4.54
12	9.33	6.93	5.95	5.41	5.06	4.82	4.64	4.50	4.39	4.30
13	9.07	6.70	5.74	5.21	4.86	4.62	4.44	4.30	4.19	4.10
14	8.86	6.51	5.56	5.04	4.70	4.46	4.28	4.14	4.03	3.94
15	8.68	6.36	5.42	4.89	4.56	4.32	4.14	4.00	3.89	3.80
16	8.53	6.23	5.29	4.77	4.44	4.20	4.03	3.89	3.78	3.69
17	8.40	6.11	5.18	4.67	4.34	4.10	3.93	3.79	3.68	3.59
18	8.29	6.01	5.09	4.58	4.25	4.01	3.84	3.71	3.60	3.51
19	8.18	5.93	5.01	4.50	4.17	3.94	3.77	3.63	3.52	3.43
20	8.10	5.85	4.94	4.43	4.10	3.87	3.70	3.56	3.46	3.37
21	8.02	5.78	4.87	4.37	4.04	3.81	3.64	3.51	3.40	3.31
22	7.95	5.72	4.82	4.31	3.99	3.76	3.59	3.45	3.35	3.26
23	7.88	5.66	4.76	4.26	3.94	3.71	3.54	3.41	3.30	3.21
24	7.82	5.61	4.72	4.22	3.90	3.67	3.50	3.36	3.26	3.17
25	7.77	5.57	4.68	4.18	3.86	3.63	3.46	3.32	3.22	3.13
26	7.72	5.53	4.64	4.14	3.82	3.59	3.42	3.29	3.18	3.09
27	7.68	5.49	4.60	4.11	3.78	3.56	3.39	3.26	3.15	3.06
28	7.64	5.45	4.57	4.07	3.75	3.53	3.36	3.23	3.12	3.03
29	7.60	5.42	4.54	4.04	3.73	3.50	3.33	3.20	3.09	3.00
30	7.56	5.39	4.51	4.02	3.70	3.47	3.30	3.17	3.07	2.98
40	7.31	5.18	4.31	3.83	3.51	3.29	3.12	2.99	2.89	2.80
60	7.08	4.98	4.13	3.65	3.34	3.12	2.95	2.82	2.72	2.63
120	6.85	4.79	3.95	3.48	3.17	2.96	2.79	2.66	2.56	2.47
∞	6.63	4.61	3.78	3.32	3.02	2.80	2.64	2.51	2.41	2.32

有意水準 $\alpha = .05$ (5%)

df_2 \ df_1	1	2	3	4	5	6	7	8	9	10
1	161.45	199.50	215.71	224.58	230.16	233.99	236.77	238.88	240.54	241.88
2	18.51	19.00	19.16	19.25	19.30	19.33	19.35	19.37	19.38	19.40
3	10.13	9.55	9.28	9.12	9.01	8.94	8.89	8.85	8.81	8.79
4	7.71	6.94	6.59	6.39	6.26	6.16	6.09	6.04	6.00	5.96
5	6.61	5.79	5.41	5.19	5.05	4.95	4.88	4.82	4.77	4.74
6	5.99	5.14	4.76	4.53	4.39	4.28	4.21	4.15	4.10	4.06
7	5.59	4.74	4.35	4.12	3.97	3.87	3.79	3.73	3.68	3.64
8	5.32	4.46	4.07	3.84	3.69	3.58	3.50	3.44	3.39	3.35
9	5.12	4.26	3.86	3.63	3.48	3.37	3.29	3.23	3.18	3.14
10	4.96	4.10	3.71	3.48	3.33	3.22	3.14	3.07	3.02	2.98
11	4.84	3.98	3.59	3.36	3.20	3.09	3.01	2.95	2.90	2.85
12	4.75	3.89	3.49	3.26	3.11	3.00	2.91	2.85	2.80	2.75
13	4.67	3.81	3.41	3.18	3.03	2.92	2.83	2.77	2.71	2.67
14	4.60	3.74	3.34	3.11	2.96	2.85	2.76	2.70	2.65	2.60
15	4.54	3.68	3.29	3.06	2.90	2.79	2.71	2.64	2.59	2.54
16	4.49	3.63	3.24	3.01	2.85	2.74	2.66	2.59	2.54	2.49
17	4.45	3.59	3.20	2.96	2.81	2.70	2.61	2.55	2.49	2.45
18	4.41	3.55	3.16	2.93	2.77	2.66	2.58	2.51	2.46	2.41
19	4.38	3.52	3.13	2.90	2.74	2.63	2.54	2.48	2.42	2.38
20	4.35	3.49	3.10	2.87	2.71	2.60	2.51	2.45	2.39	2.35
21	4.32	3.47	3.07	2.84	2.68	2.57	2.49	2.42	2.37	2.32
22	4.30	3.44	3.05	2.82	2.66	2.55	2.46	2.40	2.34	2.30
23	4.28	3.42	3.03	2.80	2.64	2.53	2.44	2.37	2.32	2.27
24	4.26	3.40	3.01	2.78	2.62	2.51	2.42	2.36	2.30	2.25
25	4.24	3.39	2.99	2.76	2.60	2.49	2.40	2.34	2.28	2.24
26	4.23	3.37	2.98	2.74	2.59	2.47	2.39	2.32	2.27	2.22
27	4.21	3.35	2.96	2.73	2.57	2.46	2.37	2.31	2.25	2.20
28	4.20	3.34	2.95	2.71	2.56	2.45	2.36	2.29	2.24	2.19
29	4.18	3.33	2.93	2.70	2.55	2.43	2.35	2.28	2.22	2.18
30	4.17	3.32	2.92	2.69	2.53	2.42	2.33	2.27	2.21	2.16
40	4.08	3.23	2.84	2.61	2.45	2.34	2.25	2.18	2.12	2.08
60	4.00	3.15	2.76	2.53	2.37	2.25	2.17	2.10	2.04	1.99
120	3.92	3.07	2.68	2.45	2.29	2.18	2.09	2.02	1.96	1.91
∞	3.84	3.00	2.60	2.37	2.21	2.10	2.01	1.94	1.88	1.83

付表5 F 分布表

付表6 テューキー法で用いる q の表(臨界値)

有意水準 $\alpha = .01$ (1%)

		\多重\平均値の数							
		3	4	5	6	7	8	9	10
自由度	3	10.62	12.17	13.32	14.24	15.00	15.64	16.20	16.69
	4	8.12	9.17	9.96	10.58	11.10	11.54	11.93	12.26
	5	6.98	7.81	8.42	8.91	9.32	9.67	9.97	10.24
	6	6.33	7.03	7.56	7.97	8.32	8.61	8.87	9.10
	7	5.92	6.54	7.01	7.37	7.68	7.94	8.17	8.37
	8	5.64	6.20	6.63	6.96	7.24	7.48	7.68	7.86
	9	5.43	5.96	6.35	6.66	6.92	7.13	7.33	7.50
	10	5.27	5.77	6.14	6.43	6.67	6.88	7.06	7.21
	11	5.15	5.62	5.97	6.25	6.48	6.67	6.84	6.99
	12	5.05	5.50	5.84	6.10	6.32	6.51	6.67	6.81
	13	4.96	5.40	5.73	5.98	6.19	6.37	6.53	6.67
	14	4.90	5.32	5.63	5.88	6.09	6.26	6.41	6.54
	15	4.84	5.25	5.56	5.80	5.99	6.16	6.31	6.44
	16	4.79	5.19	5.49	5.72	5.92	6.08	6.22	6.35
	17	4.74	5.14	5.43	5.66	5.85	6.01	6.15	6.27
	18	4.70	5.09	5.38	5.60	5.79	5.94	6.08	6.20
	19	4.67	5.05	5.33	5.55	5.74	5.89	6.02	6.14
	20	4.64	5.02	5.29	5.51	5.69	5.84	5.97	6.09
	21	4.61	4.99	5.26	5.47	5.65	5.79	5.92	6.04
	22	4.59	4.96	5.22	5.43	5.61	5.75	5.88	5.99
	23	4.57	4.93	5.20	5.40	5.57	5.72	5.84	5.95
	24	4.55	4.91	5.17	5.37	5.54	5.69	5.81	5.92
	25	4.53	4.88	5.14	5.35	5.51	5.65	5.78	5.89
	26	4.51	4.87	5.12	5.32	5.49	5.63	5.75	5.86
	27	4.49	4.85	5.10	5.30	5.46	5.60	5.72	5.83
	28	4.48	4.83	5.08	5.28	5.44	5.58	5.70	5.80
	29	4.47	4.81	5.06	5.26	5.42	5.56	5.67	5.78
	30	4.45	4.80	5.05	5.24	5.40	5.54	5.65	5.76
	40	4.37	4.70	4.93	5.11	5.27	5.39	5.50	5.60
	50	4.32	4.63	4.86	5.04	5.19	5.31	5.41	5.51
	100	4.22	4.52	4.73	4.90	5.03	5.14	5.24	5.33
	200	4.17	4.46	4.67	4.83	4.96	5.07	5.16	5.24
	500	4.14	4.43	4.63	4.78	4.91	5.02	5.11	5.19

有意水準 $\alpha = .05\,(5\%)$

		平均値の数							
		3	4	5	6	7	8	9	10
	3	5.91	6.83	7.50	8.04	8.48	8.85	9.18	9.46
	4	5.04	5.76	6.29	6.71	7.05	7.35	7.60	7.83
	5	4.60	5.22	5.67	6.03	6.33	6.58	6.80	7.00
	6	4.34	4.90	5.31	5.63	5.90	6.12	6.32	6.49
	7	4.17	4.68	5.06	5.36	5.61	5.82	6.00	6.16
	8	4.04	4.53	4.89	5.17	5.40	5.60	5.77	5.92
	9	3.95	4.42	4.76	5.02	5.24	5.43	5.60	5.74
	10	3.88	4.33	4.65	4.91	5.12	5.30	5.46	5.60
	11	3.82	4.26	4.57	4.82	5.03	5.20	5.35	5.49
	12	3.77	4.20	4.51	4.75	4.95	5.12	5.26	5.40
	13	3.73	4.15	4.45	4.69	4.88	5.05	5.19	5.32
	14	3.70	4.11	4.41	4.64	4.83	4.99	5.13	5.25
	15	3.67	4.08	4.37	4.60	4.78	4.94	5.08	5.20
	16	3.65	4.05	4.33	4.56	4.74	4.90	5.03	5.15
自由度	17	3.63	4.02	4.30	4.52	4.71	4.86	4.99	5.11
	18	3.61	4.00	4.28	4.49	4.67	4.82	4.96	5.07
	19	3.59	3.98	4.25	4.47	4.65	4.79	4.92	5.04
	20	3.58	3.96	4.23	4.45	4.62	4.77	4.90	5.01
	21	3.57	3.94	4.21	4.42	4.60	4.74	4.87	4.98
	22	3.55	3.93	4.20	4.41	4.58	4.72	4.85	4.96
	23	3.54	3.91	4.18	4.39	4.56	4.70	4.83	4.94
	24	3.53	3.90	4.17	4.37	4.54	4.68	4.81	4.92
	25	3.52	3.89	4.15	4.36	4.53	4.67	4.79	4.90
	26	3.51	3.88	4.14	4.35	4.51	4.65	4.77	4.88
	27	3.51	3.87	4.13	4.33	4.50	4.64	4.76	4.86
	28	3.50	3.86	4.12	4.32	4.49	4.63	4.75	4.85
	29	3.49	3.85	4.11	4.31	4.48	4.61	4.73	4.84
	30	3.49	3.85	4.10	4.30	4.46	4.60	4.72	4.82
	40	3.44	3.79	4.04	4.23	4.39	4.52	4.63	4.74
	50	3.42	3.76	4.00	4.19	4.34	4.47	4.58	4.68
	100	3.37	3.70	3.93	4.11	4.26	4.38	4.48	4.58
	200	3.34	3.66	3.89	4.07	4.21	4.33	4.44	4.53
	500	3.32	3.65	3.87	4.05	4.19	4.31	4.41	4.49

付表6 テューキー法で用いる q の表

分析のためのフローチャート

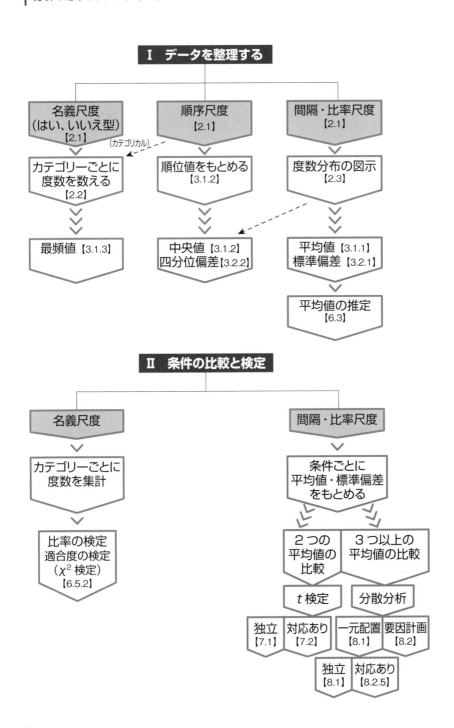

分析のためのフローチャート

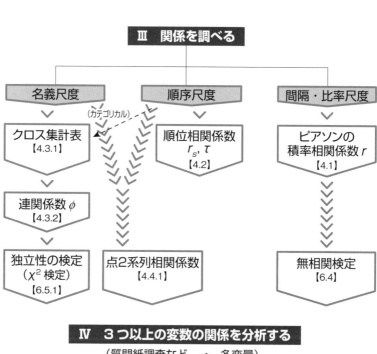

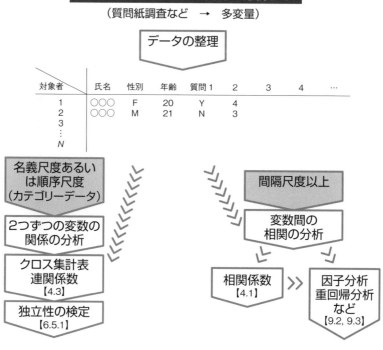

Try と練習問題の解答

第1章

Try 1　①一次資料　②二次資料　③一次資料　④二次資料
Try 2　④, ⑥, ⑦
Try 3　①量的　②質的
練習問題　①比率　②名義　③名義　④名義
　　　　　⑤間隔（順序の場合もある）　⑥順序

第2章

Try 1　$\frac{35}{90} \times 100 = 38.9$

Try 2　① $13 - 0.5 = 12.5$　② $3 + 11 + 13 = 27$　③ $\frac{27}{80} \times 100 = 33.75$

Try 3　①×（真の下限と真の上限）　②○
　　　　③×（縦軸は各階級までの累積度数）

練習問題　①○
　　　　　②×（横軸にカテゴリー、縦軸に度数をとることが一般的）
　　　　　③×（階級数が少ないときはグループ化しないことがある）
　　　　　④○

第3章

Try 1　①×（中央値のほうが適切）
　　　　②×（最頻値は、たとえば「青」のような色であり、35 はその度数）
　　　　③○

Try 2　①×（標準偏差などの散布度をもとめる）
　　　　②×（A のほうが散らばりが大きく不安定）
　　　　③×（平均値ではなく、中央値）
　　　　④○

Try 3　①○（図 3.3.1b 参照）
　　　　②×（2 つの分布別に最頻値などの代表値をもとめる）
　　　　③○

Try 4　①×（全体のほぼ 68%）　②○
　　　　③×（相対的な位置が低い、成績がわるい）

練習問題　(1) $z = \frac{(55 - 40)}{15} = 1.0$

　　　　　(2) $Z = 10 \times z + 50 = 10 \times 1.0 + 50 = 60$

(3) $z = 1.0$　下側確率が $0.50 + 0.34 = 0.84$ であるから　84

(4) $300 \times (1 - 0.84) = 300 \times 0.16 = 48$（人）

第4章

Try 1　①○（p.99「相関係数の評価」参照）
　　　②×（相関係数の大きさ、絶対値で判断する）
　　　③×（X が原因とは限らない）
　　　④×（直線的な関係はほとんどないが、ほかの関係の可能性はある）
　　　⑤×（変数 X を10倍しても相関係数は変わらない　p.102-106「変数変換」参照）

Try 2　①×（0.34 増える）　②×（①参照）　③×（$Y = 0.34 \times 10 + 2.35 = 5.75$）

Try 3　①×　　②○　　③×　　④○

Try 4　①○（名義尺度であるから順序は関係ない p.142）
　　　②×（性別によって回答の傾向が変わること）
　　　③×（男、女）と（はい、いいえ）の組み合わせの度数が必要

Try 5　①×（点2系列相関係数をもとめる）　②○

練習問題　(1)

	Test A	Test B	Test C
平均値	49.0	13.5	55.0
標準偏差	20.7	2.6	19.1

(2) $r_{AB} = 0.889$、$r_{AC} = 0.720$、$r_{BC} = 0.680$

(3) ⑤

第5章

Try 1　①統計量　②母数　③統計量　④母数（推定されたもの）

Try 2　①いいえ　②いいえ　③はい
　　　④いいえ（母集団の標準偏差を $\sqrt{n}$ で割った標準誤差）

Try 3　① 0.02　② $z = -1.96$　③ 0.95

練習問題　平均値　161.90　　標準偏差　7.36　　分散（不偏分散）54.10
　　　　標準誤差　2.33

第6章

Try 1　いいえ（$p = 0.0495$）

Try 2　①と⑤

Try 3　①×（例 6.1b を参照）
　　　②○　有意水準 α が小さくなると第二の過誤 β が増えるので、検出力 $1-\beta$ は低くなる。

Try と練習問題の解答

③× 帰無仮説が正しいときに、その z（あるいは、それ以上の大きさの z）が出現する確率が p 値である。

Try 4　①× （片側検定であるから帰無仮説は「$\mu_0 \leq \mu$」、対立仮説は「$\mu_0 > \mu$」）
　　　　②× （$t > 1.711$）
　　　　③○

Try 5　①○
　　　　②× （無相関検定の結果、有意な相関が認められても、強い相関関係とは言えない）

Try 6　①× （はい・いいえの周辺度数が等しいから）
　　　　②○

練習問題　$\chi^2(1) = 4.09, p < .05$　好き嫌いと年代には有意な連関が認められた。

第7章

Try 1　①○
　　　　②○ （付表2より、臨界値は1.684）

Try 2　①× （異なる被験者であるが、マッチングされ対応があった）
　　　　②○

練習問題　(1) $t(10) = 3.72, p < .05$（両側）AとBの効果には有意な差が認められた。
　　　　　(2) $t(4) = 3.30, p < .05$（片側）検査得点は有意に上昇した。

第8章

Try 1　①×　ひとつの平均値の検定（p.177 6.2.2項）や無相関検定（p.183 6.4.1項）にも使われる
　　　　②○　③× （⇨ p.226 くわしい説明）

Try 2　(1) ①　　(2) ②

Try 3　①

Try 4　①○
　　　　②× （2水準でも分散分析はおこなうことができる）
　　　　③× （帰無仮説はすべての水準の「母集団」の平均値が等しいこと）
　　　　④○

練習問題（8.1節）
　　　　(1) ① 2　　② 7.47　　③ 28.79
　　　　(2) ③
　　　　(3) 3.35
　　　　(4) ③

Try 5　(1) ①, ②　　(2) ③　　(3) ②

Try 6　①×
　　　　②×（低不安群の教授法1のテスト得点が高かったことによる可能性もある）
　　　　③○

練習問題（8.2節）

(1)

		B1	B2	B3
A1	平均値	3.2	7.8	11.0
	標準偏差	1.6	1.5	1.6
	標準誤差	0.7	0.7	0.7
A2	平均値	2.8	4.8	5.0
	標準偏差	1.6	1.9	1.6
	標準誤差	0.7	0.9	0.7

（エラーバーは±1標準誤差をあらわす）

(2)

変動要因	平方和 SS	自由度 df	平均平方 MS	F
A	73.64	1	73.64	27.07*
B	129.27	2	64.64	23.77*
A×B	39.26	2	19.63	7.22*
誤差 e	65.2	24	2.72	
全体	307.37	29		

* $p<.05$

第9章

Try 1　①×（Z と X、Z と Y の相関係数がともに0の時は同じになる。p.262 数式9.1参照）
　　　　②○

Try 2　①×（説明変数で基準変数を予測する）
　　　　②×（重決定係数など）
　　　　③○
　　　　④×（相関が低いことが望ましい：多重共線性を参照）
　　　　⑤○

Try 3　①−0.52　　②−0.68　　③0.49　　④−0.15　　⑤0.10

Try 4　(1) ③　　(2) ②

Try 5　③

索引

数字

$1-\beta$	**174**
1要因	255
1要因分散分析	228
2乗和	230
2つの自由度	233
2要因	243, 255
3要因	255

記号

*	248
±1標準偏差	161

a〜g

a posteriori comparison	240
a priori comparison	240
arithmetic mean	49
AIC	279
ANOVA	**226**
between-subjects design	242
d	179
degree of freedom	177
dependent variable	227, 252
df	177, 203
effect size	235
expected frequency	188
extraneous variable	252
factor	226
F統計量	232
F分布	240
geometric mean	81
GM	81

h〜n

honestly significant difference	237
H_0	167
H_1	167
harmonic mean	81
HM	81
HSD	237
independent variable	227, 252
interaction	244
k^2	110
main effect	244
mean	49
mean square	231
median	51
mode	57
M	49
MAS	30, 44
Md	51
Mdn	51
Me	51
Mo	**58**
MS	231
MS_w	236
N	25, 27, 28, **50**
null hypothesis	168

o〜z

observed frequency	188
one-way ANOVA	228
p	169, 175
p value	169
post hoc comparisons	240
pre-planned comparison	240
p 値	**169**, 179
q	236
quartile deviation	69
Q	**69**, 71, 72
Q_1	70
Q_2	70
Q_3	70
r	96, 99, 100, 140, 183
r_{pb}	139, 141
r_s	**121**
r^2	**109**
range	73
R	**73**, 278
R	299
semi-interquartile range	69
simple main effect	249
standard deviation	61
sum of square	230
S	61
S^2	61, 155
SAS	299
SD	**61**, 152
SD 法	290, 291
SE	**154**
SPSS	299
SS	230
SS_B	230
SS_e	245
SS_T	230
SS_w	230
t	203, 205, 240
t 検定	198, 200, 222, 226
t 値	179, 202
t 分布	177, 178, 180
VIF	276
within-subjects design	242
X_i	49
$\bar{X}$	49, 152
$\hat{X}_i$	117, 118
$\hat{Y}$	**111**
$\hat{Y}_i$	111, 118
z	87, 159, 163, 169
z 分布	88
Z	**90**

ギリシャ文字

α (第一種の過誤)	175
α (有意水準)	170, 174, 175
β	**174**
η^2	235
η_p^2	235
μ	152
μ_1, μ_2	198
$\mu_{\bar{X}}$	**153**
ρ	183
σ	152
σ^2	154, 155
$\sigma_{\bar{X}}$	154, **155**
$\sigma_{\bar{X}}^2$	**154**
$\hat{\sigma}$	177, 180
$\hat{\sigma}^2$	**155**, 176, 177
$\hat{\sigma}_1^2$	203

$\hat{\sigma}_2^2$	203
$\hat{\tau}$	156, 176
Σ	50
τ	**128**, 129
ϕ	136
ϕ 係数	133, **135**, 138
χ^2 検定	135, 186, 193, 194
χ^2 分布	**189**

ア 行

ア・プリオリな比較	240
ア・ポステリオリな比較	240
愛着行動	28
アスタリスク	248
値	10
アタッチメント	28
アノヴァ	**226**
イェーツの修正	192
閾下知覚	222
一元配置	225, 226
一元配置分散分析	**228**
一次資料	4
因果関係	8, 106, 120, **227**, 261, 262
因子	293
因子構造	295
因子得点	297
因子の解釈	297
因子の回転	299
因子の抽出	298
因子パタン	295
因子負荷量	295
因子分析	293
上側確率	89, **160**
ウェルチの方法	200

カ 行

回帰係数	111
回帰直線	**111**, 113, 116
階級	31
階級数	34
階級値	32
階級の幅	33, 34, 37
下位検定	240
回転解	300
ガウス（Gauss）分布	157
カウンターバランス	209
確認的因子分析	294
確率	169, 175
確率分布	**158**, 177, 189
確率変数	**158**, 163
下限	32
数を数える	9
仮説	6, 165, 166
仮説検定	167
片側検定	**171**, 172, 201, 202, 204
カテゴリー	18, **24**, 27
カテゴリカル	73, 133, 135
間隔尺度	12, 15, 16, **20**, 21, 31, 59
観察	6
完全無作為化計画	**228**, 243, 255
観測度数	**188**
関連	133, 197
幾何平均	**81**
棄却域	**171**, 175, 179, 180
棄却検定	80
危険率	174
疑似相関	262
記述統計	7, 147
基準変数	265

期待度数	**188**, 192
帰無仮説	**168**, 173, 201
逆数	81
寄与	296
強制投入法	269, 270
共通因子	294
共通性	296
寄与率	296
嘘構点	45
区間推定	181
グラフ	15, 24, 39
クラメールの連関係数	138
グループ化された度数分布	33
グループ化された度数分布表	34
グループ化されていない度数分布	33
グループ化されていない度数分布表	37
クロス集計	**133**
クロス集計表	**134**, 135, 138, 186
群間平方和	**230**
群内平方和	**230**
経験的な標本分布	153
計数	9
決定係数	**108**
結論	8
原因	257
原因と結果	227
研究仮説	**166**
元型尺度	11
検査	6
顕在性不安検査	44
検出力	**174**
検証的因子分析	294
検定	165, 166
検定の方向	201
原点	12, 20
ケンドールの順位相関係数	121, **128**, 130
効果	179, 227
効果量	179, 235
交互作用	244
交絡	209
コクラン・コックスの方法	200
誤差	245
誤差の平方和	245
誤差分布	157
固有値	296
根拠	3

サ 行

再現性	5
最小値	73
最小2乗法	112, **267**
最大値	73
最頻値	**57**, 58, 73, 77
細胞	187
最尤法	299
錯視量	66, 211, 257
残差	277
算術平均	49
散布図	**98**
散布度	47, 60, 66, 75
サンプル	148
視覚探索	21
事後比較	240
事実	4
事前比較	240
下側確率	89, **160**
実験	6
実験群	8

質的	10
質的データ	16
質的変数	15, **16**, 18, 21, 22, 28
四分領域	69
四分位数	70
四分位偏差	69, 71, 72
尺度	11
斜交回転	300
主因子法	299
重回帰式	266, 277
重回帰分析	265, 273
重相関係数 R	278
従属変数	**227**, 252, 257
自由度	**177**, 180, 202, 231
自由度調整済み R^2 乗	272
周辺度数	187
主観的等価点	256
主効果	244, 248, 255
順位	83
順位相関係数	95, **121**
順位値	19, **54**, 121, 132
順位づけ	**125**
順位のつけ方	55
順序効果	252
順序尺度	**12**, 15, **16**, **17**, 19, 21, 52
条件	8
上限	32
剰余変数	252
初期解	299
所要時間	81
心的回転	21, 92
真の下限	32, 35, 38, 43
真の下限・上限	32
真の限界	32, 39
真の上限	32, 35, 38, 43

信頼区間	181, 197, 216, 219, 220
心理的な特性	11
素データ	6
水準	225, **227**
推測統計	148
推定	177
推定量	**153**
スチューデント化された範囲	236
スティーブンス	**12**, **16**, **17**
スピアマンの順位相関係数	**121**, 128
正規分布	47, 78, 152, **157**, 162, 200
精神物理学	81
精神物理学的測定法	257
正の相関	**98**
切断効果	107
説明変数	265, 286, 288
説明率	272
セル	187, 188
線形結合モデル	267
全体平方和	**230**
選択肢	9
尖度	78
相関関係	106
相関係数	95, 144
相関係数の大きさ	**98**
相関行列	270, 292
相関比	139
相殺	209
相対的位置	**83**
相対度数	22, 23, 24, 27, 28, 31, 44
総データ数	25, 28, **50**
層別抽出法	150
測定値	11, 49, 51
測度	48

タ 行

第 1 四分位数	70
第 2 四分位数	70
第 3 四分位数	70
第一種の過誤	**174**, 226
第二種の過誤	**174**
対応	197
対応のある場合	208, 215
対応のない場合	200
対数	81
タイトル	25, 27
代表値	47, 48, 60, 75
タイプ1エラー	174
タイプ2エラー	174
対立仮説	**167**, 201
多段抽出法	150
多変量解析	264
多重共線性	271, 276
多変量データ	264
単位	17, 27
探索的因子分析	294
単純効果	250
単純構造	300
単純主効果	249
単純無作為抽出法	149
単調減少	**121**
単調増加	**121**
知覚的防衛	222
知的発達	144
中央値	51, 59, 70
中心極限定理	**162**
調査	6
調整済み決定係数（R2乗）	272
調整法	210, 256
調和平均	**81**
直交回転	300
散らばり具合	**60**
追試	5
適合度の検定	191, 193
テューキー法	236, 249
点双列相関係数	**139**
点2系列相関係数	**139**
統計的仮説	166, 201
統計量	147, **150**, 152
同順位	53, 55, 56, 72, 125, 132
統制群	8
同点	55
独自因子	294
独立	188, 197, 200
独立性の検定	**188**
独立変数	**227**, 252, 257
度数	9, **19**, 22, 25, 28, 133, 187, 193
度数多角形	41, 43
度数データ	186
度数分布	191
度数分布表	15, **22**, 30

ナ 行

生のデータ	6
二元配置	243
二次資料	4
認知閾	222
ノンパラメトリック検定	186

ハ 行

パーセンタイル順位	84, **89**
「はい」または「いいえ」	9
パス図	280
外れ値	78, 79

母親変数	144	不安得点	31, 44, 204, 206, 213
パラメータ	186	フィッシャーの3原則	230
パラメトリック検定	186	フィッシャーの直接法	193
バリマックス法	300	負の相関	**98**
範囲	47, 73, 74	不偏推定量	154
反応時間	21, 80, 93	不偏分散	**155**, 177, 205
反応の集合	199	プロマックス法	300
反復の原則	230	分割表	134
ピアソンの積率相関係数		分散	**61**
	96, 120, 140, 183, 261, 291	分散分析	226, 241, 273
比較	8	分布型	**75**, 82
比較刺激	211	平均順位	**125**, 126
非決定係数	**110**	平均値	49, 59, 197, 198
被験者間計画	242, **245**, 246, 250	平均値±1SD	90
被験者内計画	242, **251**, 252	平均平方	**231**
ヒストグラム	39, 40, 43	偏回帰係数	274, 275, 277
標準化	87	偏差	63
標準誤差	**154**, 156, 176, 183	偏差値	**90**
標準刺激	211	変数	10
標準正規分布	88, **158**, 163, 177	変数増加法	270
標準正規分布表	89, 161, 162	変数の変換	79, 81
標準得点	47, **85**, 87, 158	変数変換	102
標準偏回帰係数	275	変量効果要因	252
標準偏差	47, **61**, 63, 65, 74, 87, 180	変量要因	252
標本	147, **148**, 199	偏相関	145, 262
標本の大きさ	**148**	偏相関係数	262
標本の分散	155	変量	10
標本分布	152, 156	棒グラフ	**24**, 27, 40, 43
標本分布の標準偏差	**154**	法則性	257
標本分布の分散	154	母集団	147, **148**, 198
標本平均	**150**, 151	母数	147, 150, 186
表面尺度	11	母相関係数	183
比率尺度	12, 15, 16, 17, **21**, 61	母分散	155, 200
比例尺度	21	母平均	**150**
不安検査	30, 44	ホルムの方法	238, 239

ボンフェローニ法	238, 239

マ行

マッチング	209, 213
見かけの相関	262
ミネソタ多面的人格目録	45
ミューラー・リヤー錯視	66, 208, 210, 256
無作為	200
無作為の原則	230
無作為標本抽出	149
結び	55
無相関	98
無相関検定	183
名義尺度	12, 15, 16, **18**, 21, 58
名目上の下限・上限	32
メディアン	51
目盛	27
モード	57
モデル	6, 267
モデルの適合度	279
ものさし	11

ヤ行

有意差	197
有意水準	**170**, 175, 179, 205
要因	226
要因計画	**242**
要約	5
予測	110, 113, 117, 120
予測式	111, 117
予測値	111
予測値 $\hat{Y}$	277
予測の誤差	**112**

ラ行

ラベル	18
ランダム・サンプリング	149
離散量	10, **17**, 65, 157
両側検定	**171**, 172, 201, 206
両最頻値分布	58, 76, 77
量的	10
量的データ	16, 30
量的変数	15, **16**, 20, 30, 39, 43
理論的な標本分布	153
臨界値	**171**, 175, 177, 178, 179, 203
累積寄与率	296
累積相対度数	31, **33**, 36
累積度数	31, **33**, 35
累積度数多角形	41, 43
累積百分率多角形	41, 43
レポート	5
連関	133, **135**, 138, 187, 190, 193
連関係数	95, **133**, 135
連続量	10, 17, 39
ローデータ	6
論文	4

ワ行

歪度	78

著者紹介

鵜沼秀行(UNUMA Hideyuki)
【第1章、第5章、第6章、第8章、9.1節、9.3節執筆】
現在　川村学園女子大学文学部心理学科教授
早稲田大学大学院文学研究科博士後期課程（心理学専攻）
専門　知覚・認知心理学
1997、2005～2006年　カリフォルニア大学ロサンゼルス校（UCLA）客員研究員

主な研究業績　Spatiotemporal integration and contour interpolation revealed by a dot localization task with serial presentation paradigm (Japanese Psychological Research, 2010).
『対象の認識における情報の時間空間的統合と知覚的表象の形成』（早稲田大学出版部，2013）

長谷川桐(HASEGAWA Hisa)
【第2章、第3章、第4章、第7章、9.2節執筆】
現在　川村学園女子大学講師
川村学園女子大学大学院人文科学研究科修士課程修了（心理学専攻）
2005～2006年　カリフォルニア大学ロサンゼルス校（UCLA）客員研究員
青山学院大学大学院文学研究科博士後期課程（心理学専攻）
専門　知覚・認知心理学

主な研究業績　Facial features in perceived intensity of schematic facial expressions (Perceptual and Motor Skills, 2010)